체코 역사와 민족의 정체성

체코 역사와 민족의 정체성

초판 인쇄 · 2016년 2월 18일
초판 발행 · 2016년 2월 28일

지은이 · 김장수
펴낸이 · 한봉숙
펴낸곳 · 푸른사상사

편집 · 지순이, 김선도 | 교정 · 김수란
등록 · 1999년 7월 8일 제2-2876호
주소 · 서울시 중구 충무로 29(초동) 아시아미디어타워 502호
대표전화 · 02) 2268-8706~7 | 팩시밀리 · 02) 2268-8708
이메일 · prun21c@hanmail.net
홈페이지 · http://www.prun21c.com

ⓒ 김장수, 2016
ISBN 979-11-308-0614-3 93920
값 22,000원

이 도서의 국립중앙도서관 출판예정도서목록(CIP)은 서지정보유통지원시스템 홈페이지
(http://seoji.nl.go.kr)와 국가자료공동목록시스템(http://www.nl.go.kr/kolisnet)에서 이용하실
수 있습니다. (CIP제어번호 : CIP2016005764)

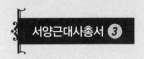
서양근대사총서 **3**

체코 역사와
민족의 정체성

김장수

Czech History and Ethnic Identity

푸른사상
PRUNSASANG

■ □ ■

김 장 수 金長壽

한양대학교 사학과 졸업
베를린 자유대학교 역사학부 졸업(석사 및 철학 박사)
가톨릭관동대학교 사범대학 역사교육과 교수(현재)
한국서양문화사학회 회장(현재)

저서

『Die politische Tätigkeit F. Palackýs』『Korea und der 'Westen' von 1860 bis 1900』『Die Beziehungen Koreas zu den europäischen Großmächten, mit besonderer Berücksichtigung der Beziehungen zum Deutschen Reich.』『프란티세크 팔라츠키(F. Palacký)의 정치 활동』『독일의 대학생 활동 및 그 영향』『서양의 제 혁명』『비스마르크』『중유럽 민족문제』(공저)『주제별로 접근한 독일 근대사』『유럽의 절대왕정 시대』『주제별로 들여다본 체코의 역사』『주제별로 살펴본 서양 근대사』

논문

「프랑스혁명시기의 독일의 대학생활동 : 슈투트가르트(Stuttgart)의 칼 학교(Carlsschule)를 중심으로」「팔라츠키(F. Palacký)의 오스트리아 명제 : 정립과 실천과정을 중심으로」「슬라브민족회의 개최필요성 제기와 그 준비과정」「프라하 슬라브민족회의(1848)의 활동과 지향 목적」「크렘지어(Kremsier)제국의 회에 제출된 오스트리아제국 개편안 : 팔라츠키(F. Palacký)와 마이어(K. Mayer)의 헌법초안을 중심으로」「체코정치가들의 활동 및 지향목표 : 소극정치(passivní politika) 이후부터 체코슬로바키아공화국 등장이전까지의 시기를 중심으로」「토머시 개리그 마사리크(Tomas Garrigue Masaryk)의 정치활동 : 1890년대부터 체코슬로바키아 독립국가 등장 이후까지를 중심으로」「소슬라브민족회의(1866) : 개최원인, 전개과정, 그리고 결과를 중심으로」「체코 정치가들의 활동과 지향목표 : '오스트리아 제국의 국가이념' 출간 전후의 시기를 중심으로」「오타카르 2세(Ottakar II)의 치세」「볼레슬라프 2세 '경건왕(Boleslav Pobozny)' : 외교 및 종교정책을 중심으로」「발트슈테이나(Albrecht Václav Eusebius z Valdštejna)의 정치적 활동」 외 다수.

1

근대에 접어들면서 중부유럽의 약소민족들은 그들 민족의 정체성을 쉽게 상실하곤 했는데 그것은 이 지역에서 영향력을 행사하던 독일 민족과 러시아 민족이 그들과 국경을 접하고 있던 약소민족들에 대한 간섭 및 침략을 지속적으로 자행했기 때문이다. 그러나 체코 민족은 다른 약소민족들과는 달리 그들 민족의 정체성을 견지할 수 있었다. 점차적으로 필자는 체코 민족의 이러한 특수성이 무엇에서 비롯되었는가를 고찰하게 되었고 그 과정에서 이들 역사에 대해서도 관심을 가지게 되었다. 이렇게 시작된 필자의 관심은 벌써 20년이나 되었고 그동안 연구한 자료들을 토대로 체코 민족의 역사를 중요한 사안별로 정리할 경우 동유럽사연구활성화에도 기여할 수 있다는 판단을 하게 되었다. 이후부터 필자는 체코 역사에서 다루어야 할 것들을 숙고하게 되었고 거기서 역사의 태동, 대모라비아 제국, 볼레슬라프 1세, 오타카르 2세, 카렐 4세, 체코 중세 사회와 고딕 문화, 후스의 종교개혁, 후스주의 혁명, 제2차 프라하 성 창문 밖 투척 사건, 발트슈테이나, 계몽적 절대왕정 체제, 부르셴샤프트 토이토니아의 결성과 활동, 마티체 체스카의 결성 및 목표, 구오스트리아주의와 오스트리아적 대독일주의, 친오스트리아슬라브주의, 프랑크푸르트 예비의회로 보내는 팔라츠키의 거절 편지, 프라하 슬라브 민족회의, 빈 제국의회, 크렘지어 제국의회, 10월칙령과 2월헌법, 『오스트리아 제국의 국가 이상』, 소슬라브 민족회의, 체코 정치가들의 탈오스트리아 행보, 체코 정치가들의 소극정 치와 능동정치, 마사리크의 민족자결론, 1948년 2월의 프라하 정변, '인간 의 얼굴을 한 사회주의', 그리고 벨벳혁명을 다루기로 했다.

이렇게 다루어야 할 역사적 사안들을 선정한 후 필자는 각 사안들에 필 요한 보충 자료들을 수집하는 데 주력했다. 그리고 그것들을 토대로 한 집 필 작업은 예상보다 다소 늦은 올 1월에 이르러서야 끝낼 수 있었다.

2

4세기 말부터 시작된 게르만 민족의 대이동으로 슬라브인들은 그들의 원 거주지였던 드네프르 강과 비슬라 강 사이의 스텝 지역을 떠나 서쪽으 로 이동했다. 이들은 6세기에 접어들면서 오늘날의 체코 및 슬로바키아에 집단적으로 정착하게 되었고 점차 이 지역에 살던 게르만인들과 대립하게 되었다. 그러나 이들은 게르만인들과의 평화적 공존이 필요하다는 것을 인 지했고 그것에 따라 게르만인들과의 협력도 모색했다. 이러한 평화적 구도 는 6세기 중반부터 시작된 아바르족의 침입으로 붕괴되었다. 서쪽의 프랑 크 왕국을 압박하고 동쪽의 비잔틴 제국을 공격할 정도로 강력해진 아바르 족의 위세로 게르만인들은 차츰 체코와 슬로바키아를 떠났고, 일부 남은 세력은 이곳의 슬라브인들에게 동화되었다. 그런데 게르만인들이 떠난 이 지역의 슬라브인들과 아바르인들은 서로 다른 생활 방식을 지향했기 때문 에 화합을 이루며 살 수 없었다. 이 당시 농업이 주업이었던 슬라브인들은 정착 생활을 영위했지만, 유목 생활을 하던 아바르인들은 정복을 우선시했 다. 620년 슬라브인들은 호전적인 아바르인들의 공격 및 지배로부터 벗어 나기 위한 봉기에 나섰고 거기서 괄목할 만한 전과도 올렸다. 그리고 이러 한 과정에서 프랑스 상인 사모가 주도적인 역할을 담당했다. 사모는 아바르인들을 격퇴한 후 이 지역 슬라브인들에 의해 수장으로 추대되었다. 이후 그는 보헤미아, 모라비아, 슬로바키아 일부, 그리고 바이에른에 이르는 광대한 지역을 통치한 이른바 사모 제국의 주인공으로 등장했다.

658년 사모 제국이 붕괴된 이후부터 약 1세기 반 동안 체코에 대한 역사적 기록은 없었다. 그러다가 8세기 말, 즉 체코 지역에 대한 샤를마뉴 대제의 원정으로 이 지역의 역사가 다시금 거론되기 시작했다. 이렇게 체코를 다시 역사 속으로 끌어들인 샤를마뉴 대제의 원정은 수차례에 걸쳐 진행되었고 그 과정에서 아바르족의 위협이 제거되었을 뿐만 아니라 슬라브인들의 국가도 등장했다. 이러한 시기 주도권을 장악한 슬라브 종족은 중부 다뉴브 강 지류인 모라바 강 유역에 살던 모라비아인들이었으며, 이들에 의해 세워진 국가가 바로 대모라비아 제국이었다. 907년까지 지속된 대모라비아 제국은 보헤미아, 모라비아, 슬로바키아, 루사티아, 소르비아, 소폴란드의 슬라브인들을 망라하는 최초의 서슬라브 국가 혹은 국가 연합을 건설했다는 점에서, 그리고 오늘날의 헝가리 지방인 파노니아의 슬라브인들을 통해 유고슬라비아의 남슬라브인들과 접촉을 유지했다는 점에서, 그리고 무엇보다도 서쪽의 체코인들과 동쪽의 슬로바키아인들이 한 국가 속에서 공동체적 생활을 했다는 점에서 역사적 의미를 갖는다 하겠다.

이렇게 사모 제국과 대모라비아 제국 시대가 있었음에도 불구하고 체코 역사는 프르제미슬 왕조의 보지보이 1세 때 시작되었다는 것이 일반적인 견해라 하겠다. 보지보이 1세는 883년 대모라비아 제국의 메토디우스 대주교로부터 세례를 받았으며, 프라하 북쪽 레비흐라데츠를 도읍지로 정한 후 이곳에 체코 최초의 교회도 세웠다. 그러나 그는 얼마 후 블타바 강 연안의 프라하로 수도를 옮겼는데 이후부터 프라하는 오늘날까지 1,000년 이상 체코 수도로서의 기능을 발휘하고 있다.

블라티슬라프 1세와 바츨라프 1세가 통치하던 시기 프르제미슬 공국은 볼레슬라프 1세에 이르러 확고한 국가적 기반도 구축하게 되었다. 이어 등장한 볼레슬라프 2세 '경건공'은 선왕의 팽창주의 정책을 그대로 답습했기 때문에 10세기 후반의 체코 영역은 대모라비아 제국의 그것에 이미 육박했다. 그러나 11세기에 접어들면서부터 체코는 위기상황에 놓이게 되었다. 인접한 헝가리와 폴란드가 급부상하면서 체코를 위협했고 내부적으로는 볼레슬라프 2세가 999년에 죽은 후 그의 아들들, 즉 볼레슬라프 3세, 야노미르, 그리고 올드지흐가 상호간 대립하는 상황이 초래되었는데 이것은 후계자 상속 원칙이 결여된 데서 비롯된 것 같다.

1061년 체코의 위정자로 등극한 블라티슬라프 2세는 선임자들처럼 체코의 위상을 증대시키려고 했는데 그 과정에서 최대의 걸림돌로 등장한 것은 가문 내 알력이었다. 따라서 그가 1063년 모라비아의 올로모우츠에 새로운 주교청을 건설한 것 역시 친형제였던 프라하 주교의 위세를 꺾기 위한 의도에서 비롯되었다고 보아야 할 것이다.

13세기에 접어들면서부터 가시화되기 시작한 체코 왕국의 부상은 왕권 확립에서 비롯되었다. 그리고 새로운 영농 기술의 도입과 황무지 개척, 활발한 광산 개발과 수공업의 활성화, 도시의 발달 등 경제적 성과 역시 왕권 확립에 긍정적 요인으로 작용했다. 이렇게 중부 유럽에서 '다크호스'로 등장한 체코 왕국은 기존 영역에 만족하지 않고 영토 확장에 적극성을 보였다. 그리고 1228년 체코 왕국의 위정자로 등장한 바츨라프 1세가 이러한 정책을 본격화시켰는데 그것은 그가 오스트리아-슈타이어마르크 가문과의 결혼 정책을 통해 체코 왕국의 영역을 확대시키려고 한 데서 확인할 수 있다. 그 뒤를 이어 체코 국왕으로 등극한 프르제미슬 오타카르 2세는 바츨라프 1세가 추진한 정책을 더욱 확고히 했을 뿐만 아니라 보다 가시적인 성과 역시 거두었다.

이 당시 오타카르 2세는 자신이 추대하지 않는 인물이 신성 로마 제국의 황제로 등극하는 것을 저지할 수 있었을 뿐만 아니라 제국 내에서 자신의 제 권리를 방해 없이 행사할 수 있을 정도의 막강한 권한도 가지고 있었다. 그러나 제국 내 제후들은 오타카르 2세의 이러한 위상에 부정적이었다. 이 당시 제후들은 지나치게 강력한 황제가 등장하는 것을 원하지 않았고, 교황청 역시 비슷한 이유로 오타카르 2세의 황제 즉위를 지지하지 않았다. 따라서 1273년 10월 1일에 시행된 신성 로마 제국 황제 선출에서 선출권을 가진 선제후들은 무명의 합스부르크 가문 출신 루돌프를 황제로 추대했던 것이다.

루돌프가 신성 로마 제국의 황제로 선출됨에 따라 오타카르 2세는 자신의 입장을 분명히 밝혀야 했고 거기서 그는 루돌프의 선출을 인정할 수 없다는 것도 명백히 했다. 이후 양인 사이의 무력적 대립은 피할 수 없게 되었고 거기서 루돌프는 오타카르 2세를 제압했다. 특히 오토카르 2세가 1278년 8월 26일 모라프스케폴레에서 신성 로마 제국과 헝가리의 연합군과의 격전에서 패함에 따라 그의 원대한 야망은 무산되었고 광대한 제국역시 붕괴되었다. 그리고 프르제미슬 왕조는 1306년 바츨라프 3세가 폴란드 원정 중 올로모우츠에서 피살됨에 따라 역사의 뒤안길로 사라지게 되었다.

1311년 룩셈부르크 가문 출신의 얀 루쳄부르스키가 하인리히 7세에 이어 체코 국왕으로 등극했다. 등극한 직후부터 얀 왕은 보헤미아 및 모라비아 귀족들과 대립했고 거기서 그는 귀족들의 우위권을 인정해야 하는 상황까지 내몰리게 되었다. 얀 루쳄부르스키에 이어 체코 국왕이 된 카렐 4세는 1346년 11월 26일 본에서 독일 왕으로 등극했다. 1349년 7월 25일 아헨에서 다시 독일 왕으로 등극한 카렐 4세는 1355년 1월 6일 로마에서의 대관식을 통해 신성 로마 제국의 황제가 되었다. 1356년 카렐 4세는 유명한 '황금칙서'를 공포하여 체코 왕국과 신성 로마 제국과의 관계를 재조정했는데, 그 주된 내용은 체코 왕국의 군주가 제국 내 일곱 명 선제후들 중에서, 성직계의 대표를 제외한 세속 권력의 대표 자격, 즉 제국 내에서 일인자의 지위를 가진다는 것이었다.

카렐 4세는 법령뿐만 아니라 영토 확장을 통해 체코 왕국을 신성 로마 제국 내에서 명실상부한 중심 국가로 부상시켰다. 즉 그는 1370년 슬레슈코 공국 전체를 체코 왕국에 편입시켰고, 독일 내 여러 지역들을 구입 또는 봉토 형식으로 획득했다. 이 당시 체코 왕국의 독일 내 봉토는 라인 강 서부의 팔츠 령과 마이센 지역, 보크트란트, 작센과 라이프치히, 그리고 북부 바이에른에서 뷔르츠부르크까지 산재해 있었다.

이 당시 교회 및 국가는 여러 계층으로 구성된 사회를 원만히 유지시켜야 하는 과제를 부여받았는데, 교회가 중세 기독교인들의 영혼에 대한 구원을 담당했다면 국가의 군주는 세속 영역을 관장했다. 통치자는 신의 은총으로 국가를 다스린다는 사상, 즉 왕권신수설로 무장한 군주는 종종 귀족들과 불화를 빚었는데, 특히 프랑스에서 성장하거나 프랑스 절대군주론의 영향을 받은 룩셈부르크가의 군주들과 체코 귀족들 간의 충돌은 불가피한 일이었다.

거의 같은 시기 체코인들은 가공할 만한 전염병의 공격 앞에서 전율하면서 신의 분노를 읽었고, 세상의 종말과 최후의 날의 도래도 예견했다. 흑사병에 대한 공포는 중세인들의 기독교적 신앙심을 더욱 깊게 했고, 기독교적 원칙에 대한 강한 집착도 가지게 했다. 그리하여 수 세기에 걸쳐 진행되었던 체코 사회의 완전한 기독교화가 사실상 이때에 종결되었다.

도시 발달로 중세 사회는 기존의 교회, 궁정, 귀족, 그리고 농촌 문화뿐만 아니라 보다 실용적인 도시 문화의 탄생도 접했다. 도시의 시민계층, 즉 상공업자들과 수공업자들은 조금이나마 읽고, 쓰고, 계산하기를 배워야 했고, 도량형에 대한 관심도 가져야 했다. 그리고 사회 변화 및 발달은 교육에 대한 수요를 증대시켜 기존의 교회 참사회나 수도회만으로 충당할 수 없게 됨에 따라 오늘날의 김나지움에 해당되는 새로운 교육기관이 신설되어 라틴어와 기본 교양 과목을 가르쳤고, 결국에는 대학도 설립하여 교육적 수요를 충당했다. 이에 따라 1348년 중부 유럽 최초의 대학이 프라하에 설립되었다.

라틴어는 이 시기에도 여전히 지배 계층의 언어 및 사회적 공용어로 남아 있었지만 문학어로서의 주도권은 점차 잃어갔다. 체코 왕국의 체코인들은 체코어를, 독일인들은 독일어를 문학어로 사용했다. 특히, 체코어로 쓰인 체코 국민문학은 당시 주요 유럽 국가들의 국민문학과 어깨를 나란히 할 정도였다.

14세기 말부터 유럽에서는 교회의 세속화와 그것에 따른 부패 현상이 심화되기 시작했다. 이 당시 가톨릭 교회는 교회 소유 토지에 부과하는 조세뿐만 아니라 십일조를 비롯한 각종 세금과 수수료도 징수하고 있었다. 그리고 고위 성직자들은 부도덕한 행위를 자행하는 데 주저하지 않았으며 심지어 이들 중의 상당수는 사치와 향락에 빠져들기도 했다. 체코 왕국 내 교회 역시 이러한 세속적 상황에서 예외는 아니었다. 실제적으로 체코 왕국 내 교회들은 많은 봉토를 소유했을 뿐만 아니라 갖가지 사안을 빌미로 신자들에게 강제로 세금을 징수하는 적극성도 보였다.

이러한 세속적 분위기에서 종교개혁은 사실상 불가피했다. 문제는 개혁이 가톨릭 교회 내부에서 자발적으로 일어나느냐, 아니면 외부로부터의 도전적 형태로 나타나느냐뿐이었다. 교회가 제대로 되지 않고서는 사회가 제대로 될 수 없으며, 교회의 개혁 없이는 사회의 개혁 역시 불가능하다는 것이 당시 개혁적 사고를 가진 인물들의 공통된 관점이었다. 그리고 이를 실제적으로 이행하고자 했던 인물이 바로 후스였다. 비록 후스가 자신의 종교개혁에서 강조한 "하느님의 말씀은 성서를 통해서만 접할 수 있다"라는 성서지상주의를 실천시키지 못했지만 그의 이러한 관점을 추종한 루터와 칼뱅에 의해 종교개혁은 완결되었다.

1526년 8월 29일 체코·헝가리 국왕이었던 루드비크가 남부 헝가리의 모하치 전투에서 오스만튀르크군에게 패배함에 따라 체코·헝가리 왕국은 매우 급박한 상황에 놓이게 되었고 그러한 상황은 국왕이 퇴각 과정에서 목숨을 잃게 됨으로써 더욱 악화되었다. 그리고 지금까지 헝가리 방어에 부담을 느껴왔던 체코 귀족들 역시 모하치 전투 이후 체코-헝가리 연합 유지에 매우 회의적이었다. 이에 따라 이들은 1526년 9월 초 헝가리와의 결별을 공식적으로 선언한 후 자신들의 제 권한을 보장해줄 군주를 찾게 되었다. 그리고 이로부터 얼마 안 된 10월 24일 이들은 오스트리아의 페르디난트 1세를 체코 국왕으로 선출했다.

　1526년부터 오스트리아-체코-헝가리의 지배자가 된 페르디난트 1세는 선진화된 프랑스의 통치 체제, 즉 절대왕정 체제를 도입하려고 했을 뿐만 아니라 가톨릭으로의 단일화 정책도 실시했다. 페르디난트 1세의 이러한 정책은 체코 귀족들의 반발을 야기하는 계기가 되었다. 이후 등장한 합스부르크 가문의 지배자들, 막시밀리안 2세, 루돌프 2세, 그리고 마티아스 역시 페르디난트 1세의 정책을 답습했다. 아울러 이들은 가톨릭을 우선시하는 종교정책을 지속했다. 이에 따라 체코 왕국은 신교 우세 지역임에도 불구하고 재가톨릭화가 추진되었고 그러한 종교정책은 왕국 내 신교 제후들의 강한 반발을 불러일으켰다. 그러나 합스부르크 왕조의 지배자들은 그러한 반발에 전혀 개의치 않고 자신들의 정책을 관철시키는 데만 주력했다. 이러한 정책에 대한 체코 귀족들의 불만은 점차 증대되었고 그것은 이들의 조직적인 저항도 유발시켰다. 그러나 이러한 저항은 빌라 호라 전투에서 체코 귀족 연합군이 페르디난트 2세의 오스트리아군에게 패함에 따라 실패로 끝났고 그 후유증은 매우 심각했다. 이제 체코 왕국은 오스트리아의 한 지방으로 격하되었고 체코 민족 역시 피지배 민족으로 전락했다.

　30년전쟁(1618~1648)이 발발한 직후부터 발트슈테이나는 체코인임에도 불구하고 페르디난트 2세를 적극적으로 지원했다. 즉 그는 결혼을 통해 얻은 막대한 부를 활용하여 오스트리아의 위정자 겸 신성 로마 제국의 황제로 등극한 페르디난트 2세의 신임을 얻고자 했던 것이다. 이렇게 페르디난트 2세의 신임을 얻은 이후부터 그는 황제권 강화에 필요한 제 방안을 강구했고 그것들을 실제적으로 이행했다. 아울러 이러한 과정에서 그의 권한 역시 크게 증대되었는데 이것은 점차적으로 황제권을 위협할 정도로 강화되었다. 이렇게 발트슈테이나의 권한이 증대됨에 따라 페르디난트 2세는 그것의 제어 내지는 배제가 반드시 필요하다는 판단을 하게 되었고 결국 그를 제거했다.

18세기 말부터 체코 민족은 민족주의의 영향을 받기 시작했다. 이에 따라 체코 민족의 지도자들은 그들 민족의 현실적 상황을 직시하게 되었고 점차적으로 그러한 상황에서 벗어나는 데 필요한 방안을 강구하는 데도 적극성을 보였다. 여기서 이들은 오스트리아 제국의 존속을 인정하고 반대급부로서 그들 민족의 법적·사회적 지위 향상이 가능한 연방체제의 도입을 요구했는데 이것이 바로 친오스트리아슬라브주의의 핵심적 내용이라고 하겠다. 1848년 3월혁명이 발생한 이후 독일권의 통합이 구체화됨에 따라 팔라츠키를 비롯한 일련의 체코 정치가들은 독일권의 통합과 오스트리아 제국에 대한 그들의 입장을 정리하고자 했다. 이러한 과정에서 팔라츠키는 프랑크푸르트 예비의회로 거절 편지를 보냈는데 거기서 그는 자신의 친오스트리아슬라브주의적 입장을 다시금 명백히 밝혔다. 이렇게 그가 친오스트리아슬라브주의적 관점을 피력한 것은 민족주의 원칙에 따라 체코 민족이 독립을 모색할 경우 당시 러시아가 지향하던 범슬라브주의의 희생물이 될 수밖에 없다는 우려와 빈 정부가 제국 내에서 과반수 이상을 차지하던 슬라브 민족의 정치적 요구를 더 이상 무시할 수 없다는 판단에서 비롯된 것 같다. 1848년 5월 말 프라하에서 개최된 슬라브민족회의와 이어 개원된 빈과 크렘지어 제국의회에서 슬라브 정치가들, 특히 체코 정치가들은 친오스트리아슬라브주의적 관점을 계속 피력했지만 당시 빈의 핵심 정치가들은 이것의 수용을 거부했는 데 그 이유로는 혁명 세력에 대해 반혁명 세력이 다시금 우위를 차지한 것과 제국 내 민족문제의 심각성을 제대로 인지하지 못한 것을 들 수 있 다. 이렇게 유지된 친오스트리아슬라브주의는 오스트리아 제국에 이원 체제가 도입된 1867년부터 그 지지 동력을 잃게 되었다. 이에 따라 체코 정치가들은 빈 정부와의 어떠한 협상도 거부하는 소극정치를 펼쳤다. 그 러나 이들은 이러한 정치에서 비롯되는 문제점들을 인지하게 되었고 이 후 적극정치, 즉 빈 정부와의 협력을 통해 자신들의 법적·사회적 지위 향상을 도모했다.

1890년대 초반부터 오스트리아 제국의 현실적 상황을 정치 활동에 적 극적으로 반영하기 시작한 정치가들도 등장했는데 그 대표적인 인물이 바로 마사리크였다. 그는 제1차 세계대전이 발생한 이후부터 체코 민족 의 독립 필요성을 부각시켰고 그것을 실현시키기 위해 당시 연합국가들 과 긴밀한 관계를 유지했을 뿐만 아니라 슬로바키아 민족의 대표자들과 도 접촉했다. 특히 마사리크가 후자에 깊은 관심을 보인 것은 독립국가의 적정 규모를 우선적으로 고려한 데서 비롯된 것 같다.

제2차 세계대전이 끝난 후 체코슬로바키아는 소련의 동맹국 내지는 위 성국이 되었다. 이 시기에 반체제 인사들은 숙청 또는 해외로 강제 추방되 었다. 그러다가 1960년대 말부터 사회주의 체제에 대한 비판적 관점이 본 격적으로 표출되기 시작했고 그러한 상황에서 둡체크가 주도한 개혁 정책 도 실시되었다. 소위 '프라하의 봄' 시기에 진행된 개혁 정책에서는 사회 주의 정책의 제 모순이 비판되었을 뿐만 아니라 새로운 시장경제 체제의 도입 필요성도 거론되었다. 그러나 이러한 개혁 정책은 소련 및 그의 동 맹국들의 무력 개입으로 중단되었다. 이후부터 소련의 정책을 맹목적으로 추종한 정책이 후사크의 주도로 펼쳐졌다. 그러다가 1985년 초반부터 본 격화된 고르바초프의 개혁과 개방 정책의 물결이 1989년 동유럽 혁명으로 이어지면서 동유럽 공산주의의 마지막 보루였던 체코슬로바키아에서도 혁명적 기운이 감돌기 시작했다. 마침내 1989년 12월 29일 그동안 반체제 활동을 주도한 하벨이 대통령으로 선출됨에 따라 40년간 유지된 공산주의 체제는 종지부를 찍게 되었고, 체코슬로바키아는 새로운 전기를 맞이하게 되었다. 이웃의 다른 나라들과는 달리 한 사람의 희생자도 없이 혁명이 비단처럼 부드럽고 유연하게 진행되었다 하여 '벨벳혁명' 혹은 '비단혁명'이라는 명칭을 얻게 된 이 혁명으로 체코슬로바키아는 오랜 전제주의 체제를 청산하고 민주주의 체제로 전환했으며, 국가명도 기존의 체코슬로바키아 사회주의 공화국 대신에 체코와 슬로바키아 연방공화국으로 변경되었다.

그러나 이렇게 출발한 체코슬로바키아 연방공화국은 심각한 상황에 놓이게 되었다. 그것은 1992년 7월 3일에 실시된 연방의회의 대통령 선거에서 슬로바키아 대표들이 체코 측이 내세운 하벨에 대한 지지를 거부했고 그것에 따라 하벨이 7월 20일 대통령 직에서 사임한 것에서 비롯되었다. 이 당시 슬로바키아인들의 전폭적인 지지를 받던 메치아르와 그의 추종 세력은 프라하 중심의 중앙집권적 연방정부에 매우 부정적이었을 뿐만 아니라 체코슬로바키아 연방공화국의 해체 필요성을 역설하는 데도 주저하지 않았다.

11월 25일 연방의회는 1992년 12월 31일을 끝으로 체코슬로바키아의 소멸을 의결했고, 이보다 앞서 1992년 9월 3일 슬로바키아 민족회의가 독립 슬로바키아 공화국 헌법을 채택한 데 이어 체코 민족회의 역시 1992년 12월 16일 체코 공화국의 헌법을 승인했다. 1993년 1월 1일자로 유럽 지도에는 체코 공화국과 슬로바키아 공화국이 새로운 독립국가로 등장했다.

3

이 책은 체코의 역사를 개괄적으로 이해하려는 독자들을 위해 저술했다. 따라서 가능한 한 각 사안들을 쉽게 서술하여 내용 이해에 도움을 주려고 했다. 그리고 부수적으로 설명해야 할 사안들은 각주에서 비교적 자세히 언급했다. 짧은 기간의 탈고에서 비롯된 문장이나 내용상의 오류는 개정판에서 시정하도록 하겠다.

어려운 여건에도 불구하고 이 책의 출간을 기꺼이 허락하신 푸른사상사의 한봉숙 대표님과 출판사 관계자 여러분들께 이 자리를 빌려 감사의 말씀을 드린다.

2016년 2월
김 장 수

■□■ 차례

제1부

—

역사의 시작

유럽 중앙에 위치하면서 동서로 길게 뻗은 체코슬로바키아는 서부의 보헤미아(Čechy), 중부의 모라비아(Morava), 동부의 슬로바키아(Slovensko)로 구성되었으며, 보헤미아와 모라비아에는 체코어를 사용하는 체코인(Češi ; Czechs)들이 살고, 슬로바키아에는 슬로바키아어를 사용하는 슬로바키아인들(Slováci ; Slovaks)이 거주하고 있다. 같은 서슬라브어를 사용하는 이들 양 민족은 의사소통에 아무런 문제가 없었지만 이들은 역사의 태동기로부터 하나의 국가 내지는 분리된 상태에서 운명을 같이하곤 했다.

1장 역사의 태동

유럽 중앙에 위치하면서 동서로 길게 뻗은 체코슬로바키아는 서부의 보헤미아(Čechy), 중부의 모라비아(Morava), 동부의 슬로바키아(Sloven-sko)로 구성되었으며, 보헤미아와 모라비아에는 체코어를 사용하는 체코인(Češi ; Czechs)들이 살고, 슬로바키아에는 슬로바키아어를 사용하는 슬로바키아인들(Slováci ; Slovaks)이 거주하고 있다. 같은 서슬라브어를 사용하는 이들 양 민족은 의사소통에 아무런 문제가 없었지만 이들은 역사의 태동기로부터 하나의 국가 내지는 분리된 상태에서 운명을 같이하곤 했다.

체코에서 원시인들이 거주한 가장 오랜 흔적은 프라하(Praha) 근교 베로운(Beroun)에서 발굴된 약 160~170만 년 전의 것으로 추정되는 4세기 초반의 직립원인(Homo erectus) 유물이며, 이후 50~100만 년 전의 선사시대의 원시 석기류들 역시 오늘날 체코슬로바키아에서 살았던 원시 인류의 자취를 알려주고 있다. 서남북의 삼면이 산맥으로 둘러싸여 있으면서 동쪽으로 비옥한 다뉴브 강 연안으로 뻗어 있는 보헤미아 및 모라비아 지방은 사냥이 주업이었던 원시인들에게 매우 이상적인 토지를 제공했기 때문에 이들은 중부 유럽에서 가장 넓은 주거지를 형성했다.

구석기인들은 매우 숙련된 사냥꾼들로서 거대한 동물들을 수렵 대상으로 삼았다. 이들은 제법 정교하게 조각된 매머드(Mammoth) 소상들을 남겼는데,[1] 그중 남부 모라비아의 돌니 베스토니체(Dolní Věstonice)라는 작은 촌락에서 발굴된 베스토니체 비너스라는 여인 소상이 유명한데, 이 소상은 사냥을 위한 주술적 힘과 여성의 생산성에 대한 숭배를 상징한 것 같다.[2]

빙하의 최종적 퇴각과 더불어 매머드와 코뿔소 같은 전형적인 동물군들이 멸종됨에 따라 이곳의 원시인들 역시 목축 및 농업을 주산업으로 삼게 되었고, 이러한 생활 방식의 변경은 신석기라는 새로운 시대도 열게 했다.[3] 농업 문명의 발전과 더불어 이 지역의 우너시인들은 특유의 농경사회를 이루면서 드네프르-비슬라(Dnepr-Vistula) 지역의 채색 토기와 중부 유럽의 소용돌이 모양 토기로 특징되는 이른바 다뉴브인들의 거대한 군집을 형성했다. 이들은 집단을 이루면서 가장 비옥한 지역을 주거지로 삼았으며, 직사각형의 거대한 목조 가옥을 소유했고, 여성 숭배의 모계 사회도 구축했다. 이들의 농업은 기본 곡물 모두를 포함했으며, 목축 이외에 요업 및 원시적 옷짜기도 활성화되었다. 그리고 신석기 후반기 유럽에서 가장 큰 매장지로 간주되고 있는 체코 서부 호무토프(Chomutov) 근교의 비클레티체(Vikletice) 고분에서 현재까지 164기의 무덤이 발굴되었는데, 이들의 스트링 모양(šňůirová keramika)의 토기 문화는 체코에서 인도유럽인들의 최초 흔적도 확인하게 한다.

---

1 매머드는 480만 년 전부터 4,000년 전까지 존재했던 포유류이며 긴 코와 4미터의 어금니를 가졌다.

2 이 여인 소상은 25,000년 전에 만들어졌다.

3 기원전 9,000년부터 기원전 3,000년까지를 신석기시대로 보고 있다.

오늘날 독일과 국경을 접하고 있는 체코 서부 국경 지역의 크루슈네 산맥(Krušné hory)에서 발견된 풍부한 주석은, 체코 지방을 유럽 청동기 시대 가장 선진화된 지역 중의 하나로 등장시켰다.[4] 이 시기의 원시인들은 크루슈네 산맥에서 생산되던 주석뿐만 아니라, 멀리 에게 해 지역과 이집트 및 중앙아시아로부터 유입되는 구리들을 활용해 많은 청동제 도구들을 생산하여 농업 및 원시적 수공업의 발전을 촉진시켰다.

청동기 시대의 체코슬로바키아는 각기 다른 3개의 종족에 의해 지배되었다. 다량의 청동기들의 출토로 확인된 프라하 북쪽의 우네티체(Unetice)인, 봉분을 만들어 매장한 분묘인, 신비에 싸인 루사티아(Lužice)인들이 바로 그들이다. 크루슈네 산맥의 원광을 토대로 중부 유럽 초기 청동기 문화 발전에 결정적 공헌을 한 우네티체 문화는 이어지는 중기 청동기 분묘 문화의 등장으로 주도권을 잃게 되었다. 사체를 화장하여 그 재를 항아리에 보존했다 하여 납골묘인이라 불리기도 하는 청동기 시대 후반부의 루사티아인들에 대한 기원은 확실히 알 수 없으나 슬라브인들의 발원지와 중복되는 드네프르 강과 비슬라 강 사이의 스텝 지대에서 발원한 것으로 추정되고 있으며, 일부 학자들은 이들이 후에 등장한 슬라브인들의 직접적 조상이라는 주장을 펼치고 있지만 그것에 대한 신빙성은 그리 높지 않은 것 같다. 하여튼, 체코의 북부와 폴란드의 남부 및 독일의 북동부에 걸쳐 분포되었던 루사티아 문화에서 농업이 주업으로 등장했지만 체코 남부에서 시작한 분묘인들의 주업은 목축업이었다.

이들 여러 종족들은 상호간 대립하면서 통합을 주도하거나 또는 통합의 대상이 되는 과정을 거쳤는데, 이러한 이합집산 과정은 철기 시대에 절정을 맞이했다.[5] 체코의 풍부한 철광석을 토대로 한 철기 문명은 많은 철

---

4 청동기 시대는 기원전 3,000년부터 기원전 1,000년까지 지속되었다.

5 철기 시대는 기원전 10세기부터 시작되었다.

제 기구와 무기들의 생산을 가능하게 했고 농업과 수공업의 발전을 한층 더 촉진시켰다. 그리고 중부 유럽 후기 철기 문화는 스위스의 한 마을 이름을 따서 라텐(La Tène) 문화라 지칭되었는데, 이 문화는 켈트인(Celtic)들과 연계된 문화라 하겠다. 그런데 켈트인들은 라인 강 상류와 다뉴브 강 유역에 이르는 광대한 지역을 지배하면서 소아시아 지역까지 원정을 다녔다. 그리하여 오늘날의 체코슬로바키아를 비롯한 중부 유럽을 지배한 이들 켈트인들은 그들의 영토 확장 과정에서 소아시아 및 그리스 고전학자들의 주목을 받게 되었고, 그 결과 이들은 오늘날 체코 지방에 거주하면서 역사적 문헌에 오른 최초의 종족이 되었다. 그리스의 고대 역사가들은 이들 켈트인들 중에서 가장 강력한 종족이었던 보이(Boii)족의 이름을 따서 이들이 사는 지역을 보이의 땅, 즉 보헤미아(Bohemia)라 부르게 되었고, 이 보헤미아라는 이름은 나중에 이 지방에서 정착한 체코인들이 자신들의 조상인 체흐(Čech)의 이름을 따서 체흐의 땅, 즉 체코 땅(Čechy)이라 명명했음에도 불구하고 체코 이외의 외국인들은 계속하여 보헤미아를 사용하고 있다.

하여튼, 이들 켈트인들은 기원전 4세기 중반 이전에 보헤미아와 모라비아에서 가장 비옥한 지역들을 정복했으며, 농업과 목축으로 경제적 번영을 누렸다. 켈트인들은 철을 다루는 빼어난 장인들로서 귀금속을 가공하고, 금을 세공하며, 체코에서 최초의 동전도 주조했다. 이들은 유리와 에메랄드에 대해 잘 알고 있었고, 도자기를 만들면서 도공의 녹로를 사용했으며, 그들이 사용한 일련의 기구들은 오늘날까지도 그 맵시가 유지되고 있다. 기원전 2세기 말부터 건설되기 시작한 이른바 켈트인들의 성채(Celtic oppida)는 그들의 경제적, 정치적 중심지로 사용되었는데. 베로운 근처의 스트라도니체(Stradonice) 성채, 프라하 근교의 즈브라슬라프(Zbraslav) 성채, 슬로바키아의 브라티슬라바(Bratislava) 성채가 특히 유명하다. 그리하여 이 시기를 체코 상고시대의 황금기로 지칭할 정도로 체코에서의 켈트 문화는 매우 번성했다.

　그러나 체코를 포함한 중부 유럽을 장악하고 있던 켈트인들은 기원전 1세기 말 북쪽으로부터 유입된 마르코마니(Marcomanni)와 콰디(Quadi)족, 즉 게르만인들의 침입으로 쫓겨나게 되었다. 이렇게 새롭게 유입된 게르만인들은 당시 북진하던 로마 제국의 군인들과 빈번한 충돌을 빚게 되었다. 17년 마르코마니족의 왕자 마로보두우스(Maroboduus)가 로마군을 상대로 전투를 펼쳤지만 승리하지 못했다. 이후 로마인들은 다뉴브 강을 따라 전초 기지를 건설하기 시작했고 선발대는 이미 체코 영역까지 침투했다. 이후 남부 모라비아의 무소프(Mušov)에 로마군 기지가 건설되었고, 브라티슬라바 근교의 여러 곳에도 로마군 기지가 세워졌다. 이후 전개된 마르코마니 전쟁(166~180) 중 북부 이탈리아까지 침투한 게르만인들은 로마군을 격퇴했지만 발렌티아누스(Valentianus, 364~375) 황제 치세기에 로마군은 다시 슬로바키아까지 진격했다. 그러나 375년 황제의 죽음으로 로마 제국은 급속히 위축되기 시작했다. 바로 이 시기 흑해 연안으로부터 훈족의 이동이 본격화되었고 그것으로 인해 촉발된 게르만 민족의 대이동은 유럽뿐만 아니라 체코와 슬로바키아 땅에서도 종족 구성을 근본적으로 변형시켰다.

2장 대모라비아 제국의 등장

　375년 로마 제국 황제 발렌티아누스가 서거함에 따라 이 제국의 몰락 역시 가시화되기 시작했다. 거의 같은 시점 흑해 연안으로부터 훈족의 이동이 본격화되었고 이것은 게르만 민족의 대이동을 촉발시키는 결정적 요인으로 작용했다. 이렇게 시작된 게르만족의 대이동은 유럽뿐만 아니라 체코 및 슬로바키아에서의 종족 구성도 근본적으로 변형시켰다. 실제적으로 슬라브인들은 게르만족의 대이동 이후 그들의 원거주지인 드네프르 강과 비슬라 강 사이의 스텝 지역을 떠나 서쪽으로 이동했다. 6세기부터 이들은 오늘날의 체코슬로바키아에 집단적으로 정착하게 되었고 점차 이 지역에 살던 게르만인들과도 대립하게 되었다. 그러나 이들은 게르만인들과의 평화적 공존이 필요하다는 사실을 인지했고 그것에 따라 게르만인들과 협력하는 데 깊은 관심도 보였다. 그러나 이러한 구도는 6세기 중반부터 시작된 아바르족(Avars)의 침입으로 붕괴되었다.[1] 프랑크 왕국을 압

1　557년경 카스피 해와 흑해 연안의 초원지대에 등장한 아바르족은 중앙 유라시아의 서부에서 중·동부 유럽에 이르기까지의 광활한 지역을 통치했다. 그리고 이들

박하고 비잔틴 제국을 공격할 정도로 강력해진 아바르족의 위세로 게르만인들은 점차 체코슬로바키아를 떠나게 되었고, 일부 남은 잔여세력은 이곳의 슬라브인들에게 동화되었다. 그러나 이 지역의 슬라브인들과 아바르인들은 서로 다른 생활 방식을 지향했기 때문에 상호간 화합을 이루며 살 수 없었다. 이 당시 농업이 주업이었던 슬라브인들은 정착 생활을 영위했지만, 유목 생활을 지향한 아바르인들은 정복을 우선시했다. 620년 슬라브인들은 호전적인 아바르인들의 공격 및 지배에서 벗어나기 위해 봉기에 나섰고 거기서 괄목할 만한 전과도 올렸다. 그리고 이러한 과정에서 프랑스 상인이었던 사모(Samo)가 핵심적인 역할을 담당했다. 사모는 아바르인들을 격퇴한 후 이 지역 슬라브인들에 의해 수장으로 추대되었다. 이후 그는 보헤미아, 모라비아, 슬로바키아 일부, 그리고 바이에른의 광대한 지역을 다스리는 이른바 사모 제국(Sámová říše)의 주인공으로 등장했다. 이렇게 서슬라브인들의 최초 국가로 등장한 사모 제국은 엄격한 의미에서 국가라기보다는 서슬라브 여러 종족들의 연맹체적 성격이 강했다. 그리고 제국 수도는 당시의 성곽과 성지가 많이 발견되는 남부 모라비아의 모라바 강 유역의 평야 지대로 추측되고 있다. 사모는 35년 동안의 통치 기간 중 많은 전쟁을 성공적으로 이끌었고, 특히 632년 프랑크 왕 다고베르트(Dagobert, 632~639)를 보헤미아 지방의 북서부로 추정되는 보가스티스부르크에서 패퇴시킨 전투가 유명했다. 그러나 658년 사모가 사망함에 따라 사모 제국은 일시에 붕괴되었고 그 이후부터 약 1세기 반 동안 체코 지역에 대한 역사적 기록은 없었다. 그러다가 8세기 말, 즉 체코 지역에 대한 샤를마뉴(Charlemagne, 768~814) 대제의 원정이 언급되면

이 사용한 '가한(可汗)'이나 '투툰', '타르칸' 등의 관리 칭호나 '바얀' 등의 인명을 통해 튀르크나 몽골 계통의 후예로 추정할 수 있다.

서부터 이 지역의 역사는 다시금 거론되기 시작했다.[2] 이렇게 다시 거론되기 시작한 체코 역사에서는 샤를마뉴 대제의 원정으로 아바르족의 위협이 제거되었다는 것과 그것으로 인해 슬라브인들의 국가가 탄생했다는 것이 언급되었다. 이러한 시기에 체코에서 주도권을 장악한 슬라브 종족은 중부 다뉴브 강의 지류인 모라바 강 유역에 살던 모라비아인들이었으며, 이들에 의해 세워진 국가가 바로 대모라비아 제국(Velkomoravská říše)이었다. 그런데 대모라비아 제국은 국가의 규모라든지 오늘날 우리가 이해하고 있는 대제국과 무관하다는 주장이 제기되었고 있는데 그것은 비잔틴 제국 황제 콘스탄티누스 7세(Constantinus VII, 913~959)가 자신의 저서인 『제국 행정(De Administrando Imperio)』에서 언급한 데서 비롯된 것 같다.[3] 실제적으로 콘스탄티누스 7세는 모라비아 지방에 사람들이 거주한 지 오래되었기 때문에 이 지방에서 등장한 국가를 대모라비아 제국(ἡ μεάλη Μοραβία)으로 지칭했던 것이다.

이렇게 시작된 대모라비아 제국의 국가적 기반을 구축한 군주는 모이미르 1세(Mojmir I, 836~846)[4]였는데 그는 치세 초기 바이에른의 파사우(Passau)로부터 기독교를 받아들였다.[5] 또한 자신의 제국에 교회들을 건설한 후 바이에른, 북부 이탈리아, 그리고 비잔틴 제국의 달마티아(Dalma-

---

2 샤를마뉴 대제는 773년 장인인 데시데리우스(Desiderius)로부터 이탈리아 북부 지역을 넘겨받았다. 그리고 778년 바이에른의 마지막 부족장 타시로 3세(Tassilo III)를 권좌에서 추방한 후 이 지방을 프랑크 왕국에 편입시켰다. 이후부터 그는 이렇게 새로이 프랑크 왕국에 편입된 지방의 기독교화를 추진했다.

3 오스트리아의 역사가 볼프람(H. Wolfram)에 의하면, 모라비아인들의 거주 지역에 대(gross)라는 명칭이 있었는데 모라비아인들이 그들의 왕국에 이것을 그대로 사용했다는 것이다.

4 페지나(Tomáš Peáina)에 따를 경우 모이마르 1세는 사모(Samo, 623~658) 가문의 일원이었다.

5 파사우 교구는 796년부터 모라비아 지방을 그들의 선교 지역으로 간주했다.

tia)에서 성직자들도 불러들였다.[6] 이러한 과정에서 그는 지배계층의 상당 수를 기독교로 개종시켰는데 일반적으로 그 시점은 818년부터 825년까지로 보고 있다.[7] 모이미르 1세는 당시 서슬로바키아와 헝가리 북부 지역에서 위세를 펼치던 니트라(Nitra) 제후국의 프리비나(Pribina) 공도 제거했는데 이것은 제국 내에서 자신의 위상을 크게 증대시켰을 뿐만 아니라 반프랑크 정책을 본격화시키는 계기도 되었다.[8]

이처럼 중부 유럽에서 대모라비아 제국이 급격히 부상함에 따라 동프랑크 왕국 역시 위협을 느끼게 되었다. 이에 따라 이 왕국의 위정자였던 루트비히 2세(Ludwig II, 843~876)는 846년 8월 대모라비아 제국에 대한 공략에 나섰다. 이 당시 루트비히 2세는 자신의 왕국과 국경을 접하고 있던 슬라브인들의 지속적 공세에 효율적으로 대응하려고 했고 그 과정에서 대모라비아 제국에 대한 선제공격을 감행했던 것이다. 이 원정에서 그는 모이미르 1세를 퇴위시키고 그의 조카였던 로스티슬라프(Rostislav, 846~870)를 왕좌에 앉혔다.[9] 여기서 루트비히 2세는 로스티슬라프 1세로부터 봉건적 제 의무를 기대했다.[10] 그러나 850년대 초반부터 로스티슬

---

6 달마티아는 크로아티아 남서부, 아드리아 연안에 위치한 지방이다.
7 이러한 과정에서 파사우 교구와 잘츠부르크 대교구 사이에 충돌이 있었는데 그것은 대모라비아 제국에 대한 선교권에서 비롯되었다.
8 프리비나는 니트라에 교회를 세웠고 당시 잘츠부르크 대주교였던 아달람(Adalram)으로 하여금 교회에 대한 축성식을 하도록 했다. 그런데 이 당시 잘츠부르크 대주교는 니트라를 대교구의 선교 지역으로 간주하고 있었다.
9 여기서는 위독한 상태에 있던 모이미르 1세의 후계자 선정에 깊숙이 개입하기 위해 루트비히 2세가 대모라비아 제국 공략에 나섰다는 주장도 제기되었다.
10 샤를마뉴 대제는 슬라브인들에게 봉건적 제 의무, 즉 조공 납부, 프랑크 군대의 자유로운 이동 허용, 인질 보호비 등을 이행할 것을 요구했다. 그러나 대제가 사망한 후 그가 구축한 주종 관계는 830년대 초반부터 비롯된 프랑크 왕국의 내분으로 거의 와해되었다.

라프 1세 역시 모이미르 1세와 마찬가지로 동프랑크 왕국의 영향에서 벗어나려는 시도를 펼쳤을 뿐만 아니라 보헤미아와 루사티아(Lusatia : Lužice)까지 영역도 확대시켰다. 이에 따라 루트비히 2세는 재차 대모라비아 제국에 대한 공략

로스티슬라프 1세(Rostislav I)

에 나섰지만 실패했다. 이후부터 로스티슬라프 1세는 봉신으로서의 제 의무 수행을 거절했을 뿐만 아니라 자신의 제국에서 활동하던 바이에른 출신 성직자들도 강제로 추방했다.

　여기서 로스티슬라프 1세는 비잔틴 제국과 그리스 정교회의 지원을 받아 동프랑크 왕국의 영향에서 완전히 벗어나고자 했다. 특히 862년 당시 로마 교황 니콜라우스 1세(Nicholas I, 858~867)에게 보낸 요청, 모라비아 교회 조직 구축에 필요한 성직자 파견이 거절됨에 따라 로스티슬라프 1세는 비잔틴 제국 황제 미카엘 3세(Michael III, 840~867)의 도움을 받아 당시 상황을 극복하고자 했다. 이에 따라 로스티슬라프 1세는 마카엘 3세에게 슬라브인들에게 기독교 신앙을 슬라브어로 올바르게 설명할 수 있는 성직자 파견을 요청했다. 그러나 미카엘 3세는 로스티슬라프 1세의 요청에 바로 답변할 수 없었는데 그것은 루트비히 2세와 긴밀한 관계를 유지하고 있던 불가리아의 태도를 고려해야만 했기 때문이다. 또한 그는 비잔틴 제국과 대립하던 불가리아가 기독교를 수용하는 과정에서 로마

교회와 그리스 정교회를 비교·검토하고 있다는 사실을 잘 알고 있었다. 그렇지만 미카엘 3세는 그리스 정교회와 로마 교회가 포티오스(Pothios) 대주교 인정 문제로 대립하는 상황에서 그리스 정교회의 세력 증대가 절실히 필요하다는 것을 인지했기 때문에 모라비아 제국의 접근 시도를 도외시할 수도 없었다. 따라서 미카엘 3세는 863년 로스티슬라프 1세의 요청을 받아들이기로 결정했고 같은 해 시릴(Cyril)[11]과 메토디우스(Methodius)를 대모라비아 제국에 보냈다.[12] 이후 비잔틴 제국과 대모라비아 제국 간의 종교적, 정치적 동맹 관계가 구축되었고 이것은 루트비히 2세가 불가리아 왕국과 동맹 체제를 체결하는 요인도 되었다.

로스티슬라프 1세의 친비잔틴 정책은 동프랑크 왕국에 대한 견제 수단으로 활용되었지만, 동시에 자국에 기독교를 빨리 정착시켜 제국의 토대를 굳건히 하려는 의도도 가졌다. 한편, 시릴과 메토디우스는 테살로니카(Thessalonica) 출신의 그리스인들이었지만 이들은 이 지역의 남슬라브인들이 사용하던 슬라브어에 능통했기 때문에 그것을 토대로 슬라브인들의 최초 문어인 고대 교회 슬라브어(Straslovenčina)를 만들었다. 또한 이들은 슬라브인들의 최초 문자가 될 글라골(hlaholice : Glagolica)도 창제했다. 그리고 이들 양인은 글라골을 사용하여 많은 종교 서적들을 번역한 후 출간하기도 했다. 867년 시릴과 메토디우스의 노력으로 슬라브 미사어는 라틴 미사어, 그리스 미사어, 그리고 히브리 미사어와 마찬가지로 교황 하드리아누스 2세(Hadrian II, 867~872)로부터 합법화되었고 그것으로 인해

---

11 그는 후에 콘스탄티누스라는 이름으로 세례를 받았다.
12 시릴과 그의 형인 메토디우스는 그리스의 테살로니카에서 고관의 아들로 태어났다. 시릴은 어린 나이에 콘스탄티노플(Costantinople)의 왕립학교에 입학한 후 성 포티우스(St. Photius)의 문하생으로 공부하다가 사제가 되었으며, 그후 대학에서 스승을 능가하는 교수가 되었다. 그리고 메토디우스는 옵시키온(Opsikion) 지방의 슬라브 식민지 중의 한 지역을 총괄하는 총독으로 활동하다가 은수자가 되었다.

체코 역사와 민족의 정체성

슬라브어의 국제적 위상 역시 증대되었다.

869년 로스티슬라프 1세와 더불어 대모라비아 제국 통치에 관여했던 스바토플루크(Svatopuluk)는 동프랑크 왕국 루트비히 2세의 장남 칼만(Karlmann)의 침입을 받았고 거기서 큰 타격을 보았다. 거의 같은 시기 루트비히 2세의 막내아들 카를(Karl) 역시 로스티슬라프 1세가 통치하던 지역을 공격했다. 그러나 이들 양인은 원래의 목적을 달성하지 못하고 철수했다. 이러한 시점에 스바토플루크와 칼만 사이에 비밀 협상이 펼쳐졌고 거기서 스바토플루크는 칼만에게 적대 행위 중단을 요구했고 속국으로서의 제 의무 이행을 그것에 대한 반대급부로 제시했다. 이러한 비밀 협상 소식을 접한 로스티슬라프 1세는 크게 격노했다. 이에 따라 그는 자신의 조카를 연회에 초대한 후 그 자리에서 살해하겠다는 구체적인 계획도 세웠다. 그러나 이러한 계획을 사전에 인지한 스바토플루크는 오히려 자신의 삼촌을 체포하여 칼만에게 인도했다.[13] 이후 로스티슬라프 1세는 바이에른으로 압송되었고 그가 통치하던 지역은 칼만의 통치 영역에 편입되었다. 이에 반해 로스티슬라프 1세를 체포하는 데 크게 기여한 스바토플루크는 자신의 공국을 계속 통치할 수 있었다. 그렇지만 대모라비아 제국의 대다수는 당시 프랑크 공작이었던 빌헬름(Wilhelm)과 엥길샬크(Engilschalk)에게 넘어갔다. 이렇게 대모라비아 제국에서 자신의 통치 영역을 확장한 칼만은 하드리아누스 2세로부터 시르미움(Sirmium) 대주교로 임명된 메토디우스마저 체포하려고 했는데 당시 이 인물은 대모라비아 제국에서 사법권을 행사하는 등의 막강한 권한을 가지고 있었다.[14]

871년 칼만은 스바토플루크가 비밀리 자신의 동생들인 루이(Louis)와 샤를(Charles)이 주도하던 반란군과 접촉했다는 이유로 그를 체포했다. 이

---

13 스바토플루크 1세는 로스티슬라프 1세의 상속인이었다.
14 시르미움은 오늘날 세르비아에 있는 도시이다.

후 스바토플루크가 사살되었다고 확신한 모라비아 제후들은 그를 대신하여 슬라보미르(Slavomir)를 대모라비아 제국의 군주로 선출했다. 그런데 칼만은 스바토플루크의 혐의가 밝혀지지 않음에 따라 그를 즉각 석방했고 그를 자신의 가문과 연계시키기 위해 그에게 자신의 비합법적 손자의 대부가 될 것을 요구했다. 칼만과의 독대 과정에서 스바토플루크는 슬라보미르가 주도하던 모라비아 반군 진압에 선봉적 역할을 담당하겠다는 의사를 밝혔다. 로스티슬라프 1세의 구도시(urbs antique Rastizi)에 도착한 스바토플루크는 칼만의 계획대로 요새를 점령했지만 비밀리에 모라비아 반군과도 접촉했다. 그리고 성내에 진입한 스바토플루크는 칼만에 대한 충성을 포기한 후 모라비아 반군 세력에 가담했다. 곧 그는 성 밖에서 야영 중이던 칼만의 원정군을 공격했는데 그 시점까지 이들은 스바토플루크에 대해 전혀 의심을 하지 않았다. 여기서 스바토플루크는 적지 않은 칼만의 병사들을 인질로 체포했고 나머지는 살해했다. 그리고 그 과정에서 빌헬름과 엥겔샬크 역시 처형되었다.

이렇게 대모라비아 제국에서 자신의 위상을 회복한 스바토플루크는 루트비히 2세에 대한 압박을 강화했고 이에 루트비히 2세는 872년 대규모 병력을 동원했다. 같은 해 그의 대모라비아 제국 공략은 가시화되었다. 그러나 스바토플루크는 루트비히 2세의 침입을 효율적으로 방어했고 그것은 대모라비아 제국에 대한 자신의 통치권을 더욱 확고히 하는 계기가 되었다. 874년 스바토플루크는 루트비히 2세로부터 상당한 양보를 얻어내는 평화조약을 체결했다. 비록 평화조약에서 양국 사이의 주종 관계가 다시금 명시되었지만 스바토플루크 1세(Svatopluk I)는 조공 축소와 같은 자유재량권을 확보하는 등의 큰 성과도 얻었다. 이후부터 스바토플루크 1세는 영토 확장 전쟁과 결혼 정책을 통해 제국의 영토를 확장시키는 데 주력했다. 특히 그는 874년부터 884년까지 판노니아(Pannonia), 타이스란트(Theissland)의 후방 지역, 슬레슈코(Slezsko), 보헤미아, 그리고 루사티아를 대모라비아 제국에 병합시켰다. 그 결과 모라비아 제국의 영역은 35만 제곱킬로미터에 이르렀고 인구 역시 백만 명을 상회했다. 이렇게 국가의 영역을 크게 확대시킨 대모라비아 제국은 모라바 강 유역의 우헤르스케흐라디슈테(Uherské Hradiště) 또는 미쿨치체(Mikulčice)를 수도로 정했으며, 니트라 역시 제국의 중요한 중심지로 부각되었다. 그리고 우헤르스케흐라디슈테 근교의 벨레흐라트(Velehrad)에는 대주교좌가 설립되었다.[15] 이 당시 유럽 정세를 정확한 인지했던 스바토플루크 1세는 동프랑크의 위정자로 등극한 케르텐(Kärnten) 변경백 아르눌프(Arnulf)와 더불어 중부 유럽에 등장한 기마민족 마자르인들의 침공을 제어하는 데 주력했다. 또한 이 시기 스바토플루크 1세는 로마 교회와의 접근을 시도했고 880년 로마 교회의 보호 종주국이 되겠다는 입장도 밝혔다. 이에 따라 로마 교황 요한 8세(John VIII, 872~882)는 자신의 칙령인 인두스트리애 투애(Industriae tuae)에서 대모라비아 제국을 독립국가로 인정하겠다는 로마 교황청의 입장을 공식적으로 밝혔다. 이후 스바토플루크 1세는 교황 요청에 따라 당시 사용되던 고대슬라브 예배 의식문을 라틴어로 교체했고 그것을 위반하는 성직자 모두를 제국에서 강제로 추방했다.

또한, 그는 885년 4월 6일 메토디우스가 사망한 후 그의 제자들을 모라비아에서 추방했다.[16] 하지만, 메토디우스는 자신의 생전 보헤미아의 보지보이(Bořivoj) 왕자와 그의 부인 루드밀라(Ludmila)에게 세례를 주었기 때문에 메토디우스의 제자들은 보헤미아로 건너가 거기서 11세기 말까지 슬라브 교회 의식을 유지시켰으며 일부는 달마티아로 내려가 그곳을 기점으로 유고슬라비아, 불가리아, 러시아까지 슬라브 교회 의식을 전파했다.[17] 또한 시릴과 메토디우스의 제자들은 이전의 글라골 문자를 개량하여 새로운 문자인 시릴 문자(cyrilice)를 만들었으며. 이 문자는 세르비아, 마케도니아, 불가리아의 남슬라브인들과 러시아, 우크라이나, 벨로루시의 동슬라브인들의 문자로 채택된 후 오늘날까지 사용되고 있다.

894년 스바토플루크 1세의 죽음으로 대모라비아 제국은 급격히 몰락하기 시작했다. 그의 뒤를 이어 모이미르 2세(Mojmir II, 894~906)가 등장했지만 즉위 초부터 보헤미아와 루사티아가 대모라비아 제국에서 이탈하는 시도를 펼치기 시작했다.[18] 이러한 위기적 상황에서 모이미르 2세는 자신의 위상을 견지하기 위해 케르텐의 아르눌프와 협상을 체결하는 등의 시도를 했고 거기서 가시적인 성과도 거두었다. 895년 보헤미아가 대모라비아 제국으로부터의 이탈을 구체화함에 따라 모이미르 2세는 보헤미아 원정에 나섰지만 실패로 끝났다. 여기서 모이미르 2세는 보헤미아인들의 이탈 시도 배후에 아르눌프가 있음을 인지했고 그것에 대한 응징도 모색했다. 따라서 모이미르 2세는 896년 타이스란트의 후방 지역에 마자르족의 거주를 허용했고 이들과 더불어 동프랑크 왕국에 대한 약탈 전쟁을 감행했는데 이것은 아눌프에 대한 그의 응징 정책에서 비롯된 것이라고 하겠다. 897년 소르브인(Sorben)들은 보헤미아인들에 대한 모이마르 2세의 강력 대응에 개의치 않고 그들의 독립을 일방적으로 선포했다.[19] 이러한 상황에서 모이미르 2세와 니트라에 영향력을 행사하던 그의 동생 스바토플루크 2세 사이에 내전이 발생했고 이 과정에서 스바토플루크 2

---

17 이렇게 국외로 탈출하지 못한 그의 제자들은 체포되어 베네치아(Venezia) 노예시장의 매물로 나왔다.

18 이 당시 대모라비아 제국의 위정자로 등극한 모이미르 2세는 22세에 불과했다.

19 5세기 후반 훈족이 몰락한 이후 이동을 개시한 서슬라브 민족의 일파로 엘베 강 중류 및 상류에 정착했다.

세는 패배했다. 이후 모이미르 2세는 901년 바이에른과 평화조약을 체결했고 이 국가의 도움을 받아 판노니아 지방을 다스리던 마자르인들의 침입도 저지했다. 그리고 쌍방 사이의 평화조약 체결로 가시화된 중부 도나우 지역에서의 안정은 바이에른과 대모라비아 제국 사이의 교역을 증대시키는 계기도 되었다.

904년 헝가리 제후 쿠르산(Kurszán, ?~904)이 바이에른에서 개최된 한 연회에서 암살됨에 따라 헝가리인들은 바에에른뿐만 아니라 이 국가와 동맹 체제하에 있던 대모라비아 제국마저 공격했다. 특히 905~906년 니트라에서 펼쳐진 전투에서 모이미르 2세의 모라비아 제국군은 헝가리군에게 대패했고 이 과정에서 모이미르 2세는 목숨을 잃었다.[20] 그러나 대모라비아 제국군은 906년에 펼쳐진 전투에서 헝가리군을 격파했고 이것으로 인해 이 제국은 다음해인 907년까지 존속할 수 있었다. 그러나 결국 대모라비아 제국은 헝가리의 예속 상태에 놓이게 되었다.

대모라비아 제국은 보헤미아, 모라비아, 슬로바키아, 루사티아, 그리고 소폴란드의 슬라브인들을 망라하는 최초의 서슬라브 국가 혹은 국가 연합을 건설했다는 점에서, 그리고 오늘날의 헝가리 영토인 판노니아의 슬라브인들을 통해 유고슬라비아의 남슬라브인들과 접촉을 유지했다는 점에서, 그리고 무엇보다도 서쪽의 체코인들과 동쪽의 슬로바키아인들이 한 국가 속에서 공동체적 생활을 했다는 점에서 역사적 의미가 있다 하겠다. 그리고 대모라비아 제국 존속 시기 최초의 슬라브 문어 및 슬라브 문자가 탄생했으며, 이를 통해 성서와 비잔틴 문학이 번역되기 시작했고, 짧은 기간이었지만 라틴어나 그리스어와 더불어 슬라브어로 교회 의식이 행해졌다는 점 또한 대모라비아 제국의 공적이라고 하겠다.

---

20 바이에른은 907년 프레스부르크(Pressburg)에서 벌어진 전투에서 대패했다.

그러나 대모라비아 제국의 멸망으로 체코에서의 고대 교회 슬라브어와 슬라브 교회 의식은 점차 라틴어와 라틴 교회 의식으로 대체되었으며, 마자르인들이 헝가리 북쪽의 서슬라브인들과 남쪽의 남슬라브인들 사이의 영토를 차지하면서 양쪽 지역 슬라브인들의 교류는 결국 차단되고 말았다. 그리고 슬로바키아가 헝가리 수중에 들어감으로써 이후 1,000년간 체코인들과 슬로바키아인들은 서로 다른 역사의 길을 걷게 되었다.

제 2 부

체코왕국의 탄생과 성장

오늘날 체코의 기본적 영역을 구축한 프르제미슬 왕조의 위정자들은
당시 강대국이었던 신성 로마 제국과의 관계에서 현실 정치의 근간을
제시했는데 이것은 1848년 이후 체코 정치가들이 지속적으로 지향한
정책과도 맥을 같이한다고 하겠다. 강대국들 사이에서 살아나가야
하는 약소국들의 위정자들은 항상 현실적 상황을 정확히 직시하고
거기서 민족적 이익을 보호하고 극대화시킬 수 있는 방법을 모색해야
하는데 프르제미슬 왕조의 위정자들은 이미 이러한 원칙이 가지는
장점을 터득하고 그것을 실제적 상황에 효율적으로 적응시키는
순발력도 발휘한 것 같다.

1장 볼레슬라프 1세의 국가기반구축

일반적으로 체코의 역사는 프르제미슬 왕조(Přemyslovská dynastie)의 보지보이 1세(Bořivoj I, 867~894) 때 시작된 것으로 보고 있다.[1] 보지보이 1세는 883년 대모라비아 제국의 메토디우스 대주교로부터 세례를 받았으며, 프라하 북쪽 레비흐라데츠(Levý Hradec)를 도읍지로 정한 후 이곳에 체코 최초의 교회도 세웠다. 그러나 그는 얼마 후 블타바(Vltava) 강 연안의 프라하(Praha)로 수도를 옮겼는데 이후부터 프라하는 오늘날까지 1,000년 이상 체코 수도로서의 기능을 발휘하고 있다.

체코에서의 확고한 지위 확보에도 불구하고 보지보이 1세는 죽을 때까지 대모라비아 제국에 충성을 바쳤지만, 그의 아들인 스피티네프 1세(Spitihněv I, 894~915)에 이르러 상황은 바뀌었다. 즉 스피티네프 1세는 대모라비아 제국의 스바토플루크 1세가 894년에 사망한 후 이 제국의 영향권에서 벗어나려는 시도를 했고 그 이후부터 동프랑크 왕국과 친선 관

---

1 보지보이 1세는 보헤미아 북부에서 영향력을 행사하던 귀족 가문 출신의 루드밀라(Ludmila)와 결혼했다.

계를 구축하는 데 주력했다. 그의 이러한 방향 전환은 향후 체코가 서유럽의 라틴 문화에 편입되는 결과를 가져왔는데 이것은 체코의 지정학적 상황에서 피할 수 없는 선택이었다. 물론, 이러한 편입은 장기간에 걸쳐 진행되었기 때문에 11세기 말까지 체코에서는 서유럽의 라틴 문화와 점차적으로 입지를 상실하던 동방의 고대 교회 슬라브 문화가 공존하는 상태가 유지되었다.

브라티슬라프 1세(Vratislav I, 915~921)와 바츨라프 1세(Václav I, 925~935)가 통치하던 시기 프르제미슬 공국(Přemyslovské knížectví)은 동프랑크 왕국이 붕괴된 이후 그 계승자 역할을 담당하던 바이에른(Bavorsko)에 의존했다. 그러나 이 당시 바이에른은 또 다른 계승국이었던 작센(Sasko)과의 우위권 대립에서 작센 대공을 그들의 위정자로 인정해야 하는 열세적 상황에 놓여 있었다. 한편, 브라티슬라프 1세 사후, 즉 921년부터 어린 바츨라프를 대신하여 섭정을 맡았던 드라호미라(Drahomíra)는 바이에른의 대(對)작센 정책 전환과 그것에 따른 체코 측의 대응책 때문에 시어머니 루드밀라(Ludmila)와 충돌하게 되었다.[2] 그리고 이러한 충돌은 결국 드라호미라가 921년 9월 5일 프라하 근교의 테틴(Tetin)에서 시어머니를 살해하는 비극을 초래했다.[3]

이러한 비극적 상황 이후 등극한 바츨라프 1세의 통치는 매우 성공적

---

2 드라호미라는 브란덴부르크(Brandenburg)의 헤벨러(Heveller) 가문의 공주였다.
3 루드밀라는 보지보이의 부인이었고 보지보이가 죽은 후 그의 아들 스피티네프 1세가 성년이 될 때까지 섭정을 맡았다. 살해된 이후 루드밀라는 체코 최초의 성인으로 추대되었고, 그녀의 성체는 브라티슬라프가 건설한 성 이르지(Sv. Jiří) 교회에 안치되었다. 그리고 오늘날 바츨라프 광장에 우뚝 선 바츨라프 동상의 측면 조각 동상에서 확인되는 그녀는 자신의 손자인 성 바츨라프 왕과 더불어 체코를 수호하는 수호성인으로 추앙받고 있다.

이었다.[4] 바츨라프는 등극하기 이전에 수도사가 되는 데 필요한 일련의 교육을 받았을 뿐만 아니라 라틴어 및 고대 교회 슬라브어인 글라고어를 해독할 수 있는 능력도 갖추었다. 이렇게 교육을 받은 바츨라프는 프르제미슬 왕조의 전통적 팽창주의 정책을 견지하면서 기존의 바이에른보다 당시 급부상하던 작센과의 연계를 모색하는 데 주력했다.

브라티슬라프 1세(Vratislav I)

그러나 바츨라프는 대내외적으로 보다 더 급진적 팽창주의를 지향하던 자신의 동생인 볼레슬라프(Boleslav)와 알력을 빚게 되었고 이것으로 인해 바츨라프는 935년 9월 28일 스타레볼레슬라프(Staré Boleslav)의 동생 성에서 살해되었다. 살해된 직후 그의 시신은 프라하로 옮겨졌고 성비트 성당의 로툰다(Rotunde), 즉 건물 내 원형으로 된 방에 안치되었다. 이렇게 바츨라프가 살해된 것은 체코 국가 탄생 과정에서 일어난 두 번째의 비극이었다.

비록 볼레슬라프 1세(Boleslav I, 935~972)의 통치가 비극적 상황에서 출발했지만, 그의 통치 기간 중 체코는 확고한 국가적 기반을 구축할 수 있었다. 볼레슬라프 1세는 즉위 초부터 자신의 영토 확장 정책에 반대하던 신성 로마 제국(Svatořímská říše)의 오토 1세(Otto I, 936~973)와 14년

---

4 925년 바츨라프는 자신의 어머니인 드라호미라를 국외로 추방했다.

간 대립했지만 결국 무릎을 꿇다. 이후부터 그는 신성 로마 제국에 대한 적대적 행위를 포기했는데 그것은 그가 955년 오토 1세가 결성한 헝가리 원정군에 적극적으로 참여한 것에서 확인할 수 있다. 그리고 오토 1세가 주도한 폴란드 원정은 승리로 끝났고 그 과정에서 모라비아는 헝가리의 지배에서 벗어나 체코에 귀속되었다. 이후 볼레슬라프 1세는 바흐(Váh) 강을 지나 폴란드의 크라쿠프까지 진격하여 통치 영역을 확대했다. 그의 아들인 볼레슬라프 2세 '경건공'(Boleslav II Pobožný, 972~999)도 선왕의 팽창주의 정책을 그대로 답습했기 때문에 10세기 후반의 체코 영역은 대모라비아 제국의 그것에 이미 육박하고 있었다. 이렇게 진행된 볼레슬라프 부자의 팽창주의 정책은 강력한 경제적 기반을 토대로 시행되었다. 실제적으로 당시 발트 해 연안과의 교역을 위해 955년부터 대량으로 주조되었던 체코 은화 디나르(dinar)는 당시 체코의 경제적 위상을 알려주는 좋은 일례라 하겠다. 동방과의 무역 역시 활발하여 각지의 상인들이 프라하로 몰려들었으며 10세기 중반 프라하를 방문한 아랍인 여행가 야콥(Jacob)은 '하얀 성의 프라하'가 있는 체코가 북부의 여러 국가들 중에서 가장 부유한 국가라는 증언을 하기도 했다.

볼레슬라프 부자의 통치기는 초기 체코의 전성기로서 키예프(Kiev) 공국과의 교류 및 화합을 통해 10세기 초 헝가리 침입으로 단절되었던 동슬라브권과의 연대가 다시금 가시화되기 시작했다. 특히 볼레슬라프 1세의 딸인 두브라프카(Dubravka)가 965년 폴란드의 미에스코 1세(Mieszko I, 960~992)와 결혼함으로써 신생 폴란드는 기독교권에 포함되었을 뿐만 아니라 양국 간의 관계 역시 이전보다 훨씬 확고해졌다.

볼레슬라프 1세는 재위 기간 중 프라하에 주교청을 설립하여 바이에른의 레겐스부르크(Regensburg) 주교청으로부터 독립을 시도했다. 그러나 그의 이러한 노력은 973년, 즉 볼레슬라프 2세 때 이르러 비로소 성취되었다. 작센 코르베이(Corvey) 수도원 출신의 티트마르(Thietmar/Dětmar)

가 976년 프라하 주교청의 초대 주교로 취임한 이후 이 주교청은 마인츠 (Mainz) 대주교청 소속으로 이관되었고 이것으로 인해 프라하의 입지는 크게 강화되었다.

그러나 이 시기의 교회는 세속 군주의 위상보다 열세였기 때문에 프라하의 제2대 주교 보이테흐(Vojtěch)는 교회의 위상 증대 및 기독교 확산에 혼신의 노력을 기울였다.[5] 여기서 보이테흐는 금욕 생활과 교회의 내적 개혁 필요성을 제기했다. 그리고 교회법 준수를 강조했는데 그 과정에서 세속 제후들 사이에서 보편화된 일부다처제의 폐지를 강력히 요구했다. 이러한 보이테흐의 관점 표명으로 그와 볼레슬라프 2세 사이에 잦은 마찰이 야기되었는데 양인 사이의 이러한 불화는 보이테흐 주교가 프르제미슬 왕가에 대해 적대적인 슬라브니크(Slavnik) 가문이라는 데서 더욱 증폭되곤 했다.[6] 마침내 995년 볼레슬라프 2세의 무장 세력이 치들리나(Cidlina) 상류에 위치한 리비체(Libice)의 슬라브니크 가문 성을 습격하여 가문 구성원 모두를 살해함에 따라 슬라브니크 가문은 단절되었다. 이 당시 해외에서 선교 활동 중이던 보이테흐 주교는 가문의 단절이라는 비보를 접한 후 프라하로 귀환하는 것을 포기했다. 이후부터 그는 선교 활동에 더욱 적극성을 보였지만 997년 4월 23일 폴란드 비슬라 강 하류에 거주하던 프로이센 원주민들에 의해 살해당하는 비극적 최후를 맞이했다. 그러나 그가 살해된 지 3년 후, 즉 1000년에 신성 로마 제국의 오토 3세(Otto III, 996~1002)는 보이테흐 주교를 성인으로 추대했고, 1003년에는 보이테흐의 유해가 안치된 폴란드의 그니에즈노(Gniezno)에서 폴란드의 볼레슬라프 흐라브리(Boleslav Chrabrý, 1003~1004)에 대한 대관식을 거행하

---

5 독일 이름이 아달베르트(Adalbert)였으며 983년 베로나(Verona)에서 주교로 임명되었다.

6 이 당시 슬라보니크 가문은 동보헤미아 지방을 장악하고 있었다.

면서 대주교청의 설립도 승인하여 보이테흐의 이복동생 라딤(Radim)을 대주교좌에 앉혔다. 또한 헝가리 이스트반 1세(István I, 997~1038)에 대한 대관식을 거행하면서 이 국가에 대주교좌를 신설하여 보이테흐 성인의 동료를 취임시켰다. 중부 유럽을 강력한 기독교 국가로 전환시키려던 보이테흐 성인의 유지대로 폴란드와 헝가리에 대주교좌가 설립되었고 두 나라는 왕국으로서 인정도 받게 되었다. 이에 반해 체코는 왕국 승인을 받기까지 한 세기 이상 기다려야 했고 프라하 대주교청의 설립은 이보다 훨씬 긴 두 세기를 기다려야만 했다. 생전에 체코에서 별로 공감을 받지 못했던 보이테흐 성인은 사후 체코인들의 추앙을 받게 되었는데 이것에 따라 이 인물 역시 성 루드밀라와 성 바츨라프와 더불어 성인 반열에 오르게 되었다.[7]

11세기에 접어들면서부터 체코는 위기 상황에 놓이게 되었다. 인접한 헝가리와 폴란드가 급부상하면서 체코를 위협했고 내부적으로는 볼레슬라프 2세가 999년에 죽은 후 그의 아들들, 즉 볼레슬라프 3세(Boleslav III, 999~1002), 야노미르(Jaromir), 그리고 올드지흐(Oldřich)가 서로 대립하는 상황이 초래되었는데 이것은 후계자 상속 원칙이 결여된 데서 비롯된 것 같다. 이렇게 이들이 통치권 다툼을 벌이는 동안 프르제미슬 가문의 체코는 대부분의 영토를 상실하고 보헤미아 지방만 소유하는 위기 상황에 놓이게 되었다. 폴란드의 볼레슬라프 흐라브리는 이 틈을 활용하여 그의 대리자였던 블라디보이(Vladivoj)를 왕좌에 앉혔다가 1003년에 스스로 체코 공국의 왕관을 차지했다. 그런데 꼭두각시 왕이었던 블라디보이는 신성 로마 제국 황제가 승인한 체코 최초의 공작이었다. 즉 당시 신성

---

7 얼마 후 당시 체코 내에서 유일하게 동방의 슬라브 교회 의식을 진행하던 사자바 (Sázava) 수도원의 대수도원장 프로코피우스(Procopius) 역시 성인 반열에 오름으로써 체코에서 추앙받는 수호성인은 모두 네 명으로 늘어나게 되었다.

로마 제국 황제였던 하인리히 2세(Heinrich II, 1002~1024)가 그에게 보헤미아를 제국 봉토(léno)로 증여했는데 이러한 전통은 수세기에 걸쳐 지속되었다. 이렇게 신성 로마 제국의 황제들이 체코를 체코 공작에게 봉토로 증여했음에도 불구하고 체코는 신성 로마 제국에 완전히 종속되지 않았다.[8]

체코의 아킬레스건이라고 지칭되는 브제티슬라프 1세(Břetislav I, 1035~1055)의 치세기에 체코는 다시금 신성 로마 제국 황제와 충돌했다.[9] 그는 1039년 폴란드의 볼레슬라프 흐라브리가 죽은 후 이 국가를 침공하여 슬레슈코를 회복했으며 폴란드의 그니에즈노에 있던 보이테흐 성인의 성골을 회수하여 프라하로 옮겨왔다. 이는 원래 체코를 위해 예정되었던 성 보이테흐 대주교좌를 폴란드로부터 체코로 옮겨오려는 의지의 표현으로 로마

---

8 신성 로마 제국은 967년 독일의 오토 1세에 의해 부활되어 중세의 보편 구제설, 즉 신의 보편적 사랑으로 전 인류가 구제된다는 관점에 그 기원을 두었다. 즉 로마 교황청의 교황이 모든 기독교 국가들의 정신 영역을 총괄하듯이 제국 황제는 세속 영역 모두를 통치하려고 했다. 그러나 이렇게 등장한 신성 로마 제국은 모든 기독교 국가들을 포괄하지 못했고 오늘날의 오스트리아, 스위스, 베네룩스, 슬레슈코, 보헤미아, 모라비아, 독일, 그리고 북부 이탈리아에 국한되었다. 그리고 로마에서의 대관식 이후 황제 칭호를 받은 신성 로마 제국 위정자들의 정치적 권위는 다분히 형식적인 것으로서 각 공국의 군주권은 그 공국 대공들에 의해 실제적으로 행사되고 있었다. 물론, 체코도 예외는 아니었다. 하지만 체코 위정자들과 신성 로마 제국 황제 사이에 알력이 발생하는 경우가 없지 않았는데 그것은 세력이 강한 황제가 각 공국의 내정에 직접적으로 간섭하려는 과정에서 발생했다.

9 아킬레스건은 고대 그리스의 전설적인 영웅 아킬레스의 고사에서 유래된 단어로서 발뒤꿈치 위에 있는 힘줄을 가리킨다. 아킬레스가 발뒤꿈치를 빼고는 불사신이었으나 트로이 전쟁 중 적장 파리스의 화살을 발뒤꿈치에 맞고 죽은 데서 그곳을 아킬레스건이라 부르게 되었다. 오늘날 아킬레스건은 반드시 발뒤꿈치 힘줄만을 가리키는 것이 아니라, 사람마다 각각 다르게 가지고 있는 어떤 '치명적인 약점'을 지칭하는 단어로 쓰이고 있다.

교황청의 승인을 받고자 했다. 그러나 당시 교황이었던 베네딕토 9세(Bene-dict IX, 1032~1044)는 브제티슬라프 1세의 이러한 행동에 대해 동의하지 않았을 뿐만 아니라 교회법으로 그를 처벌하려고 했다. 또한 폴란드 희생을 대가로 한 체코의 세력 확장에 두려움을 가졌던 신성 로마 제국의 하인리히 3세(Heinrich III, 1039~1056)가 베네딕토 9세에 대한 지지를 표명함에 따라 양국은 바로 전쟁에 돌입했다. 전쟁은 일진일퇴를 거듭할 정도로 백중세를 유지했으나, 결국 브제티슬라프 1세가 1041년에 패배함에 따라 그의 계획 역시 무위로 끝나게 되었다. 전쟁에서 승리한 하인리히 3세는 브제티슬라프 1세에게 봉신으로서 충성 서약을 강요했을 뿐만 아니라 슬레슈코 지방을 제외한 폴란드 전역 포기와 체코로 강제로 데려온 폴란드 포로들의 즉각적인 석방도 요구했다. 이후 브제티슬라프 1세는 하인리히 3세의 대헝가리전을 이용하여 슬로바키아 회복을 모색했지만 이것 역시 실패로 끝나게 되었다. 그러나 그의 이러한 공세는 보헤미아와 모라비아에 대한 자신의 지배 의지를 확고히 하는 데 기여했다. 그는 또한 최초의 체코 법전을 공포했고, 1054년 체코의 위정자는 프르제미슬 가문의 최연장자가 맡는다는 원칙을 세웠지만 이것은 오히려 통치권을 둘러싼 분쟁 유발의 요인으로 작용하게 되었다.

브라티슬라프 2세(Vratislav II, 1061~1092)도 자신의 선임자들처럼 체코의 위상을 증대시키려고 했는데 그 과정에서 최대의 걸림돌로 등장한 것은 왕가 내 알력이었다. 그가 1063년 모라비아의 올로모우츠(Olomouc)에 새로운 주교청을 건설한 것 역시 자신의 친형제였던 프라하 주교의 위세를 꺾기 위한 의도에서 비롯되었다. 그리고 교황 그레고리오 7세(Gregorius VII, 1073~1085)와 분란을 빚고 있던 신성 로마 제국의 하인리히 4세(Heinrich IV, 1057~1106)를 지원한 대가로 1085년 물론 자신의 재위 기간에 국한되었지만, 현재까지 사용한 대공(kníže) 대신에 왕(král ; *dux Boemiae*)이란 칭호도 받았다. 그리고 이것은 신성 로마 제국 내에서 체코의 위상과 중요성을 확인받는 중요한 계기가 되었다. 이후 체코 위정자로 등장한 블라드슬라프 2세(Vladislav II, 1140~1172)는 10세기 말에서 11세기 초에 걸쳐 블타바 강 우측에 건설한 프라하의 제2성인 비세흐라트(Vyšehrad)로 거처를 옮겼고 이때부터 12세기 중반까지 비세흐라트는 체코 위정자들의 거처로 사용되었다.[10]

신성 로마 제국의 프리드리히 1세 '바르바로사'(Friedrich I Barbarossa, 1152~1190)가 펼친 제국주의 정책에 동조하던 블라드슬라프 2세가 황제의 이탈리아 원정에 동참함으로써, 역시 비세습적이지만 1158년 왕위를 부여받았으며, 슬레슈코에 대한 체코 권리 및 바우첸(Bautzen) 지방의 지배도 확인받았다. 이후부터 블라드슬라프 2세는 서방과의 문화 교류에 많은 노력을 기울였다. 그러나 그 후계자들은 프리드리히 1세와의 관계에서 원만하게 대응하지 못했다. 이에 따라 황제는 체코 내정에 대한 간섭을 시작했고, 왕위를 둘러싼 내분이 최고조에 달한 1180년 프라하 대주교청과 모라비아를 체코의 군주로부터 독립된 제국의 후작국으로 변형시켰으며 이것으로 인해 체코는 3분화되었다. 그러나 이러한 분열 상태는 오래 지속되지 않았는데 그것은 프리드리히 1세가 죽은 후 체코에 대한 신성 로마 제국의 간섭이 중단되었기 때문이다. 1197년 브제티슬라프 2세(Břetislav II, 1193~1197)의 두 아들 중 프르제미슬 1세(Premysl I, 1197~1220)가 보헤미아의 대공이 되고, 블라드슬라프(Vladslav, 1197)가 모라비아의 후작(markrabě)이 되었으며, 이와 동시에 모라비아와 프라하 대주교청을 프리드리히 1세의 분할 이전 상태로 환원시켜 체코를 이전처

---

10 브라티슬라프 2세와 소베슬라프 1세(Soběslav I, 1125~1140)는 프라하 성(Pražsýy hrad)을 로마네스크 형식의 석조 건물들로 재건했고, 블타바 강을 가로지르는 중부 유럽 두 번째 돌다리인 유디트(Judith) 다리도 건설했는데, 이 돌다리는 1342년 대홍수로 유실된 카렐 다리가 다시 세워질 때까지 사용되었다.

럼 하나의 국가로 유지하게 했다.[11] 이렇게 다시 체코 영역을 다시 통합시킨 프르제미슬 왕조는 1306년 바츨라프 3세(Václav III, 1305~1306)가 폴란드 원정 중에 올로모우츠에서 피살됨에 따라 역사의 뒤안길로 사라지게 되었다.[12]

오늘날 체코의 기본적 영역을 구축한 프르제미슬 왕조의 위정자들은 당시 강대국이었던 신성 로마 제국과의 관계에서 현실 정치의 근간을 제시했는데 이것은 1848년 이후 체코 정치가들이 지속적으로 지향한 정책과도 맥을 같이한다고 하겠다. 강대국들 사이에서 살아나가야 하는 약소국들의 위정자들은 항상 현실적 상황을 정확히 직시하고 거기서 민족적 이익을 보호하고 극대화시킬 수 있는 방법을 모색해야 하는데 프르제미슬 왕조의 위정자들은 이미 이러한 원칙이 가지는 장점을 터득하고 그것을 실제적 상황에 효율적으로 적용시키는 순발력도 발휘한 것 같다.

---

11 비록 모라비아 후작국(Moravské markravství)이 근대에 이르기까지 그 명칭을 유지했지만 아주 짧은 기간의 예외를 제외하고는 체코 왕국에 복속되었다.
12 이에 따라 같은 해 케르텐(Kärnten)의 하인리히(Heinrich)가 체코 왕으로 등극했다.

2장 오타카르 2세의 야망과 몰락

13세기에 접어들면서부터 가시화되기 시작한 체코 왕국의 부상은 왕권 확립에서 비롯되었다. 그리고 새로운 영농 기술의 도입과 황무지 개척, 활발한 광산 개발과 수공업의 활성화, 도시의 발달 등 경제적 성과 역시 왕권 확립에 긍정적 요인으로 작용했다. 이렇게 중부 유럽에서 '다크호스(černý kůň)'로 등장한 체코 왕국은 기존 영역에 만족하지 않고 영토 확장에 적극성을 보였다. 그리고 1228년 체코 왕국의 위정자로 등장한 바츨라프 1세(Václav I, 1228~1253)가 이러한 정책을 본격적으로 추진했는데 그것은 그가 오스트리아-슈타이어마르크(Österreich-Steiermark) 가문과의 결혼 정책을 통해 체코 왕국의 영역을 확대시키려고 한 데서 확인할 수 있다. 뒤를 이어 체코 국왕으로 등극한 프르제미슬 오타카르 2세(Přemysl Otakar II, 1248/53~1278)는 바츨라프 1세가 추진했던 정책을 더욱 확고히 했을 뿐만 아니라 보다 가시적인 성과도 거두었다.

1230년 바츨라프 1세의 차남으로 태어난 오타카르 2세는 왕위 계승권이 없었음에도 불구하고 당시 궁내관이었던 케르텐의 필립(Philipp von Kärnten)으로부터 역사, 라틴어, 그리고 독일어 등을 배웠는데 이러한 것

53

들은 당시 위정자들에게나 필요한 것들이었다. 그런데 1246년에 발생한 돌발 상황, 즉 왕위 계승자였던 블라드슬라프(Vladislav)가 사망함에 따라 왕위 계승권은 차남 오타카르에게 이양되었고 이것은 바츨라프 1세가 1247년 3월 27일 오타카르를 모라비아 변경백으로 임명한 데서 공식화되었다.[1]

1246년 오스트리아-슈타이어마르크의 위정자였던 프리드리히(Friedrich) 대공과 신성 로마 제국 황제 프리드리히 2세(Friedrich II) 사이에 분쟁이 발생했는데 여기서 바츨라프 1세는 예상과는 달리 프리드리히 2세를 지원한다는 입장을 밝혔다. 1248년 오스트리아에서 내분이 발생한 후 일련의 오스트리아 귀족들과 성직자들이 바츨라프 1세에게 개입 요청을 하게 됨에 따라 체코 군주는 원정을 감행했다. 그러나 친슈타우퍼(Staufer) 성향의 귀족들이 주도한 연합군은 바츨라프 1세의 원정군을 격파했을 뿐만 아니라 일시적으로 체코 영토의 상당수도 점령하는 의외의 전과를 거두었는데 이것은 오타카르의 은밀한 지원에서 비롯된 것이라고 하겠다. 뒤늦게 연합군과 오타카르 사이의 협력을 인지한 바츨라프 1세는 오타카르를 후계자로 선정한 것을 후회했고 이후부터 바츨라프 1세와 오타카르 사이는 급격히 악화되기 시작했다. 이러한 상황이 전개되었음에도 불구하고 친슈타우퍼 성향의 귀족들은 1248년 7월 31일 프라하에서 오타카르를 '젊은 국왕'으로 선출했고 이것은 두 명의 군주가 동시에 체코 왕국을 다스리는 비정상적인 상황까지 초래했다. 이후 부자 사이의 대립은 무력적 충돌을 유발시키는 극단적 상황까지 진행되었는데 결국 바츨라프 1세의 양보로 그러한 대립은 1249년 3월에 종료되었다. 이때부터 바츨라프 1세는 아들 오타카르를 공동 통치자로 인정했고 오타카르 역시 아버지

---

1 지금까지 체코 왕국의 왕위 계승자, 즉 장자들은 장자 상속권(Primogenitur)에 따라 모라비아 변경백으로 임명되었다가 선왕이 사망한 후 왕위에 올랐다.

의 화해성 접근에 대해 적극성을 보였다.[2] 그리고 1250년 신성 로마 제국 황제 프리드리히 2세와 오스트리아-슈타이어마르크의 프리드리히 대공이 사망함에 따라 바츨라프 1세는 오스트리아에서 자신의 지지 기반을 확보하게 되었다.

1253년부터 오타카르는 체코 왕국을 단독으로 통치하게 되었고 그 자신을 프르제미슬 오타카르 2세라 칭했다.[3] 오타카르 2세는 1260년 크레센브룬(Kressenbrunn) 전투에서 헝가리군을 격파한 후 다음해 체결된 빈(Wien) 평화조약에 따라 헝가리 국왕인 벨라 4세(Béla IV, 1230~1270)로부터 슈타이어마르크를 양도받았다.[4] 슈타이어마르크를 차지한 이후 오타카르 2세는 당시 교황이었던 우르바노 4세(Urban IV, 1261~1264)의 승인을 받아 자신의 첫 번째 부인인 마르가르테(Margarete)와 이혼했다. 그러고는 마인츠에서 헝가리 국왕의 손녀 쿠니군데(Kunigunde von Halitsch)와 결혼했는데 이것은 헝가리와의 친선 및 동맹 관계를 고려한 데서 비롯된 것 같다.[5] 이렇게 오타카르 2세의 위상이 증대됨에 따라 당시 독일의 공동 왕이었던 콘월(Cornwall) 백작 리처드(Richard, 1257~1272)[6]

2 오타카르는 오스트리아의 대부분을 점령한 후 빈을 제국 직속 도시, 즉 황제 직할 도시로 선포했다.
3 그는 1248년 11월부터 부친 바츨라프 1세와 공동으로 체코를 통치했다.
4 벨라 4세는 1250년 오스트리아-슈타이어마르크 대공 프리드리히 2세가 라이타(Leitha) 전투에서 사망한 후 그 통치 영역을 차지하려고 했으나 그의 구상은 일단 실패로 끝나게 되었다. 그러다가 그는 교황 인노첸티오 4세의 중재로 1254년 오펜(Ofen)에서 체결된 평화조약에서 슈타이어마르크의 점유를 인정받았다.
5 오타카르 2세는 1251년 오스트리아 귀족들로부터 대공(dux Austriae)의 지위를 보장받기 위해 1252년 2월 11일 하인부르크(Hainburg)의 예배당에서 마르가르테와 결혼했는데 이 당시 그녀의 나이는 52세였다.
6 영국 존(John) 왕의 둘째 아들인 리처드는 1227년 콘월 백작으로 임명되었고, 1257년 독일 왕으로 선출되었다.

프르제미슬 오타카르
2세(Přemysl Otakar II)

와 카스티야(Castile)의 알폰스 10세(Alfons X, 1257~1273)[7]는 각기 자신들의 입지를 확고히 하기 위해 오타카르 2세와 긴밀한 접촉을 모색했고 거기서 나름대로의 성과를 거두기도 했다.

1267년 오타카르 2세는 후계자가 없던 케르텐 대공 울리히 3세(Ulrich III)와 상속 조약을 체결했고 그것에 따라 그는 1269년 울리히 3세가 사망한 후 케른텐과 크라인(Krain)을 체코 왕국에 편입시켰다. 그러나 케른텐과 크라인의 귀족들은 오타카르 2세에게 심한 반감을 가졌기 때문에 오타카르 2세와의 무력적인 대립도 피하지 않았다. 아울러 신성 로마 제국의 제후들 역시 오타카르의 영토 확장에 우려를 표명하기 시작했는데 이것은 향후 그가 신성 로마 제국에서 지향하던 목적, 즉 신성 로마 제국의 황제로 등극하는 것을 무산시키는 결정적 요인으로 작용했다.

즉위 초부터 오타카르 2세는 선교적 목적을 가진 북방 정벌에 대해서도 관심을 보였다. 그러다가 그는 1254년 교황 인노첸티오 4세(Innocent IV, 1243~1254)와의 약속을 이행하기 위해 발트 해 연안의 프루첸(Pruzzen)[8]과 리투아니아에 대한 원정을 시작했는데 이것은 독일 기사단에 대한 지원을 통해 교황청의 호의를 확보하려는 의도도 가졌다 하겠다.[9] 당시까지만 해도 야만 상태에 있었던 리투아니아와 그 주변 지역을

---

7 알폰스 10세는 루돌프에 의해 강제로 쫓겨났다.
8 발트 해 연안에 살았던 프루첸인들은 15~16세기에 멸족되었다.
9 1249년 4월 교황 인노첸티오 4세는 친슈타우퍼 성향의 폭동을 주도한 혐의로 오

정복한 후 바로 기독교로 개종시켜 격상이 예상되던 모라비아의 올로모우츠 대주교청에 복속시킨다는 원대한 계획을 품고 오타카르 2세가 북방 정벌에 나섰지만 리투아니아 정벌은 실패로 끝나게 되었고 그것에 따라 자신의 구상 역시 무산되었다. 그럼에도 불구하고 칼리닌그라드(Kalingrad), 즉 쾨니히스베르크(Königsberg)라는 도시 이름 속에 오타카르 2세의 정벌 흔적이 나타나는데, 이 도시의 이름은 왕에 대한 경의의 증표로 붙여진 이름이었다. 오타카르 2세는 1270년 벨라 4세의 죽음으로 초래된 헝가리 왕국 내의 혼란기를 이용하여 1271년과 1273년 두 차례에 걸쳐 헝가리 정벌에 나서 서부 슬로바키아와 판노니아[10] 일부를 정복했지만 이들 지방을 계속해서 자신의 지배하에 두지는 못했다.[11]

중부 유럽과 신성 로마 제국 내에서 가장 강력한 군주로 부상한 오타카르 2세를 신성 로마 제국의 황제로 추대하려는 움직임은 콘라드 4세(Konrad IV, 1237~1254)가 서거한 직후, 즉 1255년부터 있었고, 오타카르 2세 역시 그러한 것에 대해 관심을 보였다.[12] 실제적으로 이 당시 오타카르 2세는 자신이 추대하지 않는 인물이 신성 로마 제국의 황제로 등극하는 것을 막을 수 있었을 뿐만 아니라 제국 내에서 자신의 제 권리를 방해 없이 행사할 수 있을 정도의 권한도 가지고 있었다. 그러나 제국 내 제후들은 오타카르 2세의 막강한 위상에 부정적이었다. 이 당시 제국 내 제후들은 지나치게 강력한 황제가 등장하는 것을 원하지 않았고, 교황청 역

타카르를 파문했다.

10 도나우 강 중류 우안의 분지 지역을 지칭한다.

11 이 당시 로마 교황 그레고리오 10세(Gregory X, 1271~1276)는 벨라 4세에 이어 등극한 라슬로(Laszlo)의 정통성을 인정했을 뿐만 아니라 오타카르 2세의 즉각적인 헝가리 철수도 강력히 요구했다.

12 1255년과 달리 1273년 초부터 오타카르 2세는 자신이 신성 로마 제국의 황제가 되어야 한다는 생각을 가졌을 뿐만 아니라 그것의 실천에도 적극성을 보였다.

시 비슷한 이유로 오타카르 2세의 황제 즉위를 지지하지 않았다. 따라서 1273년 10월 1일에 시행된 신성 로마 제국 황제 선출에서 황제를 선출할 권리를 지닌 선제후(Kurfürst)들은 무명의 합스부르크(Habsburg) 가문 출신의 루돌프(Rudolf, 1273~1291)를 황제로 추대했던 것이다.

그런데 당시 대부분의 선제후들이 신성 로마 제국의 황제로 체코 국왕 대신에 같은 독일인이었던 루돌프를 선출했다고 해서 이것이 독일 민족주의 의식에서 비롯되었다고 볼 수는 없을 것이다. 그것은 당시 근대적 개념의 민족주의나 민족의식이 형성되지 않았다는 것과 오타카르 2세의 궁에도 많은 독일인들이 활동했다는 사실에서 확인할 수 있다. 특히 오타카르 2세의 치세 동안 절정을 이룬 독일인들의 대규모 이민으로 체코는 체코 단일 민족에서 독일 민족과 공존하는 다민족국가 체제로 바뀌게 되었다. 물론, 전체적으로 체코인들이 다수를 차지하고 있었지만, 특히 독일과의 국경 지대에는 다수의 독일인들이 거주하는 독일인 지역이 형성되기도 했다.

루돌프가 신성 로마 제국의 황제로 선출됨에 따라 오타카르 2세는 자신의 입장을 분명히 밝혀야 했고 거기서 그는 루돌프의 선출을 인정할 수 없다는 것을 명백히 했다. 이 당시 오타카르 2세는 루돌프를 자신의 경쟁자가 아닌 '변변치 않은 백작(comes humilis)'으로 간주했다. 오타카르 2세의 입장이 밝혀짐에 따라 루돌프는 불법적으로 획득한 영토 반환이 반드시 이행되어야 한다는 것으로 응수했는데 이것은 오타카르 2세가 차지하고 있던 알프스의 에거란트(Egerland)를 겨냥한 것이었다. 사안의 중요성 때문에 1275년 아우구스부르크(Augsburg)에서 제국재판협의회가 개최되었고 거기서 오타카르 2세는 패소했다. 이후 자신감을 가지게 된 루돌프는 오타카르 2세의 국외 추방이라는 강수를 두었고 그것은 오타카르 2세의 입지를 크게 악화시키는 요인도 되었다. 실제적으로 오타카르 2세는 신성 로마 제국과 인접 국가들, 특히 폴란드에서 자신을 지지하던 마지막 세력마저 상실하게 되었다. 나아가 체코 왕국 내에서 귀족들의 확실한 지원이 사라졌을 뿐만 아니라 왕국의 남부 지방에서는 오타카르 2세의 강력한 경쟁 가문이었던 비츠코베츠(Vítkovic) 가문의 자비시(Záviš)가 주도하는 폭동도 발생했다. 이러한 상황에서 신성 로마 제국의 황제에 즉위한 루돌프는 즉시 오타카르 2세에게 에거란트 반환을 요구했고 그것을 오타카르 2세가 거부함에 따라 양국 사이의 전쟁은 피할 수 없게 되었다. 1276년 오타카르 2세는 당시 루돌프의 연합 군대가 포위한 빈을 구출하기 위해 출정했지만 체코 귀족들의 비협조로 전쟁의 양상은 루돌프에게 유리하게 전개되었다. 토지 사유법의 시행으로 경제적 부를 구축한 후 자신들의 입지를 크게 강화한 체코 귀족들은, 신성 로마 제국 내 대다수 제후들이 강력한 황제의 등장을 견제한 것과 마찬가지로, 그들의 이익과 자율성을 위협하는 강력한 군주의 등장을 원하지 않았던 것이다.[13]

결국, 오타카르 2세는 1276년 빈에서 체결된 강화조약에서 알프스의 모든 지역과 오스트리아 점령지를 루돌프에게 양보해야만 했다. 이제 오타카르 2세는 보헤미아와 모라비아 지방만을 통치하게 되었고 그것은 그

---

13 특히, 12세기부터 부상하기 시작한 대귀족들의 권위와 힘은 막강했기 때문에 이들은 점차 체코 정치에서 한 축을 담당하게 되었다. 당시의 대표적 대귀족들로는 보헤미아 지역의 로줌베르크(Rožmberk), 인드르지후프 흐라데츠(Jindřichuv Hradec), 리즘부르크(Rýzmburk), 리흐템부르크(Lichtemburk), 리파(Lipá), 스트라코니체(Strakonice), 슈텐베르크(Štenberk), 모라비아 지역의 페른슈테인(Pernštejn), 보스코비츠(Boskovic), 침부르크(Cimburk) 등이 있었으며, 남부 보헤미아와 바이에른에 영지와 봉토를 소유하고 귀족 중의 귀족으로 간주되던 비츠코베츠(Vítkovic) 가는 자비시(Záviš z Falkenštejna)라는 당대의 걸출한 정치인을 탄생시키면서 13세기 후반부터 체코 정치에 막대한 영향력을 행사했다. 그런데 이들 귀족들이 거의 모두가 독일식 이름을 쓰고 있는 것은 이들이 독일 귀족들을 외양적으로 모방한 것이지, 내면적으로는 어디까지나 체코 민족의식과 긍지로 충만한 당당한 체코 귀족들이었다.

가 반루돌프 전선을 구축하게 되는 요인으로도 작용했다. 실제적으로 빈 강화조약 이후 오타카르 2세는 재기의 기회를 모색했고 그것을 위한 마지막 결전도 준비하고 있었다. 비록 외부로부터 원군을 얻으려던 오타카르 2세의 노력이 실패로 끝났지만 루돌프의 사주 및 공작으로 분열 상태에 놓여 있었던 체코 귀족들의 도움을 받아 오타카르 2세는 1278년 8월 26일 모라프스케폴레(Moravské pole)에서 신성 로마 제국과 헝가리의 연합군과 격전을 벌였다. 이 전투에서 패한 45세의 오타카르 2세는 후퇴했고 그 과정에서 그에게 개인적 원한을 가졌던 몇몇 비기사적인 케르텐 기사들에 의해 살해되었다. 이렇게 오타카르 2세가 사망함에 따라 그의 원대한 야망은 무산되었고 그의 광대한 제국 역시 붕괴되었다. 이후 그의 시신은 30주 동안 빈 프란체스코 교단 교회에 안치되었다가 다음해인 1279년 즈노이모(Znojmo) 프란체스코 교회가 운영하던 납골당(Krypta)에 매장되었다. 이로부터 18년이 지난 후, 즉 1297년 그의 유골은 프라하로 옮겨져 성 비트 대성당(Katedrála sv. Vita)에 안치되었다.[14]

일반적으로 어느 특정 국가의[15] 세력 확산으로 국제적 질서 체제가 위협을 받을 경우 그것에 대응하는 세력이 구축되곤 한다. 그리고 이러한 것은 오타카르 2세의 막강한 위상에 대해 심대한 위협을 느끼던 신성 로마 제국 내 제후들의 대응책, 즉 합스부르크의 루돌프 대공을 신성 로마 제국 황제로 선출한 것에서 확인할 수 있다.

---

14 모라프스케폴레에서 생을 마감한 오타카르 2세의 기개와 위용은 경제적 부와 군사적 힘을 구가한 '황금과 철의 왕'으로서, 또 불세출의 영웅으로서 후세 시인들의 칭송 대상이 되었는데, 특히 단테의 『신곡(Divina Comedia)』 연옥편의 제7장(canto)에서 당대의 가장 뛰어난 영웅 중의 한 사람으로 등장하기도 했다.
15 러시아 푸틴(Putin) 대통령의 대우크라이나 정책과 그것을 제어하기 위한 국제사회의 공동 대응 역시 같은 맥락에서 이해할 수 있을 것이다.

3장 카렐 4세와 체코 왕국의 전성기

1311년 룩셈부르크(Lucemburská) 가문 출신의 얀 루쳄부르스키(Ján Lucemburská, 1311~1346)가 하인리히 7세(Heinrich VII, 1274~1313)에 이어 체코 국왕으로 등극했다. 그런데 그는 등극한 직후부터 체코 및 모라비아 귀족들과 대립했고 거기서 귀족들의 우위권을 인정해야 하는 상황까지 내몰리게 되었다.[1] 이에 따라 얀 왕은 왕권 제한을 명문화한 칙령을 발표해야 했고 그것에 따라 귀족들은 향후 국정에서 상당한 영향력을 행사할 수 있게 되었다. 얀 왕이 발표한 칙령에는 구체적이고 정당한 경우에만 신민들에게 세금을 부과할 수 있다는 것과 체코 왕국이외의 지역에서 전투가 펼쳐질 경우 귀족들은 국왕과 더불어 출정할 의무를 지지 않는다는 것이 명시되었다. 또한 상속인이 없는 귀족들의 토지와 재산이 국왕 및 영주에게 귀속되는 것을 막기 위해 아들 및 딸의 직계 상속만을 허

---

1 룩셈부르크 가문은 원래 독일과 프랑스 국경지역에 근거를 둔 독일계 백작 가문이었지만 프랑스 왕가와 긴밀한 관계를 유지하는 등 프랑스 문화권에서 이탈하지 않았다.

용한 기존의 상속권을 형제 및 그 자손들의 방계까지 확대한다는 것과 보헤미아와 모라비아 각 지방의 고위 공직자들을 해당 지방의 인물들로 충원한다는 것 등도 거론되었다. 실제적으로 이러한 칙령 발표 이후 귀족들의 권한은 더욱 증대되었고 그것은 얀 왕으로 하여금 왕권 강화에 필요한 제 방안을 강구하게 했다. 여기서 그는 귀족들과의 관계 개선이 우선적으로 필요하다는 사실을 인지했고 그것을 위해 부친으로부터 물려받은 궁정 내 많은 독일인 고문들을 해임하는 과감한 조치를 취했지만 그와 귀족들 사이의 관계는 전혀 개선되지 않았다. 결국, 얀 왕은 1319년 국정을 체코 귀족들에게 넘겨준 후 체코 왕국을 떠났고 이후부터 그는 외국에 머무르면서 룩셈부르크 가문과 체코 왕국의 세력 확장에 필요한 외치에 치중했다.[2]

1314년 바이에른 대공 루트비히(Ludwig)가 신성 로마 제국 황제, 즉 루트비히 4세(Ludwig IV, 1314~1347)로 선출되었다. 이 과정에서 결정적 기여를 한 얀 왕은 루트비히 4세로부터 헤프(Cheb) 지방을 봉토로 제공받았다.[3] 또한 그는 1320년 고지(高地) 루사티아의 부디신(Budyšin) 지역을 체코 왕국에 병합시켜 왕국의 영역을 확대했다.[4] 1320년대 중반부터 얀 왕은 영토 확장에 더욱 박차를 가했고 그 결과 즈호르젤레츠(Zhořelec)뿐만 아니라 스비드니츠코(Svídnicko)와 야보르스코(Javorsko)를 제외한 슬레슈코의 모든 공국들이 체코 왕국에 복속되었다. 그런데 체코 및 폴란드와 국경을 접하고 있던 슬레슈코 지방은 바츨라프 2세가 가지고 있던

---

2 이에 따라 사람들은 얀 루쳄부르스키를 '외국인 국왕(král ciznec)'이라 불렀다.
3 헤프 지방을 순시하던 중 얀 왕은 이 지방이 바츨라프 2세 때 체코 왕국에 일시적으로 복속되었다는 사실을 알게 되었고 그것은 그로 하여금 이 지방을 영구히 체코 왕국에 포함시켜야 한다는 생각도 가지게 했다.
4 루시티아는 오늘날 라우지츠(Lausitz)를 지칭한다.

폴란드 왕위 상속권을 얀 왕이 포기한 대가로 얻은 중요한 요지였다. 얀 왕은 1328년, 1337년, 그리고 1345년 세 차례에 걸쳐 동프로이센과 리투아니아를 원정했고, 1331년부터 1335년까지 서부 롬바르디아와 북부 이탈리아 지역을 일시적으로 정복하기도 했다.[5] 그리고 티롤(Tirol) 지방을 짧은 기간이지만 체코 왕국에 편입시켰고, 1344년 프라하 대주교청의 승격을 확보했으며, 그 아래에 올로모우츠 주교청과 리토미슐(Litomyšl) 주교청을 복속시켰다. 1346년 얀 왕은 자신의 아들 카렐(Karel)을 독일 왕으로 즉위시켰지만 같은 해 8월 26일 프랑스에서 펼쳐진 크레시(Crécy) 전투에서 전사했다.[6]

카렐 4세(Karel IV, 1347~1378)는 일곱 살부터, 즉 1323년부터 1330년까지 샤를 4세(Charles IV, 1294~1328)의 프랑스 궁정에서 머무르면서 군주 수업에 필요한 제 학문을 배웠다. 폭넓은 지식을 갖춘 청년으로 성장한 카렐은 룩셈부르크, 북부 이탈리아 등지에 체류하면서 견문을 넓혔고, 프랑스어, 이탈리아어, 독일어, 라틴어를 능숙하게 구사했으며, 1333년 체코 왕국에 온 이후에는 체코어 공부에도 열중했다.[7] 다음해인 1334년 카렐은 모라비아 후작으로 책봉되었다. 이후부터 그는 얀 왕이 그동안 등한시한 내정 공백을 열심히 메꾸어나가는 데 주력했고, 그것에 대한 공로를 인정받아 왕으로 등극하기 이전부터 부친과 더불어 체코 왕국을 통치하는 권한도 부여받았다.[8]

---

5 이 당시 얀 왕은 이탈리아 북부 지방에 룩셈부르크 지배 체제를 구축하려고 했다.

6 백년전쟁(1339~1453) 초반부에 진행되었던 크레시 전투에는 카렐뿐만 아니라 체코 기사들도 많이 참여했다. 이 전투에서 카렐은 부상을 입은 후 영국군의 포로로 잡혔지만 간신히 탈출할 수 있었다.

7 이것은 카렐 4세가 쓴 자서전에서 확인할 수 있다. 그런데 그의 자서전은 소년 및 청년 시대만을 다루었다.

8 1340년 실명으로 더 이상 국가를 통치할 수 없게 된 얀 왕은 자신의 아들에게 체코

그런데 이 시기 카렐은 신성 로마 제국 황제 루트비히 4세와 대립하게 되었고 그것에 따라 그는 폴란드 및 헝가리와의 동맹 체제 구축에 혼신의 노력을 기울였다. 이후 카렐은 자신의 경쟁자인 루트비히 4세를 물리쳤고 이것은 당시 로마 교황이었던 클레멘트 6세(Clemens VI, 1342~1352)[9]로 하여금 독일 왕 선출의 필요성을 강력히 제기하게 했다. 이렇게 로마 교황의 입장이 명확히 밝혀짐에 따라 트리어(Trier) 대주교였던 발두인(Balduin)의 주도로 선제후 회의가 개최되었고 거기서 다섯 명의 선제후가 카렐을 독일 왕으로 추대했다. 이에 따라 카렐은 1346년 11월 26일 본(Bonn)에서 독일 왕으로 등극했다.[10] 그리고 다음해인 1347년 9월 2일에는 체코 왕국의 카렐 4세로 등극했다. 등극한 즉시 카렐 4세는 체코 왕국의 지위 격상에 필요한 획기적인 조치를 취했다. 즉 그는 체코 왕국의 고유 영역인 보헤미아 지방과 복속지인 모라비아 후작령, 슐레슈코 공국, 그리고 고지 루사티아를 포함시킨 체코 왕국 출범에 필요한 법적 토대도 마련했던 것이다.[11] 그리고 그는 체코 왕국의 수호성인인 성 바츨라프의 이름을 따서 성 바츨라프 왕관을 만들어 단일 체코 왕국의 상징으로 삼았다. 이리하여 성 바츨라프 왕관으로 상징되는 체코 왕국은 실질적으로는 1620년의 빌

왕국의 통치권을 전담시켰다.

9 클레멘트 6세는 카렐이 프랑스 궁정에서 군주 수업을 받을 때 그를 가르쳤다. 뿐만 아니라 1342년과 1343년에 선대 교황 요한 22세(John XXII, 1316~1334)가 루트비히 4세의 황제 임명을 거절한 교령을 언급하며, 스스로 제위에 오른 루트비히 4세에게 당장 황제 자리에서 물러날 것을 요구했다. 이에 루트비히 4세는 자신이 프랑크푸르트 제국 의회에서 보인 패기를 다시 부각시키는 대신 교황에게 몇 가지 사안들에 대해 양보하겠다는 입장을 표명했다. 그러나 클레멘트 6세는 루트비히 4세의 이러한 화해적 제의를 거부했고 1346년에 그를 폐위시킨 후 파문했다.

10 일반적으로 독일 왕으로 선출된 인물은 로마에 가서 대관식을 거친 후 신성 로마 제국의 황제로 등극했다.

11 카렐 4세는 1365년 저지(低地) 루사티아를 체코 왕국에 편입시켰다.

라 호라(Bilá hora) 전투에서 패배
할 때까지, 형식적으로는 1635년
체코가 합스부르크의 오스트리아
에 편입될 때까지 존속되었다.

1349년 7월 25일 아헨(Aachen)
에서 다시 독일 왕으로 등극한 카
렐 4세는 1355년 1월 6일 로마에
서의 대관식을 통해 신성 로마 제
국의 황제(svatořímský)가 되었다.
1356년 카렐 4세는 유명한 '황금
칙서(Zlatá bula)'를 공포하여 체코
왕국과 신성 로마 제국과의 관계를
재조정했는데, 그 주된 내용은 체

카렐 4세(Karel IV)

코 왕국의 군주가 제국 내 일곱 명 선제후들 중에서, 성직계의 대표를 제외
한 세속 권력의 대표 자격, 즉 제국 내에서 일인자의 지위(*primus inter pares*)
를 가진다는 것이었다.[12] 그리고 이 칙서에서는 선제후들 중에서 체코 왕가

---

12 신성 로마 제국 황제와 제후들 사이의 정치적 타협에서 나온 일종의 성과물이었던
  황금칙서에서는 마인츠 대주교, 트리어 대주교, 쾰른 대주교, 체코 국왕, 팔츠 대
  공, 작센 대공, 그리고 브란덴부르크 변경백을 일곱 명의 선제후로 명시했고 이들
  중에서 네 명 이상의 지지를 받는 인물이 독일 왕으로 선출된다는 것도 언급되었
  다. 또한 프랑크푸르트는 독일 왕 선출 장소, 아헨은 독일 왕 등극 장소로 한다는
  것도 결정되었다. 그리고 독일 왕이 서거할 경우 마인츠 대주교는 3개월 이내에 선
  제후들을 프랑크푸르트로 모이게 하는데 각 선제후들은 200명의 기사들을 동반할
  수 있으나 이들 중에 50명만이 무장할 수 있다는 것도 명시되었다. 또한 황금칙서
  에서는 선제후들이 회의를 하는 동안 외지인들의 프랑크푸르트 출입 금지가 거론
  되었을 뿐만 아니라 30일 내 새로운 독일 왕을 선출하지 못할 경우 빵과 물만 제공
  한다는 것도 언급되었다. 이제 황금칙서를 통해 대립왕의 옹립은 불가능하게 되었

의 경우 남자 상속인이 없을 경우 여자 후계자가 왕위를 계승할 수 있다는
것이 명시되었지만 다른 왕가들의 경우 그들 영역이 자동적으로 제국의 자
유 봉토(vacant feud)로 귀속되게끔 규정했으며, 선제후들이 독일어뿐만 아
니라 이탈리아어와 체코어도 구사할 수 있게끔 하라는 이상적이지만 매우
비현실적인 요구도 들어 있었다. 카렐 4세의 장남 바츨라프가 1363년 체코
왕으로 등극했고 그는 카렐 4세가 생존했던 1376년 6월 10일 독일 왕으로
도 선출되었다.[13] 이러한 것을 통해 황금칙서가 현재의 독일 왕이 생존 시
자신의 후계자를 선출하는 등의 위법적 행위를 할 경우 그것에 대해 어떠한
법적 제제를 가할 수 없는 맹점도 가졌다는 것이 밝혀졌다. 또한 이러한 맹
점 때문에 향후 신성 로마 제국이 혼란스러운 상황에 빠질 수 있다는 우려
도 강력히 제기되었다. 그럼에도 불구하고 카렐 4세의 황금칙서는 종래 독
일 군주들이 종종 침범을 시도한 체코 왕국의 주권을 확고히 하는 데 크게
이바지했고, 이 칙서의 기본 골격은 1806년 신성 로마 제국이 사라질 때까
지 제국 칙령으로 존속했다.

카렐 4세는 법령뿐만 아니라 영토 확장을 통해 체코 왕국을 신성 로마
제국 내에서 명실상부한 중심 국가로 부상시켰다. 즉 그는 1370년 슐레
슈코 공국 전체를 체코 왕국에 편입시켰고, 독일 내 여러 지역들을 구입
또는 봉토 형식으로 획득했다. 이 당시 체코 왕국의 독일 내 봉토는 라인
강 서부의 팔츠(Pfalz) 령과 마이센(Meissen) 지역, 보크트란트(Vogtland),
작센과 라이프치히(Leipzig), 그리고 북부 바이에른에서 뷔르츠부르크
(Würzburg)까지 산재해 있었다.

1364년 케른텐과 티롤을 합병한 오스트리아–슈타이어마르크 공국과

다. 지금까지 선제후들은 종종 자기 파의 인물을 독일 왕으로 추대하려고 시도했
고 그 과정에서 두 명의 독일 왕이 등장하기도 했다.
13 바츨라프는 1360년에 태어났다.

체코의 룩셈부르크 가 사이에 협약이 체결되었는데 이것은 체코 왕국의 영토적 확장을 예견한 데서 비롯되었다. 이 협약은 합스부르크 가문이 단절될 경우 이 가문의 영역이 룩셈부르크 가문으로 이양되고, 반대로 룩셈부르크 가문이 끊어질 경우 체코 영역은 합스부르크 오스트리아 공국의 소유가 된다는 내용을 담고 있었다. 그런데 룩셈부르크 가문이 합스부르크 가문보다 일찍 단절되었기 때문에 이 협약은 체코 왕국의 영토적 확장보다는 오히려 체코 왕권에 대한 오스트리아의 권리 주장에 빌미를 제공하게 되었다.

카렐 4세는 자신과 이름이 같은 카를 대제(Karel Veliký), 즉 샤를마뉴 대제의 정통 계승자라는 사명감과 자긍심을 가졌으며, 역시 중세 군주들이 흠모했던 알렉산더(Alexander) 대왕의 예를 따라 그가 건설한 도시와 다리 등에 자신의 이름을 붙임으로써 대왕에 대한 경의를 표시하고 그 위업도 계승하려고 했다. 카를스베르크(Karlsberg), 카를스크로네(Karlskrone), 체코 제일의 온천 도시 및 국제적 휴양지로 알려진 카를로비바리(Karlovy Vary)와 같은 도시들, 체코 고딕 건축의 백미로서, 체코 황실 보물들의 보관 장소로 유명한 프라하 근교의 카를슈테인(Karlštejn) 성, 프라하에 있는 카렐 다리(Karluv most),[14] 카렐 대학(univerzita Karlovo) 등이 그의 이름을 따서 만든 것들이었다.[15]

신성 로마 제국 내 다른 독일계 국가들보다 국가 체제를 확고히 확립한

---

[14] 이 다리는 블타바 강을 가로지르는 새로운 돌다리였다. 그리고 다리 양쪽에는 탑도 세웠는데, 이 중 스타레메스토 쪽의 스타로메스트스카 모스테츠카 베시(Staroměstská mostecká věž)는 웅장한 고딕식의 탑으로서 고대 로마 황제들의 개선문 형태와 유사한 구조였는데 이것은 고대 위대한 제왕들의 전통을 계승하고자 했던 카렐 4세의 의지에서 비롯된 것이라고 하겠다.

[15] 전설에 따를 경우 카렐 4세가 사슴 사냥을 하던 중 카를로비바리에서 온천을 발견했다고 한다,

체코 왕국을 제국의 중심 국가로 부각시키기 위해서는 제국 수도, 즉 프라하를 크게 확충해야 한다는 필요성이 제기되었고 그것에 대한 카렐 4세의 입장 역시 매우 긍정적이었다. 이에 따라 1348년 신시가지, 즉 노베메스토(Nové Město)가 건설되었고 기존의 스타레메스토(Staré Město)와 말라스트라나(Malá Strana)에는 귀족, 대상인, 그리고 외교관들의 대저택과 궁전 건설 등이 활발히 진행되어 프라하는 이전보다 훨씬 넓어졌다.

카렐 4세의 통치 기간 중 교회 및 그 부속 기관들도 눈부신 성장을 보였다. 프라하 대주교청의 신설로 체코 교회는 기존의 마인츠 대주교청으로부터 벗어났고, 이미 프르제미슬 오타카르 1세 때 교회가 보장받은 권리 및 자유가 이 시기에 실현됨에 따라 세속 권력에 대한 교회의 우위가 확보되었다. 당시 체코 왕국 면적의 절반 이상이 교회 및 그 부속 기관들에 속할 정도로 교회 세력은 막강했다. 그러나 교회가 향유하던 폭넓은 자유와 막대한 부는 교회와 성직자들의 타락을 가져왔고, 이에 카렐 4세와 프라하 초대 대주교 아르노슈트(Arnošt)는 이를 막기 위한 일련의 조치를 취했다. 저명한 설교자들의 초빙도 이러한 조치의 일환이었다. 오스트리아에서 발트하우저(K. Waldhauser)가 초빙되었고, 모라비아로부터 얀 밀리치(Jan Milič)를 불러들였다. 특히, 얀 밀리치는 성직 사회 및 세속 사회의 부패를 동시에 비판했는데, 교황이나 세속 군주 역시 예외가 아니었다. 그는 수차례 로마로, 아비뇽(Avignon)으로 소환되었으나 자신의 신념을 굽히지 않다가 결국 아비뇽에서 죽었다. 그러나 그의 활동은 얀 후스(Jan Hus)가 주도한 후스주의 대개혁 운동의 출발점이 되었다.

카렐 4세는 국제 정세를 올바르게 파악한 후 체코 왕국이 그것에 효율적으로 대응할 수 있게끔 국력 신장에 혼신의 노력을 기울였다. 그리고 이러한 그의 정책은 주변 강대국들에 의해 둘러싸인 일련의 해당 국가에도 유용하다고 하겠는데 그것은 국제 정세에 대한 위정자 및 집권 세력의 올바른 파악 및 대응을 통해 국가의 위상이 증대되기 때문이다. 그러나 이러한 정책을 효율적으로 펼치기 위해서는 카렐 4세가 지적했듯이 국력 신장이 우선적으로 필요하고 하겠다.[16]

---

16 이것에 대한 일례는 우리나라의 외교정책에서 찾을 수 있다. 현재 우리나라는 이전보다 강화된 국력을 토대로 국가의 이익과 연계된 외교정책을 독자적으로 펼치고 있다. 그런데 이것에 대한 주변 강국들의 간섭은 이전과는 달리 매우 제한적이라고 할 수 있는데 그것은 우리나라의 국력이 이전보다 크게 신장한 데서 비롯된 것 같다.

4장 체코 중세 사회와 문화

14세기에 접어들면서 체코 왕국은 정치 및 문화적 측면에서 강국의 지위를 확보했다. 이렇게 체코 왕국이 부상하게 된 이유로는 급격한 경제적 성장을 들 수 있는데, 13세기에 절정을 이룬 독일인들의 이주로 경지 면적은 크게 늘어났고, 농업 및 축산업이 활성화되었으며, 도시의 발달로 수공업과 무역 역시 크게 발전했다. 이흘라바와 쿠트나호라의 은광은 지속적으로 유지되어 중부 유럽에서 프라하 그로시(pražský groš)에 대한 수요는 여전했다. 그리고 서유럽을 강타한 흑사병이 당시 전염병의 주요 감염 경로인 무역로에서 다소 벗어난 체코에 그리 큰 영향을 주지 않게 됨에 따라 경제적 번영은 계속 구가할 수 있었다.

그러나 14세기 말에 접어들면서부터 체코 경제는 점차적으로 그 활력을 잃기 시작했는데, 은화에 대한 지속적 의존은 쿠트나호라 광산에서의 은 생산량을 연간 15톤에서 10톤으로 감소시켰고, 이에 따라 프라하 그로시의 질적 저하를 가져왔으며, 마침내 1407년 평가 절하를 단행하지 않을 수 없게 되었다. 물론, 이러한 화폐가치 절하에는 당시 체코 왕국의 국제적 위상 약화와 흑사병 만연 등으로 야기된 유럽 사회의 전반적 불안도

한몫을 담당했다.

경제적 쇠퇴와 전염병 확산은 사회적 위기의식을 고조시켰다. 1357년부터 약 5년간 지속된 전염병은 그런대로 피해를 줄일 수 있었지만 1380년에 도래한 전염병에 대해서는 속수무책이었다. 전체 인구의 10% 이상을 감소시킨 이 전염병은 특히 인구가 밀집된 도시들을 강타했고 그 과정에서 13세기부터 시작된 대규모 이주로 도시 발달을 주도한 독일인들의 막대한 희생을 유발시켰다. 이에 따라 이들의 빈자리는 농촌 지역에서 유입된 체코인들로 충당되었고 이것은 이미 점진적으로 진행 중이던 체코 도시들의 체코화에 박차를 가하는 요인으로 작용했을 뿐만 아니라 독일인들이 주류를 이루고 있던 체코 도시들의 민족 구성마저도 변형시켰다. 그 결과 15세기 초에 이르러 모라비아, 슬레슈코, 그리고 루사티아 지역의 대도시들을 제외한 체코 대부분의 도시들에서 체코인들이 독일인들보다 수적으로 우위를 차지하게 되었다. 비록 체코 도시들의 체코화가 이루어졌지만 도시들의 상층부는 여전히 독일인들이 장악하고 있었는데, 프라하의 구시가지, 즉 스타레메스토 역시 예외는 아니었다. 따라서 도시 집행부에 대한 주도권을 둘러싸고 체코인들과 독일인들 간의 민족적 갈등이 야기되었고, 체코인들의 교회인 베들레헴 교회(Betlemská kaple)에서는 체코 설교자들이 독일 고위 성직자들의 부패를 규탄하면서 체코인들의 민족의식을 고취시키는 설교도 했다. 그리고 프라하 대학에서는 체코인 교수들과 학생들이 이전보다 더 많은 지분을 요구함에 따라 독일인 교수, 학생들과의 갈등도 발생했다.

고딕 예술은 철저하게 기독교적 원칙 및 세계관에 바탕을 두었다. 그런데 고딕이라는 명칭은 고대 문명의 유산을 물려받은 계승자라 자처하던 이탈리아인들이 12세기 초 프랑스에서 발생한 후 알프스 이북으로 확산되던 건축양식을 게르만족의 일파인 고트족의 이름을 따서 명명한 것이다. 이렇게 시작된 고딕은 단순히 알프스 이북까지 유행한 건축양식에 국한된 것이 아니고, 중세 기독교 사회의 철학적, 신학적 사상까지 내포했다. 따라서 모든 것이 신의 창조물이라는 범우주적 사상에서 비롯된 고딕은 엄격한 질서가 우주에 존재하며, 존재하는 모든 것들이 이 질서에 따르면서 전체적 의미에 참여하고, 모든 것이 원인 및 의미도 가진다는 원칙을 제시했다. 그리고 불완전하고 유한적인 이 세상은 최후의 날을 맞아 완전하고 영원한 하느님의 왕국으로 구원받을 것이라는 주장도 제기되었다.

고딕 예술의 중요한 원칙은 수직선이다. 창공을 향해 찌를 듯이 솟아 있는 첨탑, 산꼭대기에 우뚝 솟은 고딕 성곽 등으로 상징되는 수직선은 중세인들이 영원한 하느님 왕국에 도달하려는 염원의 표시였고, 이승의 유한성과 불완전성을 극복하고 죽은 후 영혼의 구원과 영생을 얻으려는 갈망의 표현이기도 했다. 그리고 신을 향해 기도하며 포갠 두 손의 모습을 떠올리게 하는 고딕 양식의 또 다른 특징인 뾰족 아치 역시 하늘나라를 향한 중세인들의 갈구의 의지였다. 즉 고딕 시대의 사람들은 육체에 대한 영혼의 승리를 단순함과 직선미를 강조하는 예술을 통해 표현하려고 했던 것이다.

중세 기독교 사회는 수직적 구성을 이루고 있었다. 교회는 교황, 추기경, 대주교, 주교에서 말단 성직자에 이르기까지, 세속적 국가는 황제, 왕, 대공에서 가장 낮은 귀족에 이르기까지 수직적 계급을 형성하고 있었다. 따라서 인간이 신 앞에서 평등하다는 원칙은 인간의 사회적 평등까지 의미하는 것은 아니었다. 모든 창조물은 주어진 질서와 소속이 있기 때문에 도시의 자유민과 농촌의 비자유민 간에도 신분적 차이가 존재했다. 따라서 중세 사회의 사람들은 모두가 어딘가에 속해 있었다. 가령, 도시의 수공업자들은 그들이 거주하던 도시의 시민이고, 자신이 활동하던 수공업의 조합원, 즉 길드의 구성원이고, 자신이 다니는 교회, 즉 특정 교구의 신도였다. 물론, 사회계층 간의 경계는 극복할 수 있는 것으로서 수직상의 계단을 따라 상하로의 이동도 가능했다. 때에 따라서는 도시의 공민이 귀족이 되기도 했고, 비자유 농민이 자유 도시민으로 바뀔 수도 있었다. 물론, 그 반대의 경우 역시 가능했다. 13세기부터 시작된 사회계층 간의 분화는 14세기를 거치면서 성직자, 귀족, 그리고 도시 귀족의 세 신분으로 고착되기 시작했다. 모든 사람들이 어딘가에 속했던 중세 사회의 계층적 구조 속에서 어디에도 속하지 못하고 사회 변방으로 밀려난 국외자적 존재들도 있었는데 걸인, 창녀, 떠돌이 학생, 돌팔이 약장수, 그리고 날품팔이꾼 등이 바로 그것에 해당되었다. 기독교로부터 파문당한 이단자들과 타 종교인 유대인들도 이러한 부류에 포함되었다. 이 중에서 유대인들은 특정구역인 게토에 살아야만 했고 직업상의 차별도 받았다. 그럼에도 불구하고, 이들은 높은 교육열과 고리대금업 등으로 부를 축적했는데, 프라하 스타레메스토 외곽에 위치한 유대인 거주지인 요세포프(Josefov)는 당시 유럽에서 가장 선진화된 유대인 거주 지역에 속했다. 그리고 1398년에 발생한 이 지역에 대한 기독교인들의 공격은 이교도들에 대한 증오 및 질시에서 비롯된 것이라고 하겠다.

이 당시 교회 및 국가는 여러 계층으로 구성된 사회를 원만하게 유지해야 하는 과제를 부여받았는데, 교회가 중세 기독교인들의 영혼에 대한 구원을 담당했다면 국가의 군주는 세속 영역을 관장했다. 통치자는 신의 은총으로 국가를 다스린다는 사상, 즉 왕권신수설로 무장한 군주는 종종 귀족들과 불화를 빚었는데, 특히 프랑스에서 성장하거나 프랑스 절대군주론의 영향을 받은 룩셈부르크 가의 군주들과 체코 귀족들 간의 충돌은 불가피한 일이었다.

중세인들은 가공할 만한 전염병 확산에 전율하면서 신의 분노를 읽었고, 세상의 종말과 최후의 날의 도래도 예견했다. 흑사병에 대한 공포는 중세인들의 기독교적 신앙심을 더욱 깊게 했고, 기독교적 원칙에 대한 강한 집착도 가지게 했다. 그리하여 수 세기에 걸쳐 진행되었던 체코 사회의 완전한 기독교화가 사실상 이때 종결되었다.

도시 발달로 중세 사회는 기존의 교회, 궁정, 귀족, 그리고 농촌 문화 뿐만 아니라 보다 실용적인 도시 문화의 탄생도 접했다. 도시의 시민 계층, 즉 상공업자들과 수공업자들은 조금이나마 읽고, 쓰고, 계산하기를 배워야 했고, 도량형에 대한 관심도 가져야 했다. 특히 시간에 대한 중세인들의 관념은 매우 독특한 것으로서, '시간은 돈이다'라는 원칙을 신봉하면서 이른바 오를로이(orloj)라는 특수 시계를 제조하여 주로 광장의 드높은 곳에 시계탑을 설치했다. 이탈리아 북부 도시들에 가장 먼저 등장한 시계탑은 기존의 해시계, 물시계, 모래시계 등을 대체했는데, 체코에서는 15세기 초 프라하의 구시가지 시청인 스타로메스트스카 라드니체(Staroměstská radnice)에 처음으로 설치된 후 다른 도시들로 확산되어 15세기 말에 이르러 많은 도시들에도 설치되었다. 이후부터 중세인들의 시간 개념 역시 바뀌게 되었는데 그것은 계절의 반복 및 순환 원리에 따른 기존의 순환적 개념에 과거로부터 미래를 향해 가는 시간의 선적 개념이 첨부된 데서 확인할 수 있다. 그리고 비반복성 및 일회성을 일깨워주는 시간의 선적 개념은 중세인 들에게 매순간을 성실히 살아가게끔 촉구했다.

사회 변화 및 발달은 교육에 대한 수요를 증대시켜 기존의 교회 참사회나 수도회만으로 충당할 수 없게 됨에 따라 오늘날의 김나지움에 해당되는 새로운 교육기관이 신설되어 라틴어와 기본 교양 과목을 가르쳤고, 결국에는 대학을 설립하여 교육적 수요를 충당했다. 이에 따라 1348년 중부 유럽 최초의 대학이 프라하에 설립되었다.

라틴어는 이 시기에도 여전히 지배계층의 언어 및 사회적 공용어로 남아 있었지만 문학어로서의 주도권은 점차 잃어갔다. 체코 왕국의 체코인들은 체코어를, 독일인들은 독일어를 문학어로 사용했다. 특히, 체코어로 쓰인 체코 국민문학은 당시 주요 유럽 국가들의 국민문학과 어깨를 나란히 할 정도였다.

이 시기의 운문 문학으로서는 성 바츨라프와 성 프로코프와 같은 민족

수호성인뿐만 아니라, 당시 서방에서 숭배되던 성 캐서린, 성 도로시, 성 조지 등에 대한 성인전도 있었는데, 특히 예수의 부활과 성모 마리아를 찬양하는 찬송가들이 공감을 크게 유발시켰으며, 종교시로는 「오스트라바의 노래(Ostravská píseň)」와 「쿤후타의 기도(Kunhutina modlitba)」가 뛰어났다. 13세기 전반 바츨라프 1세의 궁중에서 유행되던 기사도 문화를 토대로 한 궁중 서정시가 군주와 귀족들 사이에서 사랑을 받았고, 귀족과 사제들뿐만 아니라 학생들이나 떠돌이들과 같은 일반인들도 사랑을 노래하는 서정시들의 주체가 되었다.

교훈시와 풍자시는 실용적이고 종교적인 체코 민족의 민족성에 잘 부합되던 문학 장르였기 때문에 뛰어난 작품들도 등장했는데, 「영혼과 육체의 논쟁(Spor duše s týlem)」, 「물과 포도주의 언쟁(Svár vody s vínem)」, 「마부와 학생(Podkoní s žâk)」, 「유쾌한 가난의 노래(Píseň veselé chudoby)」 등이 그 대표적인 작품들이라 하겠다.

고딕기의 서사시로는 오타카르 2세와 바츨라프 2세의 군사 원정, 특히 야만 프로이센에 대한 십자군 원정에서 영감을 얻은 「알렉산드라이스」가 유명한데 13세기 후반 또는 14세기 초반에 작성된 이 서사시는 12세기에 출간된 같은 이름의 프랑스 작품을 번안한 것으로서 내용과 문체에서 매우 독창적인 면모를 보였다.

체코 고딕기의 산문 문학으로는 모험 및 낭만을 다룬 기사도 이야기가 있고, 『트로야 연대기(Kronika trojanská)』와 『달리밀 연대기(Dalimilova kronika)』로 대표되는 연대기가 있으며, 대화체로 된 일종의 소설 형식을 갖춘 「트카들레체크(Tkadleček)」가 있었다. 이 밖에 카렐 4세가 자신에 대해 쓴 『카렐의 생애(Vita Caroli)』라는 자서전도 있었다. 이 중에서 고대 체코 산문에서 기념비적 작품으로 간주되는 「트카들레체크」는 중세 독일 문학의 백미였던 「보헤미아로부터 온 농부(Ackermann aus Böhmen)」를 모델로 한 것으로서, 한 지식인인 원고(Plaintiff)와 죽음을 가져다주는 불행

이라는 피고 간의 논쟁을
통해 죽음에 대한 인본주
의적 시각을 표현했다. 그
리고 14세기 초 룩셈부르
크 왕조가 시작되기 이전
에 출간된 『달리밀 연대기』
는 최초의 운문으로 쓰인
체코어 연대기로서, 『코스
마 연대기(codex gigas)』의
전통을 이어받아 체코인들
의 민족의식을 고취하고
반독일적 애국정신을 호소
하며 중세 체코 정신을 대
변했다. 찬송가의 경우에

아네슈카(Anežka)

서처럼 예수의 수난과 부활을 다룬 연극들도 성행했는데, 부활절극인 〈세
마리아 극(Hry tří Marií)〉과 그리스도 수난극인 〈주 예수의 부활극(Hry o
vzkříšení Páne)〉이 대표적 연극이라 하겠다. 이들 연극들은 당초 라틴어로
쓰인 종교적 의식극에서 출발하여 차츰 일반 민중들의 체코어로 옮겨진
민중극으로서, 종교적 요소가 둔화된 반면에 해학과 익살, 흥겨움과 자유
가 가미되고 때로는 현실 풍자적 성격도 부각되기도 했다. 당시 민중들 사
이에서 선풍적 인기를 모았던 개그극인 〈돌팔이 약장수(Mastičkár)〉도 같
은 범주에 속한다고 보아야 할 것이다.

체코의 고딕 건축은 프라하 성과 같은 대도시의 건축에서뿐만 아니
라 지방에 있는 군주와 귀족들의 영지까지 확산되었는데, 대표적 고딕 양
식의 성곽들로는 베즈데스(Bezděz), 즈비코프(Zvíkov), 피세크(Písek), 체
스키 크루믈루프(Český Krumluv) 등이 있고, 교회 건물로는 비슈시브

로트(Vyšší Brod), 세들레츠(Sedlec), 오세크(Osek) 등지의 수도원을 들 수 있다. 오타카르 1세의 딸이자 바츨라프 1세의 누이인 체코의 아네슈카(Anežka) 혹은 보헤미아의 아그네스가 세운 수녀원은 프라하의 첫 고딕식 건축물로 꼽히고 있는데, 그녀는 영국 왕 헨리 3세(Henry III, 1216~1270)와 정혼한 관계였으나 왕실 간의 복잡한 세력 싸움의 틈바구니에서 수녀가 되었고, '붉은 별의 십자 자선회 교단'을 스스로 설립하여 가난한 자와 핍박받는 자들의 구제에 평생을 바쳤다. 따라서 그녀는 중세부터 특히 체코 민중의 사랑과 숭배를 받아오다가 1989년 체코 민주화 혁명 이후 성녀 반열에 올랐다.

고딕 시기 프라하에는 외국에서 유입된 많은 예술가들이 활동하고 있었는데, 프랑스에서 온 마티아시(Matyaš)도 그중의 한 인물이었다. 그는 프라하 성 비트(Sv. Vít) 성당의 개축과 사자바 수도원(Sázavský klášter)의 건축으로 명성을 얻었다. 그러나 체코 고딕 건축의 정상은 독일에서 건너온 파를레르시(Parléřr)의 건축에서 찾을 수 있는데, 그는 자신의 아들을 포함한 일련의 친척들과 함께 체코에서 40년 이상 머물면서 수많은 건축과 조각품을 남겼다. 성 비트 성당의 주탑, 프라하의 카렐 다리와 다리의 우측 탑, 쿠트나호라의 성 바르보라 성당(Chýrm Sv. Barbory) 등에서 그의 손길을 찾아볼 수 있다.[1] 당시 대부분의 조각품들이 성인과 성자들의 모습을 담고 있었는데, 14세기 중반부터는 마리아 숭배(marianský kult)의 결과인 이른바 '아름다운 마돈나(Krísná Madona)'가 당시 조각을 주도했다. 아기 예수를 안고 있는 성모 마리아의 모습에서, 특히 거위 목처럼 휜 자세의 성모 마리아 모습이 특징적인데, 이러한 모습의 '아름다운 마돈나'는 1400년경에 이르러 그 절정을 맞이했다. 그리스도의 고난을 담아낸

---

1 페터 파를러(Peter Parler)가 본명이었던 파를레르시는 1353년 황제 카를 4세의 초대를 받아 프라하에 왔다.

무명의 뛰어난 목각 조각가인 틴 캘버리의 장인(Mistr tyýské kalvárie)의 작품 역시 이 시기의 것이고, 카렐 4세의 지원을 받아 만들어져서 성 비트 성당에 모셔진 프르제미슬 가의 왕자와 왕들의 일곱 흉상은 장인 파를레르시의 걸작품이었다. 인드르지흐 파를레르시(Jindřich Parléř)도 성 비트 성당의 바츨라프 상을 조각했고, 스타로메스트스카 모스테츠카 베시(Staroměstská mostecká věž)의 카렐 4세 흉상과 바츨라프 4세상도 그의 작품으로 추정되고 있다.

한편, 프라하 성 제3광장에 서 있는, 용과 격투를 벌이는 성 이르지(Sv. Jiří)의 기마상은 고딕 금속 조각을 대변하면서 체코 르네상스(renesance) 예술의 도래를 예고한 작품이었다.

당시 회화 중에서 카렐 4세의 정책에서 확인되는 기념비적 성격과 당대의 시대정신을 담았던 벽화들도 돋보이는데, 카렐 4세의 프라하 궁전과 카를슈테인 성곽을 장식하던 그림들이 바로 그것에 해당된다 하겠다. 그리고 14세기 하반기에 접어들면서 귀족들뿐만 아니라 중산층의 집에서도 벽화가 장식되었다. 그리고 이 시기 주요 회화 장르 중의 하나로 부각된 판화에서 종교적 주제가 주류를 이루었지만 점차적으로 현실과 개성을 표현하는 시도도 이루어졌다. 대표적인 판화가로는 트르제본 성단의 장인(Mistr třebonského oltáře)과 비셰브로트 성단의 장인(Mistr vyšebrodského oltáře)이 있는데 이들 모두는 서유럽 수준의 화가들이었다. 카를슈테인 성의 성 크르지제 교회(Kaple sv.Kříže)에 비치된 테오도리크 장인의 130개 성인 반신상 또한 유럽 회화의 중요한 유산이었다. 주로 성서와 기도서를 장식하고 있는 북 일루미네이션도 이 시기의 빼놓을 수 없는 회화 장르로서 카렐 4세와, 특히 바츨라프 4세의 궁정에서 걸작품들이 탄생했다.

이 시기 예술에서 점차적으로 모습을 나타내기 시작한 예술가의 개성에 대한 자각은 예술가를 하느님의 이름없는 종이요 봉사자라 간주하던 종래의 종교 일변도적 개념에서 벗어나는 과정에서 표출되었다. 대부분이 작가 미상이었던 작품들이지만, 특히 장식된 필사본이나 조각 속에서 그 작품 작가에 대한 묘사나 초상이 등장하기 시작하는 것은 인간 주체에 대한 자각의 표현이고, 르네상스 도래에 대한 예고의 증표이기도 했다.

고딕 예술이 외형적으로는 단순 명료한 것처럼 보였지만 내면적으로는 당시 분화된 사회만큼이나 복합적이고 다의적이었다. 따라서 교육을 통한 철학적, 신학적 지식이 없는 일반인들은 장엄한 고딕 예술의 은밀한 내면적 의미를 파악할 수 없었다. 이러한 현장은 당시의 어휘에서도 읽을 수 있는데, 중세 체코어의 '궁중의(dvorný)'라는 뜻은 '이상한(divný)', '괴상한'(podivný)과 동의어였다. 궁중에서 행해지고 이루어지는 것들이 성곽 밖의 일반 대중들에게는 낯설고 이해할 수 없는 것들이었던 것이다.

농촌과 중소 도시의 일반 민중들의 신앙심은 중세 특유의 종교적 분위기에서 더욱더 깊어졌다. 성서의 가르침에 대한 지식이 높아갈수록, 이들은 고위 성직자들과 귀족들의 사치스러운 생활을 그리스도와 사도들의 검소한 생활과 대비시키려 했고 거기서 기득권 계층에 대한 부정적 시각이 표출되기 시작했다. 진정한 기독교인은 하느님을 스스로의 마음에서 모시는 것이지 화려한 예술적 꾸밈으로 모시는 것이 아니라는 개혁적 설교자들의 가르침은 상류층 문화에 대한 일반 민중들의 부정적 시각을 더욱 강화했고, 더욱이 고딕 예술의 복합적 의미를 포착하지 못한 상태에서 예술 자체에 대한 부정적인 시각으로 이끌어갔다. 이러한 시각은 곧 불어닥칠 후스주의 운동의 예술관을 예고하는 것이었다.

바츨라프 4세는 선왕인 카렐 황제와는 달리 사적으로 소일거리를 찾고 취미 생활을 즐겼다. 그의 궁정에는 점차 물러나는 기사도 문화와 서서히 태동하는 르네상스 문화가 공존했다. 소일거리로서의 사냥, 생각을 같이 하는 사람들과의 사교 모임, 점성학이나 야금술 혹은 기타 신비적 학문에 대한 경도 등은 르네상스 문화의 초기 징조를 예고했다.

제3부

—

종교개혁과 민족적 좌절

사상 및 믿음의 자유에 대한 신념은 후스주의 혁명이 유럽 정신사에 남긴 불멸의 유산이 되었다. 비록 후스가 자신의 종교개혁에서 강조한 "하느님의 말씀은 성서를 통해서만 접할 수 있다"라는 성서 지상주의를 실천시키지 못했지만 그의 이러한 관점을 추종한 루터(M. Luther)와 칼뱅(J. Calvin)에 의해 종교개혁은 완결되었다.

1장 후스의 종교개혁

14세기 말부터 유럽에서는 교회의 세속화와 그에 따른 부패 현상이 급속히 확산되기 시작했다. 이 당시 교회는 교회 소유 토지에 대한 과세권을 가졌을 뿐만 아니라 십일조를 비롯한 각종 세금과 수수료도 징수하고 있었다. 게다가 고위 성직자들은 부도덕한 행위를 자행하는 데 주저하지 않았으며 심지어 이들 중의 상당수는 사치 및 향락에 빠져들기도 했다. 또한 이들은 금욕에 대한 규율을 무시하고 첩까지 두었으며, 교회 근처에 술집이나 여관, 심지어 도박장까지 운영하여 재산을 축적하는 데 주력했다. 따라서 교회의 관심은 하느님의 가르침이나 인간의 구원보다는 금전과 사치, 권력에 쏠려 있었다. 이처럼 엄청난 부와 사치를 누리던 교회도 로마 교황청의 운영비 증가로 인해 재정적인 어려움에 직면하게 되었다. 이에 따라 로마 교황청은 부족한 재정을 충당하기 위해 비정상적인 방법들을 동원했는데, 그중에서 대표적인 것이 바로 성직 매매[1]와 면벌부

---

1 신약성서 「사도행전」 8장 18절~24절에는 마술사 시몬(Simon)이 사도들에게 기적을 행하는 능력을 자신에게 팔라고 청하는 이야기가 나온다. 바로 이 마술사의 이

(Indulgentia)²⁾ 판매였다. 점차적으로 성직은 매관매직의 대상으로 부각되었고 높은 대가를 지불하고 성직에 오른 성직자들 역시 자신들의 재정적 손실을 빠른 시일 내에 만회하기 위해 교구민들에게 높은 세금을 부과하는 데 주저하지 않았다. 또한 이름만 성직자로 등록해놓고 세속 생활을 하면서 급여만 받아가던 부재 성직자들이 속출했으며, 유년 성직 서임, 즉 나이 어린 아이에게 고위 성직을 준 후 거기서 나오는 급여를 교회가 관리하는 일도 적지 않았다. 이러한 부도덕한 상황하에서 교회는 더욱 형식적이고 권위적으로 변질되어갔다. 이에 따라 교회 의식은 갈수록 성대해졌지만, 신앙 역시 점점 외양적 행사로 바뀌게 됨에 따라 교회에 대한 일반인들의 불신은 이전보다 커졌다.

이러한 분위기에서 종교개혁은 불가피했다. 문제는 개혁이 교회 내부에서 자발적으로 일어나느냐, 아니면 외부로부터의 도전적인 형태로 나타나느냐뿐이었다. 그러나 교회 내부에서의 자발적인 개혁 가능성은 매우 희박했다. 실제적으로 15세기 전반기에 개최된 일련의 종교회의에서 교회 내부의 폐해를 제거하려고 했으나, 이 시기의 교황과 교회는 그 어느 때보다 부패하고 타락한 상태였다.

중세 체코 역사의 황금기로서 정치적, 문화적으로 유럽의 강국임을 자임하던 카렐 4세의 통치 시기가 종료됨과 동시에 체코 왕국도 점차 쇠퇴기로 접어들었는데 그 요인들로는 국왕과 귀족들 간의 지속적인 대립, 왕

름에서 '시모니(simony, 성직 매매)'라는 단어가 유래되었다. 원래 이 단어는 영적 권능을 사려는 시도를 지칭하지만 오늘날에는 그 의미가 확대되어 성직이나 승진, 대사(大赦)를 사고파는 행위를 가리키게 되었다. 처음에는 성직 매매가 드물었지만 일단 교회가 이것을 통해 부를 획득하면서 점차 확대되더니 11세기 무렵부터 성행하게 되었다.

2 면벌부는 죄 자체를 사면해주는 것이 아니라 연옥에서 받아야 할 벌의 일부 또는 전부를 면제해주는 은전이었다.

권과 교권 간의 불화, 통치력 약화 및 그것에 따른 국가의 위상 저하, 경제적 쇠퇴, 그리고 전염병의 확산 등을 제시할 수 있을 것이다. 이에 따라 사람들 사이에 불안감이 증폭되었고, 위기의식 역시 고조되었다. 여기서 많은 사람들은 성서에 담긴 하느님의 계율을 제대로 이행하지 않은 것에 대한 신의 분노 및 응징에서 이러한 상황이 초래되었다는 생각을 가지게 되었고 그것에 따라 교회에 대한 자신들의 비난 수위도 점차 높여갔다. 실제적으로 체코 왕국 내 교회들 역시 유럽 대다수의 교회들과 마찬가지로 막대한 부를 토대로 사치 및 영화에 치중했고, 성직자들 또한 자신들의 사명과 본분을 잃은 채 세속 정치에 지속적으로 개입하여 그 폐해가 이미 도를 넘은 상태였다. 따라서 교회가 제대로 되지 않고서는 사회가 제대로 될 수 없으며, 교회의 개혁 없이는 사회의 개혁 역시 불가능하다는 것이 당시 개혁적 사고를 가진 인물들의 공통된 결론이었다.

교회와 사회에 대한 개혁 운동은 이미 카렐 4세의 치세하에서 시도된 바 있었고, 후스주의의 초기 선구자인 얀 밀리치(Jan Milíč z Kroměříže)의 활동을 거쳐 토마시(Tomáš ze Stitneho)와 야노프의 마테이(Matěj z Janova)에 이르러 적지 않은 지지 세력을 확보했지만 이들은 교회와의 공개적 마찰에 대해서는 회피하는 자세를 보였다. 그러나 이들의 계승자들인 카렐 대학, 즉 프라하 대학의 개혁 운동가들은 달랐다. 이들은 가톨릭 교회의 제 원칙을 과감히 비판했던 영국의 종교개혁자인 위클리프(J. Wycliffe, 1320~1384)의 사상을 지지하면서 교회 당국과 정면으로 맞섰다.

위클리프는 당시 교회가 세속적 부와 정치적 영향력을 스스로 포기할 수 없기 때문에 교회가 사도 생활에 전념할 수 있게끔 국가가 인도해야 한다는 주장을 펼쳤다. 아울러 그는 예정설(praedestinatorum)[3]을 제시하

---

3 현세 및 인간 생활의 모두가 신의 섭리에 따라 정해져 있다는 것을 지칭한다.

후스(J. Hus)

기도 했다. 또한 1382년 당시 사제들만의 소유물이었던 성경을 영어로 번역해 영국인들이 쉽게 성경을 읽고 이해할 수 있게끔 했다. 그런데 그의 말년은 이단 시비로 얼룩졌는데, 미사의 핵심 교의인 이른바 화체설, 다시 말해 성찬식의 빵과 포도주가 외형은 그대로이지만 실제로는 그리스도의 살과 피로 변한다는 교의를 그가 반박하면서 시작되었다. 이에

대한 그의 입장은 꽤 복잡했지만, 간단히 말하자면 빵과 포도주와 그리스도의 살과 피가 동시에 나란히 존재한다고 믿었던 것이다. 이 당시 교회와 정면으로 대응하는 과정에서 주도적 역할을 담당했던 인물은 카렐 대학의 후스(J. Hus, 1372~1415)였는데 그는 친구였던 프라하의 예로님(Jeroným Pražský)을 통해 위클리프의 사상을 받아들였다.

후스는 1372년 남보헤미아의 소도시 후시네츠(Husinec)에서 짐수레꾼의 아들로 태어났다. 후스는 이 도시에서 라틴어 학교를 다녔고 1390년 고등교육을 받기 위해 프라하로 왔다. 1393년부터 카렐 대학에서 철학과 신학을 공부한 후 1396년에 석사학위(Magister artium)를 취득했다. 다음 해인 1397년 후스는 쾰른(Köln)으로 여행을 떠났는데 이것은 자신의 학문적 발전에 필요한 자료들을 확보하기 위한 목적에서 비롯되었다. 프라하로 돌아온 후스는 1400년 부제(Diakon)로 서품되었다. 이후부터 그는 성직자로 활동하기 시작했으며 신학에 대한 자신의 관심 증대를 위한 공부

도 병행했다. 1408년 그는 신학 박사학위 취득에 필요한 과정을 이수했고 같은 해 프라하 대학 신학부 교수로 임용되었다. 이에 앞서 후스는 1402년 3월 14일부터 프라하 구시가지에 있던 베들레헴 교회(Betlemská kaple)의 설교자로 활동했다. 1394년에 완공된 이 교회는 기존의 교회들과는 달리 고딕 건축의 아치 형식을 갖춘 강당 교회였는데 이것을 통해 성직자들은 보다 많은 신자들에게 설교할 수 있게 되었다.

시간이 지남에 따라 후스는 프라하 대학 내에서 영향력 있는 체코인 교수로 부각되기 시작했다. 실제적으로 그는 라틴어뿐만 아니라 체코어로 저술 활동을 했고, 체코어를 개량하고 체코어 철자법도 개혁하여 오늘날까지 사용하게끔 했으며, 체코어 찬송가를 보급하기도 했다. 그는 설교 및 저술을 통해 교회가 타락을 청산하고 초기 기독교 정신으로 회귀할 것도 촉구했는데, 그를 중심으로 한 프라하 대학 교수들의 이러한 비판은 대중적 관심 및 지지를 받았다. 물론, 고위 성직자들과 프라하의 독일인들은 후스의 이러한 관점에 부정적인 반응을 보였고, 프라하 대학의 독일인 교수들은 후스에게 이론적 반기를 드는 적극성도 보였다. 이렇게 시작된 프라하 대학 내 독일인 교수들과 체코인 교수들 간의 갈등은 1409년 1월 18일 바츨라프 4세의 쿠트나 호라(Kutná Hora) 칙령으로 종식되었다.

이 당시 후스는 위클리프와는 달리 사람들 앞에 나아가 설교를 통해 가르침을 설파했고 그것을 실행에 옮길 것도 촉구했다. 여기서 후스는 성직자들의 모든 설교는 성경에 기초해야 한다는 것과 성찬식에 참석한 평신도들도 성직자들과 동등한 권한을 부여받아야 한다는 주장을 폈다. 특히 교회의 재산을 박탈하여 청빈한 교회로 회귀시켜야 한다는 후스의 가르침은 소귀족들과 도시민들을 포함한 대중들의 지지를 받았다.

1412년 5월 로마 교황의 특별 대리인 자격으로 보헤미아 지방에 도착한 티엠(W. Tiem)은 면벌부 판매의 확대를 위해 종교적 행사를 주관했다. 그런데 이 당시 종교적 열의를 가졌던 신도들은 이러한 면벌부 판매에 깊은 관심을 보였는데 이것은 자신들이 속세에서 많은 죄를 지었기 때문에 지옥이나 연옥에 갈 수밖에 없다는 두려움에서 비롯되었다. 후스는 로마 교황청이 신도들의 이러한 공포심을 악용하여 부를 축적하려 한다고 언급하면서 면벌부 판매의 부당성을 공개적으로 지적하는 적극성도 보였다. 이에 로마 교황청은 후스의 이러한 이교도적인 행위를 더 이상 수수방관하지 않겠다는 입장을 공식적으로 밝힌 후 후스에게 출두 명령도 내렸다. 즉 로마 교황청은 후스에게 로마에 와서 자신의 이단적 행위를 언급하고 그것을 철회하라고 요구했지만 후스는 그러한 것을 받아들이지 않았다. 이러한 때 프라하에서 소요가 발생했는데 이것은 세 명의 젊은 수공업자, 즉 얀(Jan), 마르틴(Martin), 그리고 스타셰크(Stásek)가 1412년 7월 10일 타인(Teyn) 교회와 성 야곱(St. Jacob) 교회에서 면벌부 판매의 부당성을 지적한 후 체포된 데서 비롯되었다. 이에 따라 후스는 다음 날인 7월 11일 대학의 동료 및 추종자들과 더불어 프라하 시청을 항의 방문했지만 얀을 비롯한 젊은 수공업자들은 같은 날 재판 절차 없이 처형되었다. 이에 따라 프라하에서 일련의 과격한 시위가 벌어졌고 그 과정에서 후스는 핵심적 역할을 담당했다. 또한 후스는 자신의 출판물에서 처형된 세 명의 청년을 순교자로 칭송하는 등 반로마 교회적 입장을 취하는 데 주저하지 않았다.

후스의 반로마 교회적 활동이 본격화됨에 따라 교황 요한 23세(John XXIII, 1410~1415)는 1412년 10월 그를 파문시켰을 뿐만 아니라 그가 3일 이상 머물렀던 지역들에 대해서도 금령 조치(Interdikt)라는 종교적 징벌을 가했다. 이 과정에서 바츨라프 4세는 로마 교황청을 두둔했고 그것에 따라 후스는 프라하를 떠나야만 했다. 이후 그는 보헤미아 남부의 코지 흐라데크(Kozí Hrádek)에서 머물면서 그곳 귀족들로부터 보호도 받게 되었다. 이 시기에 후스는 구약성서를 체코어로 번역했을 뿐만 아니라 자신이 머물던 지방에서 사용되던 신약성서도 체코어로 옮겼다. 같은 해 후스는 포스틸러(Postille)[4]를 간행했고, 『교회에 대해서(De ecclesia)』라는 유명한 저서도 출간했다. 특히 후스는 『교회에 대해서』에서 "교회는 위계질서가 없는 평등한 공동체이지만 여기서 그리스도는 그 수장 역할을 해야 한다"고 했다. 그리고 그는 현재의 교회가 예정설을 위배하고 그리스도가 선택하지 않은 사악한 인물들로 구성되었기 때문에 반드시 배척해야 한다라는 주장도 폈다.

1414년 10월 신성 로마 제국의 황제이자 바츨라프 4세의 동생이었던 지기스문트(Žigmund Lucemburský, 1411~1437)의 제안에 따라 당시 교황이었던 요한 23세가 제국 도시인 콘스탄츠에서 공의회(Koncil)를 개최했는데 여기에는 300여 명의 주교, 100여 명의 대수도원장, 다수의 고위 성직자들, 신학자들, 교회법 학자들, 그리고 세속 통치자들이 대거 참여했다.[5] 공의회 참석자들은 당시의 대분열(동서 교회의 분열, 1378~1417)을 종식시키고 이단을 추방시켜 교회 개혁에 박차를 가하고자 했다. 이 당시 교회는 로마계 그레고리오 12세(Gregory XII, 1406~1415), 아비뇽계 베네딕토 13세(Benedict XIII, 1394~1417)와 공의회파 요한 23세의 3파로 분리되어, 각기 자신의 정통성을 주장하면서 이른바 교황 정립 시대를 맞아 교회 사상 최대 혼란을 겪고 있었다. 이에 교회의 일치를 최대 목표로 설정한 공의회는 우여곡절 끝에 "공의회가 분열된 전 교회를 대표하며, 그 권능은 하느님으로부터 직접 부여받은 것"임을 선언하고 베네딕토 13세를 폐위시키고, 그레고리오 12세를 설득하여 자진 퇴위케 했다. 이 공의회는 또한 공의회 지상주의를 채택한 특징도 가졌는데 이 주의는 분열 등으로 인해 야기된 교황권 실추 이후 더욱 강화되었다. 특히 이 공회의가

---

4 교회력에 의해 그날의 복음서와 사도서를 주제로 한 설교집이다.
5 카렐 4세의 셋째 아들로 콘스탄츠 공의회에서 정립 상태에 있던 세 교황을 폐위하고 마르티노 5세를 새로운 교황으로 선출하여 교회 대분열을 종식시켰다.

당시 최대 현안으로 부각된 교회 분열을 수습하는 데 성공함으로서 결정적인 영향력도 가지게 되었다.

이렇게 내부적 난과제를 해결한 공의회는 후스의 이교적도 행위를 본격적으로 논의하기 시작했다. 여기서 신성 로마 제국 황제 지기스문트는 후스에게 공의회 참석을 공식적으로 요구했고 후스가 우려했던 안전 통행(salvus conductus)도 보장하겠다는 입장을 밝혔다. 이 당시 후스는 로마 교회 성직자들에게 자신의 종교적 관점을 정확히 전달해야 한다는 의무감과 "진실이 승리한다(veritas vincit)"라는 믿음을 가졌기 때문에 지기스문트의 제안에 동의했다. 1414년 11월 3일 콘스탄츠에 도착한 후스는 약 3주에 걸쳐 자신이 머무르고 있던 간이 숙박소에서 설교를 했다. 그러다가 12월 6일 체포되어 하수구의 악취가 심하게 나는 비위생적인 지하 감옥에 투옥되었다. 이후부터 공의회는 후스에게 교회에 대한 그의 모든 비판을 철회하고 교황에게 용서를 구하라는 일방적 강요를 했지만 후스는 이를 거절했다. 이러한 시기 프라하에서는 후스의 동료였던 미스(v. Mies)가 지금까지 영성체 의식에서 성직자들에게만 허용되었던 포도주를 일반 신도들에게도 허용해야 한다는 것을 관철시켰는데 이것은 교회 및 성직자들의 특권을 더 이상 인정하지 않겠다는 의지에서 비롯된 것 같다. 곧바로 미스의 관점을 추종하는 세력이 형성되기 시작했고 여기에는 하층민들도 대거 참여했다. 프라하에서의 이러한 움직임은 콘스탄츠 공의회 참석자들에게 결단을 촉구했고 그것에 따라 후스의 처형은 기정사실화되었다.

처형되기 며칠 전 후스는 친구에게 작별 편지를 보냈는데 거기서 그는 자신의 재판을 담당한 인물들이 자신의 저서들을 읽은 것이 매우 기쁘다고 했다. 이어 그는 악의를 품은 이들이 성서보다 더 열심히 자신의 책들을 읽었는데 그것은 자신의 저서들에서 이단시되는 것들을 찾고자 했기 때문이라는 것이다.

1415년 7월 6일 후스는 화형에 처해졌다. 당시의 기록에 따를 경우 후스의 재판과 화형을 보기 위해 총대주교 3명, 23명의 추기경, 106명의 주교, 그리고 28명의 왕과 대공 이외에도 수백 명의 귀족들과 기사들이 참석했다. 약 1년 후인 1416년 5월 30일 같은 장소에서 후스의 친구이자 동료였던 프라하의 예로님도 같은 화형을 당했다.

후스의 처형은 체코인들의 강한 반발을 유발시켰고, 보헤미아 지방에서는 혁명적 징후마저 나타나기 시작했다. 이 당시 보헤미아 지방을 이단 지방으로 규정한 콘스탄츠 공의회의 결정에 체코인들은 크게 분노했다. 이에 따라 1415년 9월 452명에 달하는 귀족들이 콘스탄츠 공의회의 결정을 거부한다는 결의문, 즉 「죄 없이 돌아가신 이웃을 회상한다」를 발표했고 후스의 가르침에 따라 보헤미아 지방에서 하느님의 말씀을 끝까지 수호하겠다는 입장도 밝혔다. 이렇게 체코 귀족들의 결의문이 발표된 이후 모라비아 지방의 귀족들 역시 결의문 이행에 적극적으로 동참하겠다는 의사를 밝혔다. 귀족 계층의 이러한 시도는 교회 당국에 대한 공개적인 도전 또는 봉기의 신호로서 프라하 대학 교수들을 비롯한 대중의 지지도 받았다.

1419년 7월 30일 얀 젤리프스키(J. Želivský)가 주도하는 일련의 강경파 후스주의자들이 프라하의 노베메스토에서 동료 후스주의자들의 석방을 요구하며 시위하다가 그것을 거절하는 시의회 배심원들을 시청의 창문 밖으로 내던져버린 이른바 제1차 창문 밖 투척 사건이 발생함에 따라 후스주의 혁명(husitská revoluce)은 본격화되기 시작했다.

2장 후스주의 혁명

　보헤미아의 종교개혁자였던 후스는 1414년 12월 6일 콘스탄츠에서 체포되었다. 이후 후스는 콘스탄츠 공의회로부터 교회에 대한 이단적 입장을 철회하고 교황에게 용서를 구하라는 일방적 요구를 받았지만 그는 이를 거절했다. 1415년 7월 6일 후스는 화형장으로 가면서 그의 저서들이 소각되는 것을 보았다. 형장에 도착한 직후 후스는 팔츠 백작 루트비히로부터 기존의 이단적 입장을 철회할 경우 화형 역시 중단될 수 있다는 제의를 받았지만 그는 "인정하지도 확인하지도 않는다(non convictus et non confessus)"라는 문구로 대응했다. 이에 따라 황제 대변인은 후스에 대한 화형 집행을 명령했고 그것에 따라 장작 더미에 불이 붙여졌다. 이때부터 후스는 성가를 부르기 시작했는데 이것은 불길이 그의 얼굴을 가릴 때까지 계속되었다. 후스가 처형된 후 그의 골분은 라인 강에 뿌려졌는데 이것은 후스를 성인으로 간주하던 그의 추종자들에게 성유물의 어떠한 잔재도 남기지 않겠다는 콘스탄츠 공의회의 의도에서 비롯된 것 같다.

　후스의 처형은 체코인들의 강한 반발을 불러일으켰고, 보헤미아 지방에서는 혁명적 징후도 나타나기 시작했다. 이 당시 체코인들은 보헤미아 지방을 이단 지역으로 규정한 콘스탄츠 공의회의 결정에 크게 분노했다. 이에 따라 1415년 9월 2일 452명에 달하는 귀족들이 콘스탄츠 공의회의 결정을 거부하는 「죄 없이 돌아가신 이웃을 회상한다」라는 결의문을 발표했고 후스의 가르침에 따라 보헤미아 지방에서 하느님의 말씀을 끝까지 수호하겠다는 입장도 밝혔다. 그리고 결의문에서 귀족들은 세 명의 대표를 선출한 후 이들로 하여금 보헤미아 종교 문제를 감시하게 하고 보헤미아 지방에서 설교의 자유도 보장하겠다는 의지를 밝혔다. 또한 이들은 향후 제기될 로마 교황청의 파문에 공동으로 대응하겠다는 입장을 천명했을 뿐만 아니라 프라하 대학이 종교 문제를 최종적으로 해결하는 법원 역할을 담당해야 한다는 견해도 피력했다. 이렇게 보헤미아 귀족들의 결의문이 발표된 이후 모라비아 지방 귀족들의 대다수도 결의문 이행에 적극적으로 동참하겠다고 했다. 귀족 계층의 이러한 시도는 로마 교황청에 대한 공개적 도전 내지는 봉기의 신호로서 프라하 대학 교수들을 비롯한 사회 각 계층의 광범위한 지지도 점차적으로 받게 되었다.

이 당시 후스의 지지자들은 영성체 의식에서 빵과 포도주의 양종 제도를 도입했다.[1] 이후부터 포도주를 담는 성배(kalich ; chalice)는 후스주의 운동의 상징으로 부각되었고 후스를 추종하던 후스주의자(husita ; Hussite)들은 성배주의자(Kališnctví ; Calixtinism) 또는 양종주의자(utrakvismus ; Utraquism)라고 부르게 되었다. 상황이 이렇게 진행됨에 따라 로마 교황청은 빵과 포도주의 양종을 불허한다는 교령을 1415년 7월 6일과 1418년 2월 28일 두 차례에 걸쳐 발표했다. 로마 교황청의 이러한 압박에

---

1 후스는 로마 교회에서 믿고 있던 성찬식에서의 빵과 포도주가 예수 그리스도의 살과 피로 바뀐다는 것을 인정하지 않으려고 했다. 그는 빵과 포도주는 변하지 않는다는 잔류자기이론(Remanenztheorie)를 제시했는데 이것은 후스가 영국의 종교개혁자 위클리프의 영향을 받았기 때문이다

도 불구하고 1419년 초반부터 프라하의 대다수 교회들은 체코어로 성찬식과 예배를 진행했고 지방에서도 그러한 현상이 점차적으로 확인되었다. 1419년 초반부터 바츨라프 4세는 양종주의를 추종하던 성직자들을 프라하에서 강제로 추방했고 로마 교회의 성직자들로 하여금 설교를 담당하게 했다. 아울러 자신의 명령을 거부하는 성직자들을 체포·구금하는 강경책도 펼쳤다. 이에 따라 후스주의자들은 산악 성지순례(pouty na hory)라는 방법을 활용했고 여기서 일부 성직자들은 예수 그리스도의 재림이 임박했기 때문에 과거와의 결별이 필요하다는 천년왕국설적인 주장을 펼치기도 했다. 1419년 7월 30일 얀 젤리프스키가 주도하는 일련의 강경파 후스주의자들은 양종주의를 거부한 슈테판 교회를 공격했고 이어 프라하의 노베메스토로 이동했다. 여기서 이들은 동료 후스주의자들의 석방을 요구하며 시위를 벌이다가 그것을 거절하는 시장과 판사를 창문 밖으로 던졌다. 이어 열세 명으로 구성된 시의회 배심원들 역시 창문 밖으로 내던졌는데 이들 중의 일부는 추락 후에도 살아남았지만 거리에 있던 시위대들에 의해 무참히 살해당했는데 이것을 지칭하여 제1차 프라하 성 창문 밖 투척 사건이라고 한다. 그리고 이 사건을 계기로 후스주의 혁명이 본격화되기 시작했다.

이러한 충격적 사건을 접한 바츨라프 4세는 실신했고 그 후유증으로 인해 8월 16일 심장마비로 목숨을 잃었다. 이에 따라 보헤미아 지방에서는 혁명적 상황에 대응하던 세력들이 일시에 붕괴되었고 이에 후스주의자들은 교회들을 습격한 후 교회 재산을 강제로 약탈하는 등의 비이성적인 행동에까지 나서게 되었다. 이후 후스주의자들은 짧은 시간 내에 보헤미아 지방을 장악한 후 인접 지방들까지 영향하에 두었다.

후스주의자들은 1420년 프라하에 모여 4개 조항으로 구성된 이른바 '프라하 4개 조항 프로그램'을 제시했는데 여기서는 하느님의 율법 정신에 따른 교회 및 사회의 제 개혁이 거론되었다. 그것들의 내용을 살펴보면 첫째, 성체식에서 신부 및 일반 신도들 모두는 예수 그리스도의 살과 피의 상징인 빵과 포도주를 먹고 마실 권리를 가지며, 둘째, 하느님 말씀에 대한 자유스러운 설교권을 가지며, 셋째, 교회 소유 재산을 강제로 몰수하고 세속 정치에 대한 교회의 영향력을 배제하며, 넷째, 성직자들이나 일반인들이 영혼의 구원을 받지 못할 죄를 범할 경우 누구나 엄중하게 처벌한다는 것이다. 후스주의 혁명가들은 이 개혁 프로그램을 보헤미아 지방뿐만 아니라 유럽의 다른 지역까지 확산시키려고 했지만 당시의 상황에서는 거의 실현 불가능한 목표였다.

비록 후스주의자들이 '프라하 4개 조항 프로그램'에 의견적 일치를 보였지만 이들은 통합된 상태가 아니었다. 실제적으로 이 당시 후스주의자들은 일련의 귀족들과 프라하 대학 교수들이 이끄는 온건파, 대다수의 프라하 시민들과 보헤미아 지방 내에서 다수의 지지자들을 확보한 중도파, 그리고 원칙을 고집하던 급진파로 분리된 상태였다. 그리고 급진파 중에서 동부 보헤미아파와 타보르파(Tábori ; Taborites)가 유명했는데 이 중에서 남부 및 남서부 보헤미아 지방을 기반으로 하고 있던 타보르파는 1420년 성서에서 차용한 타보르(Tabor)라는 이름의 도시를 건설하여 불완전한 인간의 법을 거부하고 오로지 하느님의 말씀을 따르는 '형제와 자매들'의 공동체적 삶의 터전을 건설하려고 했다. 이들은 당시 제시된 천년왕국설에 따라 타보르를 예수님 왕국의 중심지로 만들고, 절대 평등과 무소유의 공동체적 낙원으로 건설하려고 했다. 또한 이들은 자신들의 소유물 모두를 포기하고 기존의 가족 관계를 단절할 경우 1420년 2월 14일부터 시작될 예수 그리스도의 성스러운 지배를 받게 될 천년왕국의 일원이 될 수 있다는 확신도 가지고 있었다. 이러한 확신은 보헤미아 지방민들, 특히 하층민들의 관심을 유발시켰고 이것은 이들의 발길을 타보르로 향하게 했다. 이렇게 타보르파의 세력이 크게 확산됨에 따라 이 파의 일부 성직자들은 '불과 검'으로 기존 세계의 잔재를 강제로 제거해야 한다는 과격한 주장을 펼치기도 했다. 이후 타보르 내에서 엄격한 성직 사회가 형성되었고 재산공유 및 종교적 관습의 근본적 개혁도 요구되었다.

이 당시 대다수의 유럽 국가들은 후스주의를 이단으로 간주했고 그것에 따른 십자군 파병에도 동의했다. 십자군의 선두에는 신성 로마 제국의 황제이자 헝가리 국왕이었던 지기스문트와 로마 교황청이 나란히 섰다. 1420년 지기스문트는 자신이 바츨라프 4세의 동생임을 내세워 체코 왕위에 대한 권리를 주장했지만 후스주의자들은 그것에 동의하지 않았다. 그렇지만 지기스문트는 모라비아, 슬레슈코, 그리고 라우지츠 지방에서 자신의 통치권을 인정받는 성과를 거두었다. 교황 마르티노 5세(Martinus V, 1417~1431)와 지기스문트는 1420년, 1421년, 1422년, 1427년, 그리고 1431년 모두 다섯 차례에 걸쳐 십자군을 파견했다. 1420년 7월 10일부터 프라하를 향해 진격한 10만 대군의 십자군은 대부분 독일인들로 구성되었지만 프랑스, 이탈리아, 헝가리에서 온 지원병들도 있었고, 영국에서 건너온 용병들까지 포함되었다. 그러나 이들은 7월 14일 프라하의 비트코프(Vitkov) 언덕에서 당시 불세출의 영웅으로 부각된 외눈박이 얀 지슈카(Jan Žižka z Trocnova)의 후스주의군에게 패배를 당했다. 이후 비후스주의파 성직자들과 독일계 도시 귀족들은 프라하를 떠나게 되었고 이들의 저택과 재산은 후스주의군에 의해 몰수되었다. 이렇게 십자군을 격파하는 데 주도적 역할을 담당한 지슈카는 1370년 체스카 부데요비체(Česka Budějovice) 근처의 트로크노프(Trocnov)에서 태어났다. 성년이 된 이후 용병으로 활동했고 그 과정에서 전투 경험도 많이 쌓았다. 지슈카는 자신을 추종하던 세력을 잘 훈련된 병력으로 변형시켰고 이것으로 인해 유럽의 국가들은 그와 그의 후스주의군에 대해 두려움을 품게 되었다. 1422년 지슈카의 후스주의군은 동부 보헤미아의 니메츠키 브로드(Němecs Brod)에서 십자군을 격파했다. 그러나 그가 1424년 흐라데치크랄로베(Hradec Kralove) 근처의 호레브(Horeb)에서 사망함에 따라 프로

얀 지슈카(Jan Žižka z Trocnova)

코프 홀리(Prokop Holý)와 프로코프 말리(Prokop Malý)가 후스주의군을 통솔하게 되었다. 후스주의군은 1427년 서부 보헤미아의 타호프(Tachov)와 스트지브로(Stříbro)에서, 1431년 국경도시 도마줄리체(Domažlice)에서 십자군을 물리쳤다. 나아가 이들은 보헤미아 지방을 벗어나 슬레슈코, 작센, 브란덴부르크(Brandenburg), 프랑켄(Franken), 그리고 오스트리아의 여러 지방을 공략하기도 했다.

상황이 이렇게 후스주의군에게 유리하게 전개됨에 따라 1433년 1월 지기스문트는 프로코프 홀리와 포스투피체(Postupice) 남작의 후스주의군과 바젤(Basel)에서 협상을 시작했지만 순조롭게 진행되지 못했다. 특히, 교회 재산 박탈 문제는 양측 간의 첨예한 대립을 유발시키는 요인이 되었다. 이런 와중에 후스주의파 내부에서도 분열징후가 나타났는데 그것은 오랜 전쟁으로 피폐해지고 지친 대다수의 온건파 후스주의자들이 협상 타결을 지향한 반면, 타보르파와 동부 보헤미아파는 강경한 입장을 고수한 데서 확인되었다. 이후 양측은 무력 대결을 하게 되었고, 1434년 5월 30일 중부 보헤미아의 리파니(Lipany) 전투에서 보헤미아 지방 내 비후스주의 세력의 지원을 받던 온건파가 승리했다. 이에 따라 타보르파와 동부 보헤미아파는 빵과 포도주의 양종 제도 도입으로 만족해야만 했다.

그로부터 2년이 지난 1436년 7월 5일 이흘라바(Jihlava)에서 바젤 종교회의 대표들과 체코 후스주의파 대표들 간에 이흘라바 협약이 체결되었다. 이에 따라 후스주의자들은 부분적 승리로 만족해야 했고 17년간의 전쟁 역시 종료되었다. 이흘라바 협약에서는 보헤미아 및 모라비아의 성인 남녀들이 후스주의 교회와 로마 교회 중에서 원하는 종교를 선택할 수 있는 권리를 가지며, 후스주의 교회를 로마 교회의 한 부분으로 인정한다는 것도 명시되었다. 그러나 후에 로마 교황이 협약 승인을 거부함으로써 분쟁의 불씨는 계속 남게 되었다. 협약이 체결된 후, 지기스문트는 체코 국왕으로 등극했고, 그 대신 교회 재산의 몰수, 소귀족과 도시 대표들의 보헤미아 의회 진출, 보헤미아 의회에서 교회의 대표성 배제 등에 동의했다.

이제 보헤미아 지방에서는 후스주의 교회와 로마 교회라는 두 종교가 한 나라에서 공존하는 그때까지 유럽 기독교 역사상 전대미문의 상황이 전개되었고, 세속정치에 대한 교회의 영향력이 배제되었으며, 의회에서 교회가 대표성을 상실하게 됨에 따라 대귀족, 소귀족, 그리고 도시 대표들이 보헤미아 정치를 주도하게 되었고 그것은 체코 왕국에서 귀족 정치의 등장도 예견하게 했다. 또한 후스주의는 도시의 급격한 위상 증대를 가져왔고, 또한 도시의 민족 구성에도 변화를 끼쳤다. 프라하, 자테츠(Zatec), 쿠트나 호라(Kutná Hora) 등 후스주의자들이 장악한 도시에서는 후스주의 전쟁 초기부터 독일계 시민들이 도시를 떠나기 시작하여 이들 도시들의 체코화는 급속히 진행되었다. 특히 1436년에 체결된 바젤(Basel) 협약에 따라 귀족들과 도시민들은 로마 교회에 대한 재산 몰수권도 가지게 되었고 이것은 이들의 경제적 위상을 크게 증대시키는 계기가 되었다. 그러나 후스주의 전쟁에 가장 커다란 공헌을 한 농민들은 전쟁으로 폐허가 된 자신들의 농토를 다시 개간해야 하는 부담만 진 채 더욱 농토에 예속되는 상황에 놓이게 되었다.

후스주의 혁명은 교회의 위상을 퇴조시키고 귀족 계층과 도시 계층을 부상시키면서 중세 봉건 사회의 몰락을 재촉했고 그것은 새로운 사회의 도래도 예고했다. 그리고 이 혁명을 통해 자유에 대한 불굴의 신념도 부각되었다. 또한 사상 및 믿음의 자유에 대한 신념은 후스주의 혁명

이 유럽 정신사에 남긴 불멸의 유산이 되었다. 비록 후스가 자신의 종교개혁에서 강조한 "하느님의 말씀은 성서를 통해서만 접할 수 있다"라는 성서 지상주의를 실천시키지 못했지만 그의 이러한 관점을 추종한 루터(M. Luther)[2]와 칼뱅(J. Calvin)에 의해 종교개혁은 완결되었다.

---

2 1508년부터 본격적으로 신학을 공부하기 시작한 루터는 1512년 신학 박사학위 (Doktor der Theologie)를 취득한 후 같은 해 비텐베르크(Wittenberg) 대학의 신학 교수(Bibelauslegung, 성경 해석)로 임명되었다. 이후 수도 생활과 대학에서의 신학 연구 과정을 거치면서 루터는 오직 신의 은총에 의해서만 구원받을 수 있다는 사실을 확신하게 되었는데 이것은 후스의 기본적 관점과 일치한다고 하겠다. 즉 그는 죄악에 빠진 인간이 스스로 선을 행할 수 없다는 것을 인지했던 것이다. 그에 따를 경우 인간은 자신의 이익만을 추구하며 스스로를 교만하게 하는 선행을 하면서 스스로의 구원을 위해 노력 중이라고 믿게 되는데 그것은 그만큼 더 구원에서 멀어지는 잘못된 방법으로 자신을 위로하는 것에 불과하다는 것이다. 그러나 하느님의 속죄자이신 예수 그리스도의 중재를 통해 당신의 정의로 인간을 감싸며 죄인을 용서하신다는 것이다. 따라서 의인으로 인정받는 동시에 죄인인 인간은 믿음 안에서 하느님께 자신을 위임해야 한다는 것이 바로 루터의 관점이었던 것이다. 1517년 10월 31일 루터는 면벌부 판매의 부당성을 지적하는 95개조의 반박문 (95 lateinische Thesen gegen den Missbrauch des Ablasses)을 라틴어로 작성하여 비텐베르크 궁성 교회(Schlosskirche) 출입문에 게시했다. 루터의 항의문은 곧바로 독일어로 번역·출판되어 독일 전역에 유포되었다. 여기서 그는 형식상으로는 성서지상주의(sola scriptura), 내용상으로는 신앙지상주의를 지향했다. 즉 그는 믿음 (sola fide)과 신의 은총(sola gratis)을 통해 인간은 영생의 축복을 얻을 수 있다는 관점을 피력했던 것이다. 아울러 그는 신앙을 중요시하고 그 유일한 근거로 성서를 제시했는데 이것은 100년 전에 후스가 지향한 기본적 노선과 일치된다 하겠다. 루터는 자신의 논리를 전개하면서 7성사 중에서 세례(Taufe), 미사, 그리고 성체배령 (Abendmahl)만을 인정하려고 했던 것이다. 지금까지 신과 인간의 중재자 역할을 담당했던 가톨릭 교회는 루터의 이러한 표명으로 어려운 상황에 놓이게 되었다. 이 당시 루터의 관점에서 볼 때 교회는 믿음의 결합체에 불과했다.

3장 2차 프라하 성 창문 밖 투척 사건

체코 민족이 주로 살았던 보헤미아 지방은 지리적 호조건과 경제적 활성
화로 인해 항상 주변 국가들의 관심 및 침투 대상으로 부각되곤 했다. 따라
서 중부 유럽을 지배하려던 합스부르크 가문이 16세기 초반부터 이 지방에
대해 관심을 가졌던 것 역시 그러한 맥락에서 이해해야 할 것이다. 실제적
으로 합스부르크 가문은 16세기 초반부터 러시아 및 독일 기사단의 지원을
받아 폴란드를 압박했고 그것은 폴란드가 보헤미아 및 헝가리에서 자신들
의 영향력을 포기하게 하는 요인으로도 작용했다. 이에 따라 보헤미아·헝
가리 국왕이었던 블라드슬라프 2세(Vladislav II, 1471~1516)는 합스부르크
가문의 영향을 받게 되었고, 야겔로(Jagello) 왕조(1383~1572)가 가졌던 주
도권 역시 같은 가문으로 넘어가게 되었다.[1] 1516년 블라디슬라프 2세가 죽

---

1 1370년 피아스트(Piast) 왕조의 마지막 왕이었던 카지미에르츠 비엘키(Kazimierz
   Wielki)가 죽은 후 폴란드의 야드비가(Jadwiga) 공주와 리투아니아(Lithuania)의 야
   겔로 왕자가 결혼함으로써 양국 사이의 동맹 체제가 구축되었는데 이를 지칭하여
   크레보 합병이라고도 한다. 이후부터 양국은 점차 강화되던 독일 기사단의 위협에

은 후 그의 아들 루드비크(Ludvík, 1516~1526)가 체코·헝가리 국왕으로 등극했는데 이 인물은 헝가리에서 러요시 2세(Lajos II)로 지칭되었다. 그는 그의 부친과 마찬가지로 오스만튀르크의 압박을 효율적으로 방어하지 못했다. 더욱이 루드비크가 1526년 8월 29일 남부 헝가리의 모하치(Moháč) 전투에서 오스만튀르크군에게 패배함에 따라 체코·헝가리 왕국은 매우 급박한 상황에 놓이게 되었고 그러한 상황은 루드비크가 퇴각 과정에서 목숨을 잃게 됨으로써 더욱 악화되었다.

결국 체코와 헝가리의 야겔로 왕조는 단절되었고 유럽의 많은 군주들은 그 후계자 선정에 지대한 관심을 표명했다. 합스부르크 가문의 페르디난트 1세(Ferdinand I, 1526~1564) 역시 부인 안나(Anna Jagiellonica)가 블라디슬라프 2세의 딸이었다는 것을 부각시켰는데 그것은 자신도 체코·헝가리 국왕이 될 수 있다는 판단에서 비롯되었다. 지금까지 헝가리 방어에 부담을 느껴왔던 체코 귀족들 역시 모하치 전투 이후 체코-헝가리 연합 유지에 회의적인 자세를 보이기 시작했다. 여기서 이들은 1526년 9월 헝가리와의 결별을 공식적으로 선언하게 되었고 그 이후부터 자신들의 제 권한을 보장해줄 군주 모색에 나섰다. 그리고 이로부터 얼마 안 된 10월 24일 이들은 페르디난트 1세를 체코 국왕으로 선출했다.

이에 따라 보헤미아 지방은 1526년부터 합스부르크 가문의 지배를 받기 시작했다. 그러나 페르디난트 1세는 체코 귀족들의 기대와는 달리 오스트리아의 다른 지방들과 마찬가지로 보헤미아 지방에 절대왕정 체제를 도입하려고 했을 뿐만 아니라 구교로의, 즉 가톨릭으로의 단일화 정책도 적극적으로 추진하기 시작했다.[2] 그에 이어 체코 왕국의 위정자로 등

공동으로 대응하는 등 여러 부분에서 협력했다. 그러다가 1383년 리투아니아 국왕의 이름을 딴 야겔로 왕조가 등장하게 되는데 이 왕조는 폴란드 역사상 가장 강력한 힘을 발휘하기도 했다. 실제적으로 이 왕조 시기 폴란드 영역은 북으로는 발트 해, 남으로는 흑해까지 확장되었고 그 면적은 100만 제곱킬로미터를 초과할 정도였다.

장한 막시밀리안 2세(Maximillian II, 1564~1576) 역시 가톨릭 지향 정책을 실시했기 때문에 후스주의 전통에다 루터교의 개혁적 요소들을 가미한 체코 컨페션(Confessio Bohemica ; Česká konfese)과 이것을 토대로 한 독립 교단의 설립 요청을 거부했다. 이 당시 막시밀리안 2세는 자신의 결정에 체코 귀족들이 크게 반발하리라는 것을 예상했지만 그는 보헤미아 지방 내의 가톨릭 세력과 이 세력과의 합의를 모색하던 구우트라퀴스트 (staroutrakvista)의 강력한 반발, 에스파냐의 신속한 개입, 그리고 교황 비오 4세(Pius IV, 1559~1565)의 반대 입장 표명 등을 우선적으로 고려해야만 했다.[3] 이어 왕위를 계승한 루돌프 2세(Rudolf II, 1576~1611)는 이전의 위정자들과는 달리 체코 귀족들과의 대립을 가능한 한 회피하려고 했지만 종교적 문제에 있어서는 타협을 거부하는 강경한 자세를 보였다. 그리고 그의 동생 마티아스(Matthias, 1611~1619) 역시 체코 왕국 내 비가톨릭 세력에 대한 탄압을 보다 강화해야 한다는 입장을 밝혀 향후 보헤미

---

2 비가톨릭 세력 약화 정책의 일환으로 페르디난트 1세는 1561년 프라하 대주교청의 기능을 회복시켰고 다음해인 1562년 우트라퀴스트 교회의 행정적, 사법적 중앙 기구였던 추기경 회의의 구성마저 금지하여 비가톨릭 교회에 타격을 가했다. 상황이 이렇게 전개됨에 따라 체코 왕국 내 비가톨릭 세력들은 상호간 연대를 모색했지만 이들은 여러 파벌로 분리된 상태였고 그들 상호간의 이해관계 역시 상이했다. 실제적으로 후스주의 전통을 계승한 우트라퀴스트는 가톨릭과의 합의를 중시하던 소수파의 구우트라퀴스트와 루터 교회에서 많은 것을 수용하려고 했던 다수파의 신우트라퀴스트로 분리된 상태였고, 루터교로 개종한 보헤미아 국경 지역의 독일인들은 같은 독일 민족인 가톨릭의 합스부르크 가문에 동조하는 자세를 보였으며, 비가톨릭 교회 중 가장 독립적이며 자주적이었던 체코 형제 교단은 가톨릭 교회와의 어떠한 타협도 거부하는 입장을 고수하고 있었다. 이렇게 상호간의 이해관계가 다름에도 불구하고 이들은 가톨릭과의 동등한 지위 확보라는 공동의 목표를 위해 연대하게 되었다.

3 비오 4세는 1562년 트리엔트 공의회를 개최하여 가톨릭 교회를 개혁하고 실추된 교황의 권위도 회복하고자 했다.

아 지방에서 종교적 분쟁이 더욱 심화되리라는 것도 예견하게 했다.

실제적으로 보헤미아 지방 내 비가톨릭 세력에 대한 합스부르크 가문의 탄압이 강화되면서 1617년 일부 신교 교회들, 브라우나우(Braunau, 북부 보헤미아)의 베네딕트파 수도원(Benediktinerabtei) 내에 세워진 교회와 프라하 대교구 소속 영지에 건설된 클로스터그라브(Klostergrab) 교회가 강제로 폐쇄되었을 뿐만 아니라 그 일부는 파괴되기도 했다. 이 당시 보헤미아 지방의 신교도들은 1609년 7월 루돌프 2세가 그들에게 교회를 세워도 된다고 허락했을 때 어느 곳에서나 교회를 세워도 무방하다고 확신했기 때문에 마티아스의 정책에 동의하지 않았을 뿐만 아니라 자신들의 반발 강도도 증대시켰다.

상황이 이렇게 전개됨에 따라 마티아스는 1618년 3월 21일 국왕 소유의 지역에서만 신교 교회를 세울 수 있을 뿐 가톨릭 교회 영지에 그러한 교회를 건립해서는 안 된다는 유권적 해석도 내렸다. 다음 날 비가톨릭 세력은 프라하에 집결한 후 1609년의 칙서를 위배한 국왕에게 항의하는 절차를 밟았으나 마티아스는 자신의 허가 없이 그러한 집회를 개최해서는 안 된다는 것으로 대응했다. 이와 더불어 당시 진행된 경제적인 이권 쟁탈역시 체코 귀족들과 마티아스와의 대립을 더욱 심화시키는 요인으로 작용했다. 1618년 5월 21일 체코 귀족들과 프라하 시민들은 당시 부각된 현안 문제를 해결하기 위해 신교 집회를 개최했지만 마티아스는 그러한 집회 활동을 불허한다는 성명을 발표했다.

상황이 이렇게 진행됨에 따라 다음 날, 즉 5월 22일 보헤미아 형제 교단의 부도바(V. Bodova)와 체코 귀족들을 주도하던 투른(Thurn) 백작이 스미리키(Smiřicky)의 집에서 향후 대책을 논의했고 거기서 보헤미아 총독을 살해하기로 합의했다. 5월 23일 중무장을 한 투른 백작과 슐리크(V. Schlick) 백작은 일련의 체코 귀족들과 더불어 프라하 성, 흐라드신(Hradschin) 왕궁으로 출발했다. 프라하 성에 도착한 이들은 즉시 궁중 사무국(Hofkanzlei)으로 이동했고 거기서 네 명의 핵심 인물, 대성주대리 슈테른베르크 (Sternberg), 기사단 부단장(Grossprior) 로브코비치(Lobkowicz), 마르티니 츠(Martinic), 그리고 슬라바타(Slavata)를 억류하는 데 성공했다. 여기서 체 코 귀족들은 황제의 부적절한 답변서 작성에 관여한 인물들을 찾아내려고 했지만 어느 누구도 그러한 것에 대해 언급하려고 하지 않았다. 이에 체코 귀족들은 무력 행사도 불사하겠다는 입장을 밝혔고, 억류자들은 답변서의 내용 모두가 자신들의 의지와는 전혀 무관하다는 입장을 표명했다. 이러한 회피적 언급에 대해 체코 귀족들은 강한 분노를 표시했을 뿐만 아니라 전 날 합의에 따라 구금자들의 일부를 창밖으로 던지는 데도 동의했다.

여기서 중도적 성향의 슈테른베르크와 로브코비치는 창밖 투척 대상에 서 배제되었고 마르티니츠와 슬라바타가 프라하 성 창밖으로 던져졌다. 그리고 귀족 명감 작성자(Landtafelschreier)였던 파브리키우스(P. Fabricius)도 이들과 같이 투척되었다. 약 20미터 아래로 던져진 3인 모두는 크게 다쳤다. 특히 슬라바타는 머리를 크게 다친 후 황제 중재관의 저택으로 피신했고 거기서 로브코비츠 부인의 간호를 받았다. 체코 귀족들의 기대 와는 달리 투척된 3인은 목숨을 잃지 않았는데 이것에 대한 가톨릭과 프 로테스탄트측의 설명은 달랐다. 가톨릭의 설명을 따를 경우, 성모 마리아 가 20미터 높이에서 떨어지는 마르티니츠, 슬라바타, 그리고 파브리키우 스를 자신의 옷자락으로 받아 안전하게 땅에 내려놓아서 그들의 목숨을 구했다는 것이다. 이에 반해 프로테스탄트는 그들이 분뇨 더미 위로 떨어 졌기 때문에 생존할 수 있었다는 세속적인 언급을 했다. 30년 종교전쟁의 시발점이 되었던 이 사건은 후에 '제2차 프라하 성 창밖 투척 사건'으로 불리게 되었다.[4] 그리고 이것은 기존 질서 체제와의 관계를 파기하는 상

---

4 페네스트라(fenestra)는 '창문'을 뜻하는 라틴어이고, 'Defenestration'은 '창문 밖으 로'라는 의미이다. 대화 과정에서 아무런 성과를 거두지 못할 경우 상대방을 창밖

징으로도 간주되었다.[5]

프라하 성 창밖 투척 사건 이후 프라하 시민들은 교회 및 수도원에 대한 방화를 자행했고 거기서 다수의 프란체스코 수도회 수도승들이 살해되기도 했다. 그리고 하층민들 역시 유대인 거주 지역을 습격하여 자신들이 필요로 하는 생활필수품을 가져가기도 했다. 거의 같은 시기 체코 귀족들은 '30인 집행위원회(Direktoren)'를 구성했는데 거기에는 대귀족, 기사, 그리고 도시의 대표들이 각기 열 명씩 참여했다. 그러나 이 집행위원회의 실제적 권한은 몇몇 대귀족들이 장악했다. 이러한 폭동적 상황이 전개되었음에도 불구하고 '30인 집행위원회'는 보헤미아 총독과의 접촉을 통해 빈 정부의 양해를 구하려는 온건적인 방법도 동시에 추진했다. 당시 빈 정부 역시 프라하 사건을 하나의 우발적 재앙 또는 정치적 과실로 간주했기 때문에 크레슬(Kresl) 추기경(1599년부터 마티아스 황제의 최측근 인물로 활동했다)은 협상을 통해 보헤미아 문제를 해결해야 한다는 입장을 밝혔다. 그러나 1618년 7월 20일 크레슬이 마티아스의 후계자로 등장

으로 던지는 것은 보헤미아 지방의 오랜 관습(nach altem böhmischem Brauch) 중의 하나였다.

5 1419년 7월 30일 프라하의 노베메스토에서 젤리프스키가 주도하는 일련의 강경파 후스주의자들이 동료 후스주의자들의 석방을 요구하며 시위를 벌이다가 그것을 거절하는 시 의회 의원들을 시청 창문 밖으로 내던졌는데 이를 지칭하여 '제1차 프라하 창문 밖 투척 사건'이라고 한다. 그리고 제3차 프라하 창문 밖 투척 사건은 1948년 3월 10일에 발생했다. 당시 체코슬로바키아 공화국의 외무장관이었던 얀 마사리크(Jan Masaryk)가 로레탄스케(Loretánské) 광장에 위치한 외무장관 공관의 정원에서 시체로 발견되었다. 발견 당시 자살로 결론이 내려졌지만 몇 년 후 체코의 비밀 정보원이었던 아우구스트(F. August)가 서방으로 망명한 후 얀 마사리크가 자살한 것이 아니라 모스크바 당국의 사주로 자신의 집무실에서 창밖으로 던져졌다는 사실을 폭로했다. 그에 따를 경우 얀 마사리크가 장관직에서 사퇴하지 않은 상태에서 국외로 떠나려 했기 때문에 암살되었다는 것이다.

한 페르디난트(Ferdinand) 대공에 의해 실각됨에 따라 분위기는 일시에 반전되었다. 더구나 1619년 3월 20일 마티아스가 사망함에 따라 '30인 집행위원회'는 체코 왕국을 승계할 인물에 대한 입장을 명확히 밝혀야만 했다. 여기서 이들은 문서로 보장된 자신들의 선거권을 부각시켰지만 빈 정부는 단순히 합스부르크 가문의 인물을 새로운 위정자로 선정하는 것이기 때문에 선거권 행사에서 배제된다는 유권적 해석을 내렸다.

빈 정부의 이러한 입장 표명을 통해 '30인 집행위원회'는 더 이상의 협상이 불가능하다고 판단하게 되었다. 그리하여 그들은 독자적인 헌법 제정과 군대 소유를 선언하고, 칼뱅 계통의 헤르보른(Herborn) 대학에서 법률학을 강의하던 알트후시우스(Althusius)에게 헌법 제정을 요청했다. "단지 신의 영광을 증대시키거나 또는 동맹체[보헤미아, 모라비아, 오버라우지츠(Oberlausitz), 그리고 니더라우지츠(Niederlausitz)로 구성된 동맹체 : 첨가]에 가입한 제 지방의 특권을 지속적으로 보호하고 방어하기 위해 (*Allein zu Beförderung Gottes Ehre, zu beständigen Schutz und Rettung eines jeden Landes Privilegien*)"라는 머리말로 시작된 1619년 7월 31일의 헌법, 즉 보헤미아 연방 문서(die böhmischen Konföderationsakten)에서는 귀족들의 제 특권이 다시금 부각되었는데 이는 체코 국왕의 권위 및 위상이 크게 제한된 데서 확인할 수 있다. 이에 따라 향후 국왕은 귀족 동맹에서 선출되고, 이렇게 선출된 국왕은 의회의 동의 없이 선전포고를 하거나 외국으로부터 차관 도입도 할 수 없게 되었다. 아울러 헌법에서는 신교도들만이 고위 관료로 임용될 수 있다는 것과 신교 지역 내에서 가톨릭 교회를 건립할 수 없다는 것 등도 명시되었다. 또한 헌법에서는 연방체제 구축에 필요한 일련의 기본적 골격도 제시했는데 이것은 향후 스위스와 네덜란드의 헌법 제정에도 지대한 영향을 주었다.

이 당시 '30인 집행위원회'는 프라하에서 예수회원들을 추방했을 뿐만 아니라 국왕을 지지했던 인물들의 재산도 강제로 몰수했다. 이어 이 위원회는 1619년 8월 22일 페르디난트가 승계한 체코 왕국의 국왕 지위를 더이상 인정하지 않겠다는 입장도 밝혔는데 그것은 "오스트리아 국왕이 체코 귀족들의 권한을 침해하지 않는다"라는 1526년의 합의 각서에서 비롯된 것 같다.[6] 체코 귀족들의 이러한 행동은 자신들을 지원할 외부 세력들, 즉 신교 국가들이 있다는 확신에서 비롯된 것으로 보인다. 실제적으로 네덜란드는 '30인 집행위원회'에게 50만 굴덴(Gulden)의 재정적 지원을 약속했을 뿐만 아니라 6,000명의 병사를 이미 보헤미아 남부 지방에 파견하는 적극성도 보였다. 이러한 분위기에 고무된 '30인 집행위원회'는 영국의 제임스 1세(James I)의 사위였던 팔츠 선제후[7]의 프리드리히 5세(Friedrich V, 1619~1620)와 접촉한 후 8월 26일 그를 체코 왕국의 국왕으로 선출했

---

6 체코 귀족들은 페르디난트 1세와 일종의 양해각서인 '1526년의 3개 합의 각서 (Drei Majestätsbriefe von 1526)'를 체결했는데 거기서는 다음의 것들이 거론되었다. ① 체코 왕국과 오스트리아 왕국은 군합국가의 일부이다. ② 페르디난트 1세 및 그의 후계자들은 체코 왕국에서 재가톨릭화를 추진하지 않는다. 그리고 페르디난트 1세는 이 왕국에서 종교적 자유도 허용한다. ③ 오스트리아 위정자가 체코 왕국의 국왕으로 등극하기 위해서는 체코 귀족들의 동의를 얻어야 한다. ④ 오스트리아 위정자들은 생존 시 자신들의 후계자를 선출하여 체코 왕국에서 대관식을 거행하지 않는다. ⑤ 오스트리아 위정자는 체코 귀족들의 고유 권한을 침해하지 않는다. ⑥ 만일 오스트리아 위정자가 이러한 합의 사안들을 무시하거나 이행하지 않을 경우 체코 귀족들은 계약을 일방적으로 파기하고 독자적인 노선을 취할 수 있다.

7 팔츠 선제후는 네카(Neckar) 강변의 하이델베르크(Heidelberg)를 수도로 삼고, 슈파이어(Speyer), 보름스(Worms), 마인츠, 그리고 트리어 주교들의 토지가 산재한 모젤(Mosel) 강, 자르(Saar) 강, 그리고 라인 강 사이 삼각형 모양의 부유한 포도주 산지를 차지했다. 또한 팔츠 선제후는 도나우 강과 보헤미아 숲 사이의 가난한 농촌 지역인 오버팔츠(Oberpfalz)도 소유했다. 이렇게 팔츠 선제후는 독일의 두 요지인 라인 강변과 도나우 강변을 차지했기 때문에 언제라도 여러 곳에 산재한 합스부르크 가문 영지들 간의 연락을 차단할 수 있었다.

다.[8] 이에 앞서 같은 날 '30인 집행위원회'는 체코 왕국이 선출 왕국이라는 것을 다시금 부각시켰는데 이것은 자신들의 행위에 대한 당위성을 확보하려는 의도에서 비롯된 것이라 하겠다. 1619년 11월 4일 체코 국왕으로 등극한 프리드리히 5세는 1608년 5월 신성 로마 제국 내의 신교 제후들과 더불어 유니온(Union)이라는 군사동맹 체제를 결성한 이후부터 구교세력과 대립하고 있었다.

체코 국왕으로 등극한 직후 프리드리히는 보헤미아-팔츠의 연합군을 이끌고 빈을 공격했으나 가시적인 성과를 거두지는 못했다. 그러나 이러한 선제공격은 유럽의 구교 국가들로 하여금 페르디난트 2세를 지원해야 한다는 인식을 가지게 했을 뿐만 아니라 오스트리아가 보헤미아-팔츠와의 대립에서 우위를 차지하게 하는 계기도 되었다. 이러한 상황을 역전시키기 위해 1620년 11월 8일 안할트(V. Anhalt)는 보헤미아-팔츠 연합군을 이끌고 빌라 호라에서 틸리(Tilly) 장군이 지휘하는 오스트리아 및 그 동맹국군들과 대접전을 펼쳤으나 끝내 패하고 말았다. 이 당시 보헤미아-팔츠 연합군은 수적으로 가톨릭 동맹 체제, 즉 리가(Liga)군보다 열세였으나 이들은 자신들에게 주어진 지형적 이점, 즉 고지에서 저지를 향해 전투를 벌일 수 있던 이점마저 충분히 활용하지 못했는데 그것은 장기간의 행군과 거기서 비롯된 병사들의 피로 누적에서 비롯된 것 같다. 또한 이들은 전투가 시작되기 전에 참호에서 대포를 끄집어내는 기본적인 수칙도 제대

---

8 이 당시 체코 왕국의 국왕 후보로는 팔츠의 프리드리히 5세뿐만 아니라 작센(Sachsen)의 선제후인 게오르그 1세(Georg I)와 사보이(Savoy)의 에마누엘레(Emanuel) 대공이 거론되었다. 1619년 8월 28일 프랑크푸르트에서 개최된 선제후회의에서 팔츠의 프리드리히 5세는 페르디난트가 신성 로마 제국의 황제로 선출되는 것을 저지하려고 했으나 실패했다. 그리고 프라하 성 창밖 투척 사건 이후 체코 귀족들이 펼친 일련의 행위는 체코 왕국이 오스트리아 왕국과 결별하겠다는 것으로 이해할 수도 있을 것이다.

프리드리히 5세(Friedrich V)

로 실행하지 못하는 실수마저 동시에 범했다. 아울러 이 당시 보헤미아 항쟁군의 지휘부는 농민 계층의 지원을 포기했는데 그이유는 이들이 농노적 상황에 놓여 있던 농민 계층에 대한 배려책을 구체적으로 마련하지 않았기 때문이다. 실제적으로 체코 귀족들이 농민 계층의 사회적 신분 향상을 고려했다면 이들 계층 역시 기꺼이 빌라 호라 전투에 참여했을 것이고 그러한 것은 보헤미아-팔츠군이 전투에서 승리할 수 있는 계기도 되었을 것이다.

항쟁을 주도한 인물들이 처형된 이후 보헤미아 전 지역에서는 재산 몰수, 추방, 그리고 재가톨릭화가 2년 이상 지속되었고 그러한 상황은 특히 프라하의 사회구조를 근본적으로 변경시키는 요인으로도 작용했다. 실제적으로 페르디난트 2세는 몰수한 신교 귀족들의 영지를 자신의 추종 세력과 보좌관들에게 하사했고 후스 전쟁 이후 영토적 손실을 입었던 프라하 인근의 수도원들과 고위 성직자들에게도 분배했다. 이 당시 몰수 및 배상을 전담한 황제몰수연합위원회는 680명의 귀족들의 재산과 50여 개의 도시들이 보유한 자산을 강제적으로 몰수했다. 또한 항쟁에 참여한 많은 사람들 역시 자신들의 재산의 20%에서 50% 정도를 포기해야만 했다.

페르디난트 2세의 신교 압박 정책은 오스트리아 왕국 내 신교 세력, 특히 보헤미아 지방에서 신교의 위상을 크게 약화시켰지만 이것은 합스부르크 왕조에 대한 유럽 국가들의 부정적 시각을 강화하는 요인으로도 작용했다. 이제 유럽의 신교 국가들은 오스트리아의 국내 문제에 적극적으로 개입해야 한다는 의무감도 가지게 되었다. 이에 따라 오스트리아 왕국에서 발생된 종교 분쟁은 유럽 신교 국가들의 본격적인 개입을 통해 국제적인 분쟁으로 비화되었고 그것은 30년전쟁(1618~1648)을 유발시켰다.[9]

체코의 저명한 역사가였던 코치(J. Koči)는 프라하 성 창밖 투척 사건에 대해 역사적 의미를 부여했는데 그에 따를 경우 프라하 성 창밖 투척 사건으로 체코 민족의 재난과 불행이 본격적으로 시작되었다는 것이다.

---

9 30년전쟁의 여파로 체코 왕국은 상당한 영토를 상실했을 뿐만 아니라 1/3에 해당되는 인구도 잃었다. 또한 국토가 황폐해지고, 경제마저 피폐해짐에 따라 체코인들의 고통은 한계상황에 놓이게 되었다. 그런데 이러한 고통은 귀족, 도시민, 그리고 성직자와 같은 특권 계층보다는 이들에게 종속된 인구의 90%를 차지하던 비특권 계층이 훨씬 많이 감내해야만 했다. 그리고 이러한 계층의 절대다수를 차지하던 농민들이 물론 자신들의 농사를 짓기도 했지만, 로보타(robota)라 불리는 강제 노역과 세금 때문에 그 생활의 궁핍도는 한계에 이르렀다. 따라서 이 시기에 빈번히 발생했던 농민 소요의 배후에는 이러한 농민들의 고통이 있었다. 그리고 강제 노역의 법정 일수는 주당 최고 3일까지로 규정하고 있었지만, 추수기와 같은 특별한 경우에는 그 이상을 하도록 규정했는데 이를 악용하는 경우가 허다했다. 더욱이 복속된 농민들은 영주의 승인 없이는 영지를 떠날 수 없었고 반드시 영주의 영지에서 강제 노역의 의무를 다해야 한다는 규정을 두고 있었는데, 이러한 규정은 농민들을 농노의 신분으로 전락시키는 것이라고 하여 '제2의 농노제(druhé nevolnictví)'라는 말이 생길 정도였다.

4장 발트슈테이나와 체코 민족의 좌절

30년전쟁(1618~1648)이 발발한 직후부터 페르디난트 2세를 적극적으로 지원한 발트슈테이나(Albrecht Václav Eusebius z Valdštejna ; Albrecht Wenzel Eusebius v. Wallenstein)는 1583년 9월 24일 보헤미아의 헤르마니체(Heřmanice)에서 태어났는데 열 살 때 어머니 마르케타(Markéta), 열두 살 때 아버지 비렘(Vilém)을 잃은 후 숙부 코슘베르크(Košumberk) 밑에서 성장했다.[1] 1597년 코슘베르크는 발트슈테이나를 슬레슈코의 골

---

1 체코 민족의 불행이 발트슈테이나의 친합스부르크적 행보와 거기서 비롯된 개인적 야망으로 가중되었다는 체코 역사학계의 보편적 시각, 즉 발트슈테이나가 체코 민족을 불행의 늪으로 빠뜨린 장본인이라는 시각은 아직까지 유효한 것 같다. 그러나 2000년대 후반부터 프란체크(J. Francek)와 야나체크(J. Janáček)를 비롯한 일부 역사학자들이 그러한 관점에 강한 반론을 제기하기 시작했다. 즉 이들은 페르디난트 2세가 발트슈테이나를 제거한 후 본격화한 대체코 강압 정책이 오히려 체코 민족의 결속을 유발시키는 계기가 되었다는 주장을 펼쳤는데 이것은 발트슈테이나의 친합스부르크적 입장보다 거기서 파생된 반사적 상황에 더욱 비중을 둔 데서 비롯된 것이라 하겠다. 그리고 이들의 이러한 시도에 대한 사회적 관심 역시 증대되고 있는데 이러한 것은 발트슈테이나에 대한 재평가 작업, 즉 객관적 평가가

드베르크(Goldberg)에 있는 신교 문법학교(Protestantische Lateinische Schule)에 보냈고 1599년에는 뉘른베르크(Nürnberg) 근처의 알트도르프(Altdorf) 신학대학에 입학시키는 등 학문적 혜택을 주는 데 적극적이었다.[2] 그러나 발트슈테이나는 알트도르프 신학대학에서 퇴학당했는데 그것은 그가 살인 사건에 직접적으로 연루되었기 때문이다. 이후 발트슈테이나는 독일, 프랑스, 그리고 이탈리아를 여행했고 이 시기에 그는 볼로냐(Bologna) 및 파도바(Padua) 대학에서 필요한 학문을 배우기도 했다.[3] 특히 발트슈테이나는 파도바 대학에서 당시 천문학자 겸 점성술사로 명성을 날리고 있던 갈릴레이(Galilei)를 알게 되었고 그의 사상은 발트슈테이나의 향후 행보에도 지대한 영향을 미쳤다. 이후 발트슈테이나는 인스부르크(Innsbruck)에서 변경백작이었던 브루가우(Karl v. Burgau)의 궁전에서 시동으로 활동했는데 이것으로 그의 정치적-군사적 활동은 시작되었다. 1606년 발렌슈타이나는 올로모우츠 예수회에서 구교, 즉 가톨릭으로 개종했다. 그런데 이러한 개종은 내적인 신앙심보다는 정치적 계산에서 비롯된 것으로 보아야 하는데 그것은 발트슈테이나가 애초부터 종교에 대해 무관심한 자세를 보였기 때문이다. 이로부터 3년 후인 1609년 발트슈테이나는 예수회 고해 신부의 주선으로 모라비아 동부, 즉 브세틴(Vsetín), 루코프(Lukov), 리미체(Rymice), 그리고 브세투리(Všetuly)에 거대한 영지를 소유한 미망인 네크소바(L. Nekšová)와 결혼한 후 풍족한 생활을 했으며, 1614년 그녀가 죽고 난 후 재산 모두를 상속받았다.[4] 이후

향후 체코에서 본격화되리라는 예측도 하게 한다.

2 골드베르크는 오늘날 즈워토리야(Złotoryja)이다.

3 이제 발트슈테이나는 독일어, 체코어, 라틴어, 그리고 이탈리아어를 완벽하게 구사할 수 있게 되었다. 게다가 그는 에스파냐어를 이해했을 뿐만 아니라 프랑스어도 어느 정도 구사할 수 있었다.

4 발트슈테이나는 1623년 6월 9일 페르디난트 2세의 고문관이었던 하라흐(Harrach)

부터 발트슈테이나는 이 지역의 재가톨릭화를 강력히 추진했고 재산 증식에도 관심을 보였다. 그리고 그가 추진한 재가톨릭화는 당시 오스트리아 왕국 내 가톨릭 성직자들과 합스부르크 가문의 지대한 관심을 유발시켰다. 이렇게 가톨릭에 대해 선호적 자세를 보였던 발트슈테이나는 자신의 토지를 최대한 개발하고, 도시에 공장을 세우고, 영농을 감독·통제하고, 잉여 농산물 창고를 짓고, 생산물을 시장에 공급하는 등의 경제활동도 적극적으로 펼쳤는데 이것은 공적 활동에 참여하겠다는 그의 강한 의지에서 비롯된 것이라 하겠다. 1617년 발트슈테이나는 슈타이어마르크 페르디난트 대공이 베네치아(Venezia)와 전투를 벌일 때 그를 위해 200필의 말을 무상으로 제공했는데 이것은 그가 1619년 페르디난트 2세로 등극하게 될 페르디난트 대공으로부터 관심 및 신뢰를 받는 결정적 요인으로 작용했다.

1618년 5월 체코 귀족들은 오스트리아 왕국이 지향한 구교로의 단일화 과정에 동의하지 않았고 그것으로 인해 무력적 항쟁도 발생했다. 그러나 페르디난트 2세에 대한 발트슈테이나의 신속한 지원 재개로 항쟁은 바로 진압되었다. 이에 따라 발트슈테이나는 보헤미아 총독으로 임명되었을 뿐만 아니라 보헤미아, 모라비아, 그리고 오스트리아에서 액면가의 절반, 곧 1/3로 화폐를 찍어낼 수 있는 특별 권한도 부여받았다. 이렇게 평가 절상된 화폐를 가지고 발렌슈타이나는 처형 또는 추방당한 귀족들의 영지 60여 개를 공식 평가액의 절반 값으로 구입했다. 이렇게 보헤미아 북동부 지역을 차지한 발트슈테이나는 1624년 3월 12일 프라하 인근의 프리드란트 (Friedland ; Frýdlant) 지방을 하사받고 이 지방의 공작으로 임명되었다.

1625년부터 시작된 덴마크와의 전쟁에서 페르디난트 2세는 당시 바

의 딸과 세 번째 결혼을 했고 여기서도 막대한 부를 축적할 수 있었다.

발트슈테이나
(Albrecht Václav Eusebius z Valdštejna)

이에른 선제후 막시밀리안 1세(Maximilian I)가 주도하던 가톨릭 동맹 체제, 즉 리가의 지원을 받아야만 했다. 발트슈테이나 역시 이러한 상황을 직시했고 거기서 페르디난트 2세가 막시밀리안 1세의 영향을 받지 않고 독자적으로 황제 직할군을 지휘한다면 보다 효율적으로 유니온의 신교군에 대응할 수 있다는 판단도 하게 되었다. 따라서 그는 페르디난트 2세에게 황제 직할군 편성 및 운영에 필요한 비용 모두를 전담하겠다는 파격적 제안을 했다. 페르디난트 2세는 즉각 동의했을 뿐만 아니라 그에 대해 반대급부도 제공하려고 했다. 이에 따라 1625년 4월 7일 발트슈테이나는 신성 로마 제국과 저지대 지방에 주둔할 황제 직할군 총사령관으로 임명되었고 알드링겐(Aldringen) 백작 요한(Johann) 장군은 발트슈테이나의 부관으로 지명되었다. 이후부터 발트슈테이나는 휘하 연대장들에게 병력 소집 비용을 선불하는 등의 배려를 하면서 이들과의 우호 관계를 유지하는 데 필요한 방안도 모색했다.

1626년 4월 25일 발트슈테이나군과 만스펠트(Mansfeld) 백작이 이끄는 신교군 사이의 전투가 데사우(Dessau)에서 벌어졌는데 여기서 발트슈테이나군이 대승을 거두었다. 이러한 승리에도 불구하고 발트슈테이나가

만스펠트의 도주를 묵인했다는 의혹이 강력히 제기됨에 따라 발트슈테이나는 바로 사임 의사를 밝혔다. 그러나 페르디난트 2세는 사의를 반려하고 그에게 보다 많은 권한을 부여하려고 했는데 이것은 페르디난트 2세가 발트슈테이나를 절대적으로 신뢰한 데서 비롯된 것 같다. 황제의 이러한 신뢰하에서 덴마크 전역을 정복한 발트슈테이나는 덴마크를 지지했다는 이유로 강제로 추방당한 메클렌부르크(Mecklenburg) 귀족들의 영지를 사유화하는 다소 위법적인 행동도 벌였다.[5] 이후 발트슈테이나는 메클렌부르크를 북부 독일에서 자신의 과제, 즉 막대한 전쟁 비용을 충당하기 위한 군수공장 설립의 전진기지로 삼았다. 이것은 당시 부각된 '전쟁을 통해 전쟁을 먹여 살린다'라는 사악하고 실용적인 관점에서 비롯되었다고 볼 수 있는데 이것에 대한 당시 제후들의 입장 역시 부정적이었다. 그러나 실제적 상황에서 많은 제후들은 발트슈테이나의 관점을 그대로 답습하려는 이율배반적인 자세를 보였다.

1630년 8월 13일 바이에른의 선제후 막시밀리안 1세는 레겐스부르크(Regensburg)에서 개최된 제후 동맹 회의에서 그동안 신교 세력과의 대립에서 결정적 역할을 한 발트슈테이나를 실각시켰는데 그것은 황제권의 강화로 신성 로마 제국 내 제후들의 위상이 크게 약화될 수 있다는 제후 동맹의 판단에서 비롯된 것 같다. 또한 막시밀리안 1세는 지금까지 페르디난트 2세가 행사한 전쟁 지휘권과 외교권을 제후들에게 위임해야 한다고 강력히 주장했다. 실제적으로 이 당시 신교 제후들은 자신들의 영지가 발트슈테이나에 의해 착취당하고 유린된 것에 심한 반감을 가지고 있었다. 뿐만 아니라 리가에 참여한 제후들과 빈의 예수회 교도들 역시 발트슈테이나의 세력 증대에 두려움을 느끼고 있었다. 이러한 상황에서 페르

---

5   메클렌부르크는 독일 북동부, 발트 해와 접하고 있는 지역이다.

디난트 2세는 막시밀리안 1세가 주도하던 제후 동맹의 제 요구를 수용할
수밖에 없었다. 이에 따라 발트슈테이나는 자신의 관직 모두를 포기했지
만 그것에 대해 아무런 불만도 표시하지 않았다. 이후 그는 자신의 화려한
성이 있는 이친(Jicin)으로 돌아갔으나 정치적 야망까지 포기한 것은 아니
었다. 따라서 그는 자신의 대공국을 중상주의적-군수산업 지향적인 지방
으로 변형시켰고 그 과정에서 새로운 산업, 즉 전쟁물자 보급을 위한 공장
들을 단기간에 세워 가동시키는 등의 순발력도 발휘했다. 아울러 그는 이
친에 예비 대학의 성격을 가진 기사 학교를 세워 새로운 학문적 중심지로
부각시키려고 했고 그 과정에서 자신이 예술과 학문의 보호자라는 것을
대외적으로 각인시키려고도 했다. 그리고 발트슈테이나는 북방의 신흥 세
력이었던 스웨덴의 구스타브 2세(Gustav II, 1611~1632)와 비밀 접촉을
모색했는데 이것은 향후 자신의 정치적 행보에 도움이 될 수 있다는 판단
에서 비롯된 것 같다.

또한 발트슈테이나는 자신의 권력 유지에 필요한 방법을 모색했고 거
기서 그는 빌라 호라 전투 이후 국외에 체류 중이었던 투른 백작과 접촉
을 시도하는 등 활발한 물밑 활동도 펼쳤다.[6] 이 당시 스웨덴에서 보병원
수(Feldmarschall)로 활동 중이었던 투른 역시 발트슈테이나와 작센 선제
후의 도움을 받아 보헤미아 지방으로 돌아오려고 했다. 이렇게 반페르디
난트 세력의 도움을 받아 프라하로 귀환한 투른과 그의 추종 세력은 그들
의 재산 반환에 관심을 보이기 시작했다. 또한 이들은 정치적 · 종교적 복
수도 감행하는 데 주저하지 않았는데 이것은 오히려 당시 상황을 악화시
키는 요인만이 되었을 뿐이다. 실제적으로 투른과 그의 추종자들은 예수

---

6 이 당시 투른은 스스로를 외교관, 정치가, 그리고 장군으로 간주했지만 실제로는
그러한 지위에 걸맞은 자질을 갖추지 못했다. 게다가 욕심이 많고 오만한 데다 허
풍 역시 심했기 때문에 그를 진정으로 추종하는 인물은 많지 않았다.

교도들에게 24시간 이내에 프라하를 떠날 것을 요구했고 그것에 대해 가톨릭 세력은 조직적 반발로 대응했다. 가톨릭 세력의 이러한 반발에도 불구하고 투른의 신교 우선 정책은 더욱 강화되었고 이것으로 인해 프라하가 1620년 이전으로 회귀할 수 있다는 분위기마저 조성되었다. 프라하에서의 상황이 이렇게 급변함에 따라 발트슈테이나는 투른과 그의 추종자들에게 경고성 메시지를 전달했다. 여기서 그는 투른이 시도하려 했던 소유 토지의 재분배와 재산 반환에 부정적 시각을 표출하는 데 주저하지 않았는데 그것은 이러한 정책 시행으로 자신의 재산 역시 크게 감소되리라는 판단을 했기 때문이다. 이러한 시점에 페르디난트 2세 역시 보헤미아의 상황을 더 이상 방치해서는 안 된다는 생각을 하게 되었다. 또한 구스타브 2세군이 1631년 9월 17일에 벌어진 브라이텐펠드(Breitenfeld) 전투와 1632년 4월 라인 암 레흐(Rain am Lech)에서 전개된 전투에서 틸리의 주력군을 격파함에 따라 페르디난트 2세는 발트슈테이나의 재기용이 필요하다는 것을 절실히 느끼게 되었다. 이에 따라 페르디난트 2세와 발트슈테이나 사이에 서너 차례에 걸친 독대가 이루어졌고 그 과정에서 페르디난트 2세는 발트슈테이나가 구스타브 2세와 접촉한 것과 체코 귀족들과 협력한 사실, 즉 반역이나 모반적 행위에 대해 더 이상 거론하지 않겠다는 입장을 밝혔다. 아울러 그는 발트슈테이나를 보헤미아 지방의 총지휘관(Generalismus)으로 임명하여 보헤미아 문제를 비롯한 당면 문제를 해결하려 한다는 의도도 밝혔다. 이렇게 페르디난트 2세로부터 사면을 받은 발트슈테이나는 보헤미아 지방에서 신교 세력을 축출하기 위한 수순을 공식적으로 밟게 되었고 그것에 따라 투른과 그의 추종 세력은 다시금 보헤미아 지방을 떠나야만 했다.

1632년 4월 13일 발트슈테이나는 페르디난트 2세로부터 황제군에 대한 절대적 지휘권(in absolutissima forma)을 부여받았을 뿐만 아니라 제국 내 모든 몰수지들을 우선적으로 차지할 수 있는 특권도 인정받았다. 또한 발트슈테이나는 모든 군사작전에서 독자적인 명령권도 행사할 수 있게 되었다. 아울러 그는 황제의 허락 없이 죄를 주거나 사면할 수 있는 권한도 부여받았다. 나아가 발트슈테이나는 당시 스웨덴과 마찬가지로 페르디난트 2세를 위협하던 작센과의 평화협상에서 전권 역시 위임받았다. 그리고 발트슈테이나는 스웨덴에게 일시적으로 빼앗긴 메클렌부르크 대공국을 회복하기 위해 슬레슈코 대공국의 글로가우(Glogau)를 담보로 활용할 수 있다는 약속도 페르디난트 2세로부터 받아냈다. 이렇게 막강한 권한을 가진 발트슈테이나의 등장은 페르디난트 2세의 위상에 커다란 타격을 가져다주었고 이에 페르디난트 2세는 적절한 시기에 발트슈테이나를 제거해야 한다는 결심도 했다. 실제로 페르디난트 2세는 발트슈테이나와의 독대 과정에서 그의 지나친 욕심과 정치적 야망을 인지했고 그에 따라 자신의 최대 정적인 구스타브 2세를 물리친 후 발트슈테이나를 제거하겠다는 구체적인 구상을 세웠다. 이러한 페르디난트 2세의 내부적 조율을 인지하지 못한 발트슈테이나는 10만 명의 황제 직할군을 재결성했고 다음해에는 이 황제 직할군에 2만 명을 보강했다. 이 당시 발트슈테이나는 레겐스부르크 제후 동맹 회의에서 바이에른의 막시밀리안 1세가 보여준 적대적 행동을 잊지 않고 있었다. 그럼에도 불구하고 발트슈테이나는 막시밀리안 1세과 더불어 뉘른베르크 포위 작전을 펼쳤다. 그러나 발트슈테이나는 위기 상황에 놓여 있던 막시밀리안 1세에게 실제적 도움도 주지 않았는데 그것은 막시밀리안 1세가 소수의 병력으로 구스타브 2세와 전투를 벌였을 때 발트슈테이나가 그에게 원군을 보내지 않은 것에서 확인할 수 있다.

1632년 11월 16일 라이프치히(Leipzig) 근처의 뤼첸(Lützen)에서 펼쳐진 전투에서 구스타브 2세가 사망함에 따라 발트슈테이나가 옥센세르나(A.Oxenstierna) 백작이 이끄는 스웨덴군을 바에에른과 프랑켄 지방에서 축출했으며 작센 선제후 게오르크 1세(Georg I)를 스웨덴과의 동맹에서 분

리시키기 위해 작센 지방의 대다수를 점령하기도 했다.[7]

1633년에 접어들면서 발트슈테이나는 페르디난트 2세가 자신을 더 이상 신뢰하지 않는다는 것과 제거 대상으로 간주하고 있다는 사실 역시 인지하게 되었다. 그러나 그는 자신의 군사력으로 페르디난트 2세를 충분히 제어할 수 있다는 오판도 했다. 따라서 페르디난트 2세와의 관계 개선을 도모하기보다는 신성 로마 제국 내에서 종교적 평화를 정착시키는 데 더욱 관심을 보였던 것이다. 여기서 그는 경우에 따라 반합스부르크 또는 종교적 복수주의 정책에 대응하겠다는 입장을 밝혀 페르디난트 2세의 강한 분노를 유발시켰던 것이다. 그런데 발트슈테이나의 이러한 자세는 혐오적인 종교전쟁과 거기서 비롯된 프랑스와 오스트리아 사이의 무모한 대립에서 비롯된 것 같다. 이후부터 발트슈테이나는 페르디난트 2세의 동의를 받지 않고 작센 선제후국과 스웨덴의 핵심 정치가들과 비밀 협상을 펼쳤고 거기서 그는 자신의 관점, 즉 유럽 대륙, 특히 신성 로마 제국 내에서 종교적 평화 정착의 중요성을 부각시키기도 했다. 페르디난트 2세는 발트슈테이나의 이러한 독자적 행보에 다시금 불만을 표시했지만 발트슈테이나는 전혀 개의치 않았는데 이것이 그가 절대왕정 체제하에서 군주만이 군사 통제권을 가진다는 사실을 등한시한 것에서 비롯된 것 같다. 베버(M. Weber)가 거론했듯이 이 당시 절대군주는 폭력 사용에 대한 유일한 당위권을 가지고 있었다. 따라서 발트슈테이나가 30년 종교전쟁 기간

---

7 뤼첸에서 19,000명의 구스타브군과 16,000명의 발트슈테이나군이 전투를 펼쳤다. 전투가 개시됨에 따라 구스타브 2세는 말을 타고 몸소 적진으로 돌진해 발트슈테이나의 병사들을 닥치는 대로 쓰러뜨렸다. 승리가 바로 눈앞에 있다는 듯 구스타브 2세는 호위병 세 명만을 이끌고 적진 깊숙이 침투했다. 그때 갑자기 총알이 날아와 그의 몸에 박혔다. 이후 발트슈테이나군은 구스타브 2세의 소지품을 모두 가져갔고 온몸이 탄환 자국으로 벌집이 된 그의 시신은 발가벗긴 채 들판에 내동댕이쳐졌다.

중에 큰 성과를 거두었음에도 불구하고 그는 이론상 정통성을 갖춘 군주에게 저항할 수 없었다. 그러나 발트슈테이나는 자신의 위상 견지에 필요한 방안을 모색했고 거기서 페르디난트 2세와의 정면 대립이라는 무리수도 두었던 것이다. 1634년 1월 10일 발트슈테이나는 자신의 모반 계획을 구체화하기 위해 플젠(Plzeň)에서 자신의 추종 세력과 비밀 회합을 가지는 등 실제적 행동에 나섰다. 그러나 비밀 회동에 참석한 인물들은 발트슈테이나의 기대와는 달리 '발트슈테이나가 페르디난트 2세에게 충성할 경우에만'이라는 전제 조건을 제시했는데 이것은 이들이 발트슈테이나의 음모에 동참하지 않겠다는 의사를 우회적으로 표시한 것으로 볼 수 있다. 나아가 이들 중의 일부, 특히 피콜로미니(O. Picolomini)는 페르디난트 2세에게 발트슈테이나의 모반 계획을 알려 자신의 목숨을 구하고자 했다. 이렇게 발트슈테이나의 음모가 밝혀진 후 페르디난트 2세는 모반 사실의 진위를 파악하는 것보다 그를 축출하는 데 관심을 보였는데 이것은 발트슈테이나 제거가 페르디난트 2세의 최대 숙제로 부각되었기 때문이다. 페르디난트 2세는 1634년 1월 24일 갈라스(M. Gallas)를 황제군 총사령관으로 임명했고 모반 세력 와해를 위해 플젠 비밀 회합에 참여한 인물들의 대다수를 사면하는 칙령도 발표했다. 이와는 달리 발트슈테이나와 그의 측근들에 대해서는 강력히 대응했다. 즉 그는 이들에 대한 체포 명령과 함께 발트슈테이나에 대한 사살도 허용했던 것이다. 상황이 이렇게 전개됨에 따라 발트슈테이나는 황제에게 황제군 총사령관 사퇴서를 제출했을 뿐만 아니라 자신 휘하의 연대장들과 더불어 황제에게 충성을 맹세한 제2의 플젠 선언서를 1634년 2월 20일에 발표하여 상황을 반전시키려고 했다. 그러나 페르디난트 2세를 비롯한 빈의 정치가들은 발트슈테이나의 이러한 행동에 아무런 관심도 보이지 않았다.

이러한 상황에서 프라하가 페르디난트 2세를 지지한다는 성명을 발표함에 따라 발트슈테이나는 마지막 방법을 모색했는데 그것은 스웨덴과 작센의 지원을 받아 페르디난트 2세에게 정면으로 대응하는 것이었다. 이에 따라 그는 자신의 추종 세력과 더불어 2월 22일 플젠을 떠나 에게르 (Eger)로 향했다. 그러나 2월 25일 이 도시에서 발트슈테이나와 그의 측근이었던 트로츠카(A. Trczka)와 킨스키(V. Kinsky)는 아일랜드 출신인 버틀러(W. Butler) 장군과 스코틀랜드 출신 연대장인 레슬리(W. Leslie)와 고든(J. Gordon)이 이끄는 병사들에 의해 암살되었다. 특히 영국인 대위 데버루(W. Devereux)는 잠결에 일어나 살려달라고 애원하는 발트슈테이나를 미늘창으로 살해했다. 이후 덩치가 큰 아일랜드 병사가 그의 시신을 들어 창밖으로 던지려 했으나 데버루는 그것을 제지했다.

이후 페르디난트 2세는 보헤미아 지방에서 대대적인 재산 몰수에 나섰고 그 과정에서 획득한 영토의 상당 부분을 자신에게 협조한 외국 귀족들에게 하사했다. 이에 따라 30년 종교전쟁이 종료될 무렵 체코 귀족들 전체 영지의 절반 이상이 외국 출신의 귀족들에게 강제로 넘어가게 되었다. 이렇게 체코 민족의 정신과 전통을 이어갈 체코 귀족 계층의 위상이 크게 약화됨에 따라 향후 체코의 정치적·문화적 발전을 주도할 세력 역시 사라지게 되었다.

페르디난트 2세와 발트슈테이나의 행보를 통해 우리는 한 국가에서 복수 권력이 동시에 공존할 수 없다는 것을 알게 되었고 결국 기득권을 가진 권력, 즉 위정자에 의해 다른 경쟁 세력이 제압된다는 사실도 파악했다. 여기서 우리는 기득권을 가진 세력이 인위적으로 권력 구도를 형성한 후 이러한 구도에 다른 경쟁 세력이 침투하거나 붕괴를 시도할 때 바로 제거 대상으로 설정한다는 것도 알게 되었다. 그리고 우리는 사람들이 만들고 참여하는 모든 질서 체제에서 이러한 암묵적 원칙이 작동한다는 것과 그러한 것이 향후 계속 견지된다는 확신도 가지게 되는데 이것은 인간의 기본적 제 속성 중의 하나인 권력욕과 연계되기 때문이다. 실제적으로 이러한 일종의 '갑질 횡포'는 역사 속에서 쉽게 확인할 수 있다.

제 4 부

민족주의의 활성화

일반적으로 민족 역시 하나의 집단으로 간주되고 있지만 이것은
다른 집단들과는 달리 그 자신만의 독특한 성향을 가지고 있다. 또한
이것의 규모는 매우 광범위하며, 수백만 명 이상의 성원을 중심으로
계층·직종, 그리고 다양한 지방적 하부 문화까지 포함하게 되는데
여기서는 상이한 종파들이 확인되며 경우에 따라서는 서로 다른 언어가
사용되기도 한다. 이러한 이질적인 요소에도 불구하고 자신들을 하나의
집단으로 생각하고, 그 밖의 모든 사람들을 외국인이라 간주하는
민족은 그러한 유대감을 유발시키는 과거 또는 현재에 무엇인가 서로
공감할 수 있는 것도 가지고 있다.

1장 마리아 테레지아와 요제프 2세의 계몽적 절대왕정 체제

18세기에 접어들면서 기존 질서 체제의 몰락과 이성(rozum) 시대의 등장이 가시화되기 시작했다. 실제적으로 이 시기에 새로운 세계관이 창출되었고 그것에 적합한 생활 방식도 정립되었다. 또한 이성을 토대로 무지와 편견으로부터의 해방 역시 적극적으로 모색되었다. 뿐만 아니라 귀족과 교회의 특권 및 권위가 부정되고 인간의 합리적 사유와 자율이 제창되는 등의 특징도 나타났다. 후세의 역사가들은 이러한 정신사적 움직임을 '무명을 밝히고 어둠을 몰아낸다'는 빛(světlo)의 상징성을 빌려 계몽주의(osvícenství)라 지칭했다. 비록 18세기의 유럽 정치사가 위정자들의 절대적 권한을 인정한 절대왕정 체제에서 벗어나지 못했지만 점차 이러한 질서 체제가 계몽주의와 접목하면서 계몽적 절대주의(osvícenský absolutismus) 체제가 등장하게 되었던 것이다. 이렇게 등장한 계몽적 절대주의에서 절대군주는 계몽사상에 따라 개혁을 지향하는 계몽적-이신론적 국가상(osvícensko-deistický před stavastátu)을 추구했다. 그런데 이러한 계몽적 절대주의 체제를 도입한 국가들, 즉 오스트리아, 프로이센, 그리고 러시아는 공통점을 가졌는데 그것은 이들 국가들이 프랑스와 영국과는 달리 정치, 경제, 사회적으로 낙후된 상황에 놓여 있었다는 것이다. 따라서 이들 국가들은 정부가 주도하는 국가 발전을 지향했고 그 과정에서 신민을 배려하는 정책도 펼쳤던 것이다.

오스트리아 왕국의 위정자였던 마리아 테레지아(Maria Theresia, 1740~1780) 역시 낙후된 왕국을 빠른 기간 내에 선진화해야 한다는 인식을 가졌기 때문에 즉위 초부터 계몽적 절대주의 체제에 지대한 관심을 표명했다. 이렇게 시작된 계몽 절대주의 체제는 그녀의 아들인 요제프 2세(Joseph II, 1765~1790)에 이르러 그 극성기를 맞이하게 되었다.[1]

1740년 10월 20일 카를 6세(Karl VI, 1711~1740)가 죽은 후 23세의 마리아 테레지아는 국사조칙(Pragmatische Sanktion)에 따라 오스트리아 국왕으로 등극했다.[2] 즉위 초기 그녀는 부친을 보좌했던 수석 궁내대

---

1 원래 이름은 마리아 테레지아 발부르가 아말리아 크리스티나(Maria Theresia Walburga Amalia Christina).

2 26세에 신성 로마 제국의 황제로 등극한 카를 6세는 1716년 4월에 탄생한 아들 레오폴드(Leopold)를 7개월 만에 잃은 후 마리아 테레지아, 마리아 안나(Maria Anna), 마리아 아말리아(Maria Amalia)만을 얻었다. 이에 따라 그는 향후 후계자 문제가 크게 거론될 것이라는 판단을 하게 되었고 그것을 극복할 수 있는 방안에 대해서도 구체적으로 강구하기 시작했다. 따라서 그는 가족 간의 협약(Hausvertrag)인 '상호간의 상속 순위(pactum mutuae successionis)'을 자신의 관점에 따라 변경시키려고 했다. 즉 그는 "남자 상속인이 없어도 자신의 가문이 계속하여 오스트리아 왕위를 계승할 수 있다"라는 내용으로 변경시키려 했다. 그러나 그렇게 하더라도 그의 형 요제프(Josef)의 두 딸인 마리아 요제파(Maria Josepha)와 마리아 아말리아(Maria Amalia)가 왕위 계승권(Sukzessionsrechte)을 포기해야만 자신의 장녀인 마리아 테레지아에게 왕위를 계승시킬 수 있었다. 또한 그는 법적으로 규제되지는 않지만 왕국 내 귀족들과 타협하여 그들의 동의도 얻어내야 하는 과제를 안고 있었다. 1713년 4월 19일 카를 6세는 자신의 장녀인 마리아 테레지아가 '오스트리아 왕위를 계승할 수 있다'라는 내용의 국사조칙을 발표했는데 그것은 왕위 계승에 대한 가족 간의 협약을 국법으로 대체시킨 것으로 볼 수 있다. 이후 왕국 내의 귀족들은 카를 6세가 공포한 국사조칙을 인정했다. 아울러 유럽의 열강

신(Obersthofkanzler) 진첸도르프(Sinzendorff) 백작과 국가비서(Geheim Staatssekretär) 바르텐슈타인(Bartenstein) 남작으로부터 필요한 조언을 받았다. 국정에 대한 전반적 상황을 파악한 이후부터 마리아 테레지아는 자신의 방식대로 계몽적 중앙집권 체제를 구축하려고 했고 거기서 하우그비츠(F. W. Graf v. Haugwitz) 백작과 카우니츠-리트베르크(W. A. Fürst v. Kaunitz-Rietberg) 공작 등이 핵심적 역할을 담당하게 되었다. 자신의 정책을 구체화하기 위해 마리아 테레지아는 1742년 외교적 안건들을 전담할 독립부서를 신설했고, 7년 후인 1749년에 내정과 재정 문제를 총괄할 내정 및 재정관리국(Direktoriums in Publicis et Cameralibus)도 설치하여 활동하게 했다. 그런데 이 행정부서는 1760년 통합 보헤미아-오스트

들도 러시아를 필두로 국사조칙을 공인했다. 국사조칙에 따라 마리아 테레지아는 오스트리아의 왕위를 계승했지만 바이에른의 선제후였던 알브레흐트(Albrecht)가 이의를 제기했다. 아울러 프랑스, 에스파냐, 그리고 작센도 마리아 테레지아의 왕위 계승에 부정적인 견해를 표명했다. 이에 반해 영국은 국사조칙에 따라 왕위를 계승한 마리아 테레지아의 정통성을 인정하려고 했다. 이 당시 독일권에서 오스트리아와 대립 상태에 있었던 프로이센의 프리드리히 2세(Friedrich II) 역시 마리아 테레지아의 왕위 계승을 인정하지 않았다. 따라서 그는 1740년 12월 16일 오스트리아의 슐레지엔(체코 왕국에 포함되었던 지방)의 여러 지역, 즉 제거른도르프(Jägerndorf), 브리그(Brieg), 리그니츠(Liegnitz), 보라우(Wohlau)를 선제공격했다. 이어 그는 슐레지엔의 주도였던 브레스라우(Breslau)도 점령했다. 프로이센의 이러한 군사적 행동에 고무받은 국가들 역시 오스트리아를 침략하는 데 주저하지 않았다. 바이에른은 상오스트리아(Oberösterreich), 작센은 보헤미아 지방, 에스파냐는 오스트리아가 이탈리아에서 장악하던 지역, 그리고 프랑스는 라인 강을 건너 오스트리아를 공략하기 시작했다. 1748년까지 지속된 이 전쟁에서 오스트리아는 당시 왕국에서 경제적으로 가장 활성화된 슐레지엔 지방과 클라트스코(Kladsko)를 프로이센에게 할양해야만 했다. 이후 슐레지엔 지방은 체코 왕국으로부터 완전히 분리되었는데 그것은 체코 왕국과 전혀 관계없는 전쟁으로 인해 체코인들이 감내해야 할 너무나 큰 손실이었다. 전쟁 중 마리아 테레지아는 1741년에 헝가리 국왕, 1742년에 체코 국왕으로 등극했다.

리아 궁내성(Vereinigte k.k. böhmisch-österreichische Hofkanzlei)과 왕실 재산관리국(Hofkammer)으로 분리되었다. 이러한 중앙부서의 개편을 통해 보헤미아 지방의 최고 행정기구였던 궁내성이 빈 궁내성에 편입되었는데 이것은 하우그비츠 백작의 의도가 개편 과정에서 크게 반영되었기 때문이다. 이에 반해 헝가리의 궁내성은 그대로 존속되었는데 그것은 헝가리인들에게 자치권을 계속 부여하려는 정책에서 나온 것 같다.[3] 마리아 테레지아는 계몽적 중앙집권 체제를 구축하는 과정에서 사법권과 행정권을 분리하려 했다. 즉 그녀는 1760년 국가총무처(Staatskanzlei), 왕실 재산관리국(Hofkammer), 왕실통계관리국(Hofrechenkammer), 궁정군사회의(Hofkriegsrat)를 총괄할 추밀원(Staatsrat)을 신설하여 행정적 효율성을 증대시키려 했을 뿐만 아니라 사법 문제를 전담할 최고법원(Oberster Gerichshof)도 개설했다. 또한 그녀는 형법도 개정하여 동일 범죄에 대해 신민 모두가 동일한 형을 선고받게끔 했다.

아울러 마리아 테레지아는 세출 증대에서 비롯된 재정적 압박에서 벗어나기 위해 지금까지 면세 특권을 가졌던 귀족 및 성직자 계층에게 세금을 부과했고 그것에 따라 이들 특권 계층은 그들 수입의 18.75%를 세금으로 납부해야만 했다. 여기서 마리아 테레지아는 이들 계층의 조직적 반발을 저지하기 위해 국가가 징집과 군대의 무장 및 유지비를 부담한다는 절충안을 제시하는 민첩성도 보였다. 그런데 이렇게 특권 계층에게 부과된 세금은 경제적으로 활성화된 오스트리아의 제 지방과 보헤미아 지

---

3 제1차 오스트리아 왕위 계승 전쟁이 발발한 직후 마리아 테레지아는 어려운 상황에 놓이게 되었다. 이에 따라 그녀는 자신의 어린 아들인 요제프와 같이 헝가리로 가야만 했다. 이 시기에 헝가리 귀족들은 기존의 반오스트리아적 입장을 포기하고 마리아 테레지아의 지원 요청을 기꺼이 수용했는데 그것은 후에 마리아 테레지아와 그녀의 후계자들이 헝가리에 대해 특별 배려를 하게 하는 결정적인 요인이 되었다.

방에 집중되었는데 1748년부터 매년 150만 굴덴의 세금을 보헤미아 지방에 부과한 것이 그 일례라 하겠다. 뿐만 아니라 마리아 테레지아는 농민 계층에게 부담이 되었던 부역을 법적으로 제한하려고 했지만 그러한 것은 실제로 시행되지 못했다.[4] 1751년부터 마리아 테레지아는 교육 문제에도 관심을 표명하기 시작했다. 그러다가 그녀는 1774년에 일반학교법(Allgemeine Schul-ordnung)을 제정하여 신민들의 교육 기회 확대를 구체화했

마리아 테레지아(Maria Theresia)

다. 마리아 테레지아가 추진한 제 정책 중의 일부는 분명히 신민들에 대한 배려에서 비롯되었는데 이것은 계몽적 절대왕정 체제에서 확인되는 특징들 중의 하나라 하겠다.

1780년 11월 29일 마리아 테레지아에 이어 오스트리아 위정자로 등장한 요제프 2세는 요제프주의(Josephinismus)라 지칭되는 개혁 정책을 펼쳤는데 이것 역시 계몽적 절대주의 체제의 근간에서 벗어나지 않았다.[5]

---

4 마리아 테레지아는 농민들의 부역을 주당 3일로 제한하려고 했다.
5 이 당시 요제프 2세는 "모든 것들을 신민을 위해, 그러나 그러한 것들이 신민으로부터 제기되어서는 안 된다(Alles für das Volk, aber nichts durch das Volk)"는 관점을 가지고 있었다.

이 당시 그가 추진했던 개혁 정책의 실체는 사람들 모두가 하느님 앞에서 평등하기 때문에 특권 계층인 귀족 및 성직자들의 제 권한을 박탈 내지는 축소시키는 것이었다. 이를 위해 농노들은 해방되어야 하고 비생산적인 교회의 재산 역시 국가로 귀속시켜야 한다는 것이 요제프 2세의 기본적 관점이었던 것이다.

요제프 2세는 마리아 테레지아가 펼친 중앙집권화 정책을 보다 강화했는데 그러한 것은 각 지방 신분 의회가 가졌던 조세 징수권을 박탈한 것과 상비군 수를 30만 명으로 늘린 것 등에서 확인할 수 있다. 1781년 11월 1일 요제프 2세는 보헤미아 지방에서 '농노제 폐지에 대한 칙령(patent o zrušení nevolnictví)'을 발표했다. 이에 따라 영지에 예속된 농민들은 봉건 영주의 허가 없이도 결혼 및 이주가 가능하게 되었고 자녀들 역시 학교에 보낼 수 있게 되었다. 그러나 봉건 영주에 대한 강제 노역(robota) 의무와 현금세 및 물납세에 대한 의무는 그대로 유지되었기 때문에 보헤미아 지방의 여러 곳에서 농민 소요가 발생했다. 이에 요제프 2세는 1785년부터 오스트리아 전역에 대한 토지 소유 실사를 단행했고 1789년 그것을 토대로 한 신조세 정책을 발표했는데 거기서는 봉건 영주에 대한 농민 계층의 제 의무를 대폭 완화한다는 것이 구체적으로 명시되었다. 이에 앞서 그는 통치의 효율성을 증대시키기 위해 독일어를 사회 공용어로 채택하는 칙령을 1784년에 발표하여 비독일계 민족, 즉 체코인, 폴란드인, 그리고 마자르인들의 강한 반발을 불러일으켰다.[6] 이렇게 예기치 못한 상황이 발생함에 따라 요제프 2세는 각 민족의 학문적 발전을 증대시킬 수 있는 방안을 발표하여 민족적 저항을 다소나마 완화시키려고 했다. 그 일례로 1784년 체코과학협회(Česká společnost nauk)가 설립된 것을 들 수 있

---

6 마자르인들 역시 기존의 공용어였던 라틴어를 포기해야만 했다.

다. 실제적으로 이 협회는 왕립체코과학협회(Královská Česká společnost nauk)로 확장되어 체코 학문 발전에 크게 공헌했다. 또한 프라하에 스타보프스키 극장(Stavovské divadlo)이 설립되어 모차르트(Mozart)의 〈돈 조반니(Don Giovanni)〉를 비롯한 많은 가극과 연극들이 상연되었는데 이것 역시 같은 맥락에서 비롯된 것이라고 하겠다.[7]

요제프 2세는 교회에 대한 개혁도 본격적으로 추진했다. 그는 예수회 교단을 폐지했는데 이것은 지금까지 예수회 교단에 소속되었던 인문계 고등학교들과 대학들이 교회로부터의 간섭에서 완전히 벗어난다는 것을 의미한다. 또한 국가 행정에 참여한 성직자들을 물러나게 했을 뿐만 아니라 교회 자체도 국가 행정 개혁의 대상으로 간주했다. 이러한 정책의 일환으로 요제프 2세는 1781년 10월 13일 '관용 칙서(toleranční patent)'를 발표하여 보헤미아 지방에서 종교의 자유도 보장했다. 이로서 빌라 호라 전투 이후 160년 만에 루터교와 칼뱅교와 같은 프로테스탄트가 합법적인 종교로 인정되었고, 동방정교회와 유대교 역시 종교의 자유를 얻게 되었다. 다음해인 1782년부터 시행된 수도원 축소 정책으로 4년 동안 모두 738개의 수도원이 폐쇄되었는데 이것은 전체 수도원(2,163)의 1/3이 넘는 비율이었다.[8] 그러나 이러한 과정에서 교육기관으로 활동했던 수도원들은 폐쇄 대상에서 제외되었다.

이 당시 요제프 2세는 어머니 마리아 테레지아와 마찬가지로 국력 및 국방력을 증대시키기 위해 절대적으로 필요한 것이 바로 교육이라는 것

---

7 〈돈 조반니〉는 프라하 시가 모차르트에게 의뢰하여 만든 작품이다. 돈 조반니는 에스파냐의 유명한 전설적 호색가이자 바람둥이였던 귀족 돈 후안(Don Juan)의 행적을 다룬 작품으로 희극과 비극적 요소를 적절히 혼합하여 만든 수작이었다.

8 특히 보헤미아 지방에서는 61개의 남자 수도원과 13개의 여자 수도원이 폐지되었다. 이렇게 요제프 2세에 의해 폐쇄된 수도원들의 재산은 빈에 위치한 병원들의 운영 및 연구 자금으로 활용되었다.

을 인지하고 있었다. 따라서 그는 6세부터 12세까지의 아동들에 대한 의무교육제를 도입했으며, 초등과 중등 교육제도도 새로이 정비했다. 1784년에는 실용적인 전문 인력과 사무 관료의 양성이라는 국가 목표를 보다 충실히 이행하기 위해 왕국 내 대학들의 교육과정이 개편되기도 했다.[9]

마리아 테레지아와 요제프 2세가 실시한 정책으로 오스트리아 왕국은 이전보다 선진화되었다. 그러나 빈 정부는 정책 시행 과정에서 파생되었던 부작용들, 특히 다민족국가에서 발생하는 민족문제에 효율적으로 대응하지 못하는 실수를 범했다. 그리고 이것은 결국 1차 세계대전 이후 오스트리아 제국이 해체되는 결정적 요인으로 작용했다. 여기서 계몽적 절대왕정 체제 시기 오스트리아의 위정자들이 펼친 제 정책을 통해 아무리 좋은 정책이라고 하더라도 그것이 국민적 동의 없이 시행될 때 반드시 부작용이 발생한다는 사실이 다시금 확인되었다.[10]

---

9 그러나 이러한 교육 개혁은 농민들이나 하층민들에 대한 인도주의적 교육과는 사실상 거리가 먼 것으로서, 절대적 국가권력의 강화를 위한 국가 의식과 일사불란한 규율 의식의 함양을 궁극적인 목표로 설정했다.

10 오늘날에도 국익을 위해 실시되는 정책들 역시 국민의 이익과 위배되는 경우가 종종 있는데 이럴 경우 정부는 정책을 펼치기 전에 반드시 국민들을 설득하거나 이들과의 협상을 통해 문제점을 해결하는 수순을 밟아야 할 것이다. 그러나 정부는 종종 그러한 절차를 생략하고 정책을 강행하게 되는데 거기서 이들은 커다란 국민적 저항에 직면하게 된다. 이때 비로소 정부는 국민들을 상대로 정책을 홍보하거나 또는 정책의 당위성을 설명하려고 하지만 그 효과는 정책 시행 전의 설득이나 협상보다 훨씬 떨어지게 된다. 뿐만 아니라 국민적 저항으로 정책이 좌절되는 경우도 발생하게 된다. 따라서 정부는 국민 또는 사회 구성원 간의 협상과 타협을 통해 정책에서 파생되는 문제점 내지는 부작용을 최소화해야 하는데 이러한 것은 앞으로도 모든 국가에서 반드시 지켜야 할 '일종의 규범'이라고 하겠다.

제3고 역사와 민족의 정체성

2장 부르셴샤프트 토이토니아의 활동과
민족문제

1817년 10월 18일 작센-바이마르-아이젠나흐(Sachsen-Weimar-Eisennach) 대공국의 바르트부르크(Wartburg)에서 부르셴샤프트(buršácký spolek) 축제가 개최되었다. 여기서는 다양한 정치적 관점들이 표출되었고 얀(F. Jahn)의 추종자들에 의해 반자유주의적인 서적들과 구체제의 상징물들이 소각되는 돌출적 상황도 초래되었다. 이렇게 진행된 바르트부르크 축제에 대해 프라하 대학의 학생들은 깊은 관심을 표명했고 나아가 이들은 부르셴샤프트의 결성 필요성도 인지하게 되었다.[1] 뿐만 아니라 이들

---

1 베를린 플라만(Plamann) 고등학교의 교사였던 얀은 1811년 베를린 대학의 총장이었던 피히테(Fichte)에게 기존의 지방 학생 단체(Landmannschaft)를 대신할 새로운 학생 단체의 설립을 제안하면서 부르셴샤프트라는 용어를 최초로 사용했다. 거기서 그는 학생들의 육체적 단련(körperliche Ertüchtigung), 민족 사상의 함양(Förderung des nationalen Gedankens), 그리고 개성의 강화(Stärkung des Charakters) 등이 절실히 필요하다는 견해를 제시했을 뿐만 아니라 그러한 것들이 독일 통합의 전제 조건이 될 수 있다고도 주장했다. 아울러 그는 기존의 학생 조직으로 그러한 것들을 실천시킬 수 없다는 입장도 밝혔다. 실제적으로 특정 지역의 학생들로 구

은 부르셴샤프트의 활동으로 메테르니히 체제(1815~1848)를 붕괴시킬 수 있다는 확신도 가지게 되었다. 물론 이러한 견해를 가진 학생들이 전체 학생 중에서 차지하는 비율은 10%에 불과했지만 이들은 부르셴샤프트를 가능한 한 빨리 결성해야 한다는 데 인식을 같이하는 등의 적극성을 보였다. 아울러 이들은 이러한 학생 단체가 결성될 경우 학생 활동에 대한 학생들의 무관심 역시 사라지리라는 긍정적인 예견도 했다.

프라하 대학의 교수 볼차노(B. Bolzano) 역시 바르트부르크 축제[2] 이후부터 학생들에게 부르셴샤프트의 결성 필요성을 강조하기 시작했다.[3] 이

성된 지방 학생 단체는 범세계주의적인 이념만을 지향했기 때문에 독일 통합이라는 이상 구현에는 아무런 도움도 주지 못했다.

2 바르트부르크 축제는 1817년 10월 18일 작센-바이마르-아이젠나흐 공국에서 개최되었다. 그런데 그 외형적 목적은 루터의 종교개혁 300주년과 라이프치히 전투 4주년을 기념하기 위한 것이었다. 그러나 실제적 목적은 부르셴샤프트 사이의 단결과 현재의 독일적 상황에 자신들이 어떻게 대처해야 할 것인가를 정리하자는 데 있었다. 1815년 예나에서 부르셴샤프트가 결성된 이후 이러한 형태의 학생 조직이 독일의 여러 대학에서 결성되었지만 그들 간의 단결과 당면 과제를 토론하고 결정할 수 있는 제도적 장치는 마련되지 못한 상태였다. 그렇지만 모든 대학의 부르셴샤프트가 그들 간의 단결 및 결속에 대해 관심을 가지지 않았던 것은 아니었다. 예를 들면 예나 대학의 리만(Riemann)은 대학생 조합 간의 단결을 가능한 한 빨리 구체화해야 한다는 주장을 펼쳤으며, 그러한 견해에 동조하는 세력이 부르셴샤프트 내에서도 증대되고 있었다.

3 1785년 보헤미아 지방에서 태어난 볼차노는 프라하 대학을 졸업한 후 1년 이상을 칸트(Kant)의 '비판서'들을 공부하는 데 할애하면서 수학자로서의 능력도 발휘했다. 1805년 볼차노는 수학 교수가 되어야 할지 철학 교수가 되어야 할지 결정을 못한 상태였다. 신부직도 강한 매력으로 그를 끌어당겼다. 같은 해 프라하 대학 철학부에 종교학 교수 자리가 신설된다는 소식이 알려졌을 때, 볼차노는 세 가지 전공을 연계시킬 수 있는 기회를 포착했다. 1805년 2월 그는 수학 교수로서 활동을 시작했고, 4월에는 신부 서품을 받고 교목직도 인수했다. 이 당시 볼차노는 학문적으로 탁월한 능력을 가진 교수로 존경을 받았고, 그가 매주 했던 설교에는 많은 청중들이 참석했다.

당시 볼차노 교수는 보헤미아 지방의 독일 민족과 체코 민족이 결속해야만 이 지방을 발전시킬 수 있다는 주장을 펼쳤는데 이것이 바로 보헤미아주의(Böhmenismus)의 핵심적 내용이라고 하겠다.[4]

이렇게 보헤미아주의를 부각시켰음에도 불구하고 볼차노 교수는 그러한 민족적 결속이 메테르니히 체제하에서 불가능하다는 사실도 잘 알고 있었다. 따라서 그는 메테르니히 체제를 부정하고 그것의 타파를 공식적으로 밝힌 부르셴샤프트의 활동에 적극성을 보였던 것이다. 이후부터 볼차노 교수는 민족주의와 자유주의 이념으로 체계화된 부르셴샤프트의 이상 및 목표를 나름대로 분석 · 정리했고 거기서 부르셴샤프트의 활동으로 기존 질서 체제의 문제점을 정확히 지적하고 그것에 대한 해결책 제시도 가능하다는 주장을 펼쳤다. 게다가 그는 부르셴샤프트의 결성으로 학생들의 학문적 수준 역시 증대시킬 수 있다는 확신을 가졌는데 그러한 자세는 부르셴샤프트 강령에서 학문 증진의 필요성과 그 실천 방안 등이 구체적으로 거론된 데서 비롯된 것 같다. 점차 적지 않은 학생들이 볼차노 교수의 이러한 관점을 지지하게 되었고 그들이 전체 학생 중에서 차지하는 비율 역시 바르트부르크 축제 직후보다 높아졌다. 이후부터 볼차노 교수는 이들 학생들과 더불어 부르셴샤프트 결성에 필요한 준비를 본격적으로

---

4 볼차노는 한 연설에서 보헤미아주의의 핵심적 내용을 다음과 같이 언급했다. "사람들은 우리 보헤미아 지방이 유럽에서 가장 비옥하고, 풍요로운 지방이라는 것을 인정해야 한다. 그리고 이러한 축복받은 지방에서 태어난 사람들은 분명히 신으로부터 선택된 사람들이라 할 수 있다. 보헤미아 사람들(독일인/체코인)은 모든 학문 분야에서 뛰어날 뿐만 아니라 미덕 및 숭고한 행위에서도 충분한 능력을 갖추었다. (…) 보헤미아 지방의 풍요로운 토양은 주변 민족들의 관심이 되었고 또한 그들의 탐욕의 대상이 되기도 했다. 보헤미아 지방을 이러한 관심 및 탐욕으로부터 보호하기 위해서는 즉, 독자성을 지키기 위해 지방 내의 독일인들과 체코인들의 협력은 절대적으로 필요하다."

시작했고 거기서 부르셴샤프트의 명칭과 조합 정관의 윤곽 및 토대도 마련할 수 있었다. 여기서 이들은 부르셴샤프트의 명칭을 토이토니아(Teutonia)라 정했고 정관에서 다음의 것들을 명시하기로 했다.

첫째, 프라하 대학의 재학생들은 토이토니아의 정회원이 될 수 있다.

둘째, 의장은 선거를 통해 선출하되, 그 임기는 1년으로 한다. 그리고 동일 인물의 재선은 원칙적으로 불허한다.

셋째, 의장은 정기 회의를 진행시킬 수 있는 권한을 가지며 필요에 따라 임시 회의도 소집할 수 있다.

넷째, 메테르니히 체제의 문제점 및 개선책을 구체적으로 논의하는 특별위원회를 구성한다.

다섯째, 독일 여러 대학의 부르셴샤프트와 긴밀한 관계를 구축한다.

여섯째, 부르셴샤프트에 가입한 학생들은 자유롭게 탈퇴할 수 있는데 그렇게 하기 위해서는 정기 또는 임시 회의에서 탈퇴하고자 하는 학생이 탈퇴 의사를 직접적으로 밝혀야 한다.

1818년 4월 18일부터 활동을 시작한 토이토니아에는 약 50여 명의 학생들이 참여했다. 그리고 정관에서 밝혔듯이 토이토니아의 활동은 비공식적으로 이루어졌는데 그러한 것은 볼차노 교수와 토이토니아에 참여한 학생들이 빈 중앙정부 및 프라하 지방정부가 그들 학생 단체의 존재 및 활동을 인정하지 않으리라고 판단했기 때문이다. 뿐만 아니라 이들은 그들의 존재를 제국 내에서 부각시킬 경우 관찰 및 탄압의 대상이 되리라는 것도 잘 알고 있었다.

그러나 토이토니아가 활동을 펼친 지 일주일도 안 된 1818년 4월 21일 프라하 경찰은 프라하 대학의 학생들이 부르셴샤프트를 비밀리에 결성했다는 정보를 입수했다. 이후부터 이들은 토이토니아와 연계된 교수들과 학생들을 감시하기 시작했다. 여기서 이들은 적지 않은 프라하 대학의 학생들이 예나(Jena), 할레(Halle), 에어랑겐(Erlangen), 그리고 괴팅겐(Göt-

tingen)에 머물면서 부르셴샤프트의
이념과 활동을 보다 구체적으로 파
악하려는 시도도 펼치고 있음을 확
인했다.[5] 또한 프라하 경찰은 독일의
여러 도시에 체류 중인 학생들 역시
그곳 대학의 부르셴샤프트와 접촉
하고 있다는 사실을 파악했다. 사태
의 심각성을 파악한 프라하 경찰은 4
월 25일 빈 중앙정부에 '프라하의 부
르셴샤프트와 관련된 최근의 학생
운동 보고서(Berichte über die aktu-
elle Lage der Studentenbewegung in

볼차노(B. Bolzano)

bezug auf die Burschenschaft in Prag)'를 제출했다. 여기서는 독일권에 체
류했던 프라하 대학생들이 그들 대학과 고향으로 돌아가 부르셴샤프트의
설립 목적 및 활동을 동료 학생들에게 전달했다는 것과 이들이 동료 학생
들과 더불어 이미 결성된 부르셴샤프트의 활성화에도 적극적으로 참여하
고 있다는 사실 등이 구체적으로 거론되었다. 또한 이 보고서에서는 학생
들이 메테르니히 체제의 문제점을 토론하면서 그러한 체제를 타파할 수
있는 대안도 구체적으로 마련했다는 것이 언급되었다.

이 당시 독일 대학의 학생들, 그중에서도 예나, 베를린, 할레 대학의 학
생들은 그들이 제시한 목표를 달성하기 위해서는 보헤미아 지방의 학생
들과 협력해야 한다는 필요성을 인지하고 있었다. 따라서 이들은 보헤미
아 지방, 특히 프라하를 직접 방문하여 부르셴샤프트의 기본 목표와 활동

---

5 이렇게 프라하 대학의 학생들이 이들 대학을 선택하게 된 것은 이들 대학의 부르
  셴샤프트가 다른 대학들의 부르셴샤프트보다 적극적인 활동을 펼쳤기 때문이다.

지침을 설명하고 독일과 보헤미아 학생들이 긴밀한 접촉을 가져야 한다고는 것도 역설했다. 이들은 프라하 학생들과의 접촉에서 메테르니히 체제가 독일 통합의 저해 요소임을 강조했고 그것을 붕괴시키기 위해서는 학생들 간의 협력 역시 절대로 필요하다는 주장도 펼쳤다. 여기서 토이토니아에 가입한 독일 학생들은 이러한 주장에 대해 긍정적 반응을 보인 반면 체코 학생들은 그 일부만을 수용하는 자세를 보였다. 즉 이들은 메테르니히 체제를 붕괴시키는 것에는 찬성했지만 독일 민족의 통합에는 동의하지 않았던 것이다. 특히 체코 학생들은 후자의 이유로 민족문제를 제시했는데 그 이유는 부르셴샤프트가 아직까지 그러한 문제에 대해 구체적으로 언급하지 않았기 때문이다. 이러한 의견 차이로 토이토니아는 그들의 행동 반경을 조절해야만 했다. 즉 독일 학생들과 체코 학생들이 공조하기 위해서는 부르셴샤프트 운동에서 독일의 통합 부분을 배제하거나 또는 이민족에 대한 배려를 독일 통합에서 명문화시켜야 했다. 점차적으로 토이토니아의 집행부는 피할 수 없는 딜레마에 빠지게 되었다. 그것은 그들의 활동에서 독일 통합을 부각시킬 경우 체코 학생들의 이탈이 필연적이지만 그렇다고 해서 이러한 것을 부르셴샤프트 활동에서 배제할 수도 없는 것이었다. 이러한 상황에서 토이토니아는 독일 통합의 당위성을 표방하게 되었고 그러한 노선 결정은 이 대학생 단체에 대한 체코 학생들의 관심 및 참여를 포기하게 하는 결정적인 요인이 되었다. 이후부터 체코 학생들은 토이토니아에서 탈퇴하기 시작했고 부르셴샤프트에 대한 그들의 관심 역시 크게 감소되었다.[6] 토이토니아로부터 체코 학생들이 이탈한 후

---

6 프라하 경찰은 1818년 5월 초 토이토니아의 회원 명단을 작성했다. 그것에 따르면 전체 회원에서 체코 학생들이 차지하는 비율은 50%(27명/52명)를 상회했다. 이러한 참여율은 부르셴샤프트에 대한 체코 학생들의 높은 관심도를 반영시킨 것으로 볼 수 있을 것이다. 그러나 체코 학생들의 이러한 참여율은 이후 급속히 낮아졌는

이 학생 단체는 순수 독일 학생들의 조직체로 변형되었다.

이렇게 독일권의 통합 문제로 토이토니아에서 탈퇴한 이후 체코 학생들은 앞으로 그들이 보헤미아 지방과 오스트리아 제국에서 해야 할 일들을 체계적으로 정리하는 데 주력했다. 여기서 이들은 메테르니히 체제를 붕괴시켜야만 그들 민족의 법적 · 사회적 지위가 향상된다는 것과 그러한 것을 실현시키기 위해서는 민족운동이 활성화되어야 한다는 것도 인지했다. 따라서 이들은 민족운동을 저변으로 확대시키기 위해 결성된 마티체 체스카(Matice Česká)라는 독서협회에 적극적 참여했고 거기서 어느 정도의 역할도 수행했다.[7]

데 그 이유는 독일 통합에 대한 기본적 시각이 독일 학생들과 달랐기 때문이다.

7 토이토니아의 활동에서 부각된 것들은 오늘날의 대학생 활동에서도 감지되는데 그것은 대학생들이 기존 질서 체제의 문제점을 지적하고 그것의 시정을 요구하고 있다는 데서 확인할 수 있다. 그러나 현실적 상황을 도외시한 이들의 주장은 사회적 공감대를 얻지 못하는 경우가 많은데 이것은 19세기의 대학생 운동에서도 지적되던 문제점이었다. 실제적으로 대학생들은 자신들이 살고 있는 사회의 제 문제점을 정확히 직시하고 있음에도 불구하고 그것들의 해결에 필요한 대안을 제시하는 과정에서 종종 편파성에 휘말리게 되는데 그것은 이들이 현실적 상황보다는 이론적 측면만을 부각시키려는 자세를 가졌기 때문이다. 그리고 대학생들의 이러한 자세는 이들이 사회 성원으로 살아가는 데 필요한 경험을 충분히 축적하지 못한 데서 비롯된 것 같다. 그럼에도 불구하고 대학생들이 지적하고 개선을 촉구하는 정치적 · 사회적 제 문제에 대한 정부 및 사회적 관심은 필요한데 그것은 대학생들의 순수한 관점이나 충정심이 국가나 사회 발전에 긍정적 요인으로 작용될 수도 있기 때문이다.

3장 마티체 체스카의 결성과 지향 목표

일반적으로 민족 역시 하나의 집단으로 간주되고 있지만 이것은 다른 집단들과는 달리 그 자신만의 독특한 성향을 가지고 있다. 또한 이것의 규모는 매우 광범위하며, 수백만 명 이상의 성원을 중심으로 계층·직종, 그리고 다양한 지방적 하부 문화까지 포함하게 되는데 여기서는 상이한 종파들이 확인되며 경우에 따라서는 서로 다른 언어가 사용되기도 한다. 이러한 이질적인 요소에도 불구하고 자신들을 하나의 집단으로 생각하고, 그 밖의 모든 사람들을 외국인이라 간주하는 민족은 그러한 유대감을 유발시키는 과거 또는 현재에 무엇인가 서로 공감할 수 있는 것도 가지고 있다. 따라서 민족은 다른 민족과 그들을 뚜렷이 구별하려는 의식을 가졌을 뿐만 아니라 이민족의 지배를 혐오하며 그들의 주권국가를 요구하는 성향도 강하다. 그리고 바로 이러한 것이 근대 정치 발전에서 중요한 역할을 담당하게 되었던 것이다.

18세기 말부터 민족주의(Nationalismus)의 영향을 받기 시작한 오스트리아 제국은 점차적으로 어려운 상황에 놓이게 되었는데 그 이유는 이 제국에서 민족운동이 크게 확산되었기 때문이다. 이 당시 제국 내 비독일계 민족의 선각자들은 민족운동을 통해 그들 민족이 처한 상황을 정확히 직시하게 되었다. 따라서 이들은 "독일 민족과 그들 민족 간의 관계를 수평적으로 재정립해야 한다"는 주장을 펼치기 시작했고 그러한 관점에 관심을 보이지 않던 빈 정부에 신랄한 비판을 가하는 데도 주저하지 않았다. 특히 여러 민족이 혼거한 지방에서 전개된 민족운동은 제국을 와해시킬 정도로 격렬했는데, 그중에서도 독일 민족과 체코 민족이 혼거한 보헤미아 지방에서 진행된 민족운동과 그러한 과정에서 부각된 문제점들은 다른 지방에 비해 매우 심각했다.

이 당시 체코 민족이 전개한 민족운동은 제국 내 비독일계 민족들과 마찬가지로 초기, 중기, 그리고 말기 단계를 거쳤는데, 그것을 살펴보면 다음과 같다.

1) 초기 단계 : 마리아 테레지아에 이어 오스트리아 위정자로 등장한 요제프 2세 시기부터 체코의 민족운동은 본격적으로 시작되었는데 그것은 이 시기부터 제국의 독일화 정책이 보다 구체적으로 추진되었기 때문이다. 보이그트(N. Voigt), 펠츨(F. M. Pelcl), 도브네르(G. Dobner), 그리고 도브로프스키(J. Dobrovský) 등이 이 시기의 민족운동을 주도했는데 체코 민족의 언어, 역사, 그리고 문화가 이들의 연구 및 관심 대상이었다. 그런데 이들 모두는 헤르더(J. G. Herder)에서 비롯된 독일 낭만주의의 영향을 많이 받았다. 이 당시 헤르더는 루소(J. Rousseau)의 영향을 받아 독일 민족의 독자성을 강조했고 거기서 민족의 정신과 전통을 중시하는 이론도 정립했다. 헤르더는 문명이라는 것이 인류 및 개인보다 민족이라는 집단에 의해 형성되고 창조력 역시 그러한 집단 내에서 발휘된다는 주장을 펼쳤다. 이렇게 독일 낭만주의의 영향을 받은 민족의 선각자들은 그들 민족의 과거를 올바르게 재조명해야 한다는 것과 그것을 근거로 그들 민족이 처한 상황도 극복해야 한다는 것을 인지한 상태였다. 그럼에도 불구하고 이들 선각자들은 그들 민족에게 민족운동에 동참할 것을 요구하지

않았는데 그것은 그들의 학문적 순수성과 부합되지 않았을 뿐만 아니라 당시의 정치적·사회적 여건, 즉 메테르니히 체제하에서 불가능했기 때문이다. 물론 이들 중의 일부는 이러한 학문적 관심에서 벗어나 민족적 감정 내지는 자긍심을 그들 민족에게 부여하려는 적극성을 보이기도 했다.

2) 중기 단계 : 중기 단계는 18세기 말부터 19세기 초에 태어난 인물들이 주도했는데 팔라츠키(F. Palacký), 샤파르지크(P. J. Šafarík), 그리고 하브리체크-보로프스키(K. Havlíček-Borovský) 등이 그 대표적인 인물들이라 하겠다. 독일 대학에서 수학한 이들은 낭만주의와 자연스럽게 접하게 되었고 거기서 민족적인 자긍심을 그들 민족에게 부여할 수 있는 구체적인 방법도 터득하게 되었다. 이후부터 이들은 왜곡된 체코 민족의 과거를 재기술하는 작업에 적극적으로 참여했는데 그것은 체코 민족의 원초적 감정을 자극시켜 민족적 연대감을 확보하려는 의도에서 비롯된 것 같다. 뿐만 아니라 이들은 민족운동이 그들만의 관심이 아닌 민족 전체의 관심으로 승화될 수 있게끔 노력했고 그것을 실천시키기 위한 조직 결성, 즉 민족운동이 저변으로 확산되는 데 기여할 수 있는 독서협회 결성에도 열의를 보였다.

3) 말기 단계 : 중기 단계에 결성된 '보헤미아 국립박물관'과 '마티체 체스카'의 활동이 이 단계에서 가시적인 효과를 거두게 되는데 이것은 민족운동이 민족 성원 모두의 관심 및 실천 대상으로 부각된 데서 확인할 수 있다.

체코 민족운동의 중기 단계는 앞에서 언급한 바와 같이 독일 대학에서 수학했던 인물들이 주도했다. 고향으로 돌아온 이들은 보헤미아 지방에서 민족운동을 확산시키려고 했고 그것을 위해 이 지역에서 간행되던 신문이나 잡지 출간에도 적극적으로 참여했다. 그런데 이들의 이러한 노력은 신문이나 잡지라는 매개체로 사회적 공감대를 형성할 수 있다는 확신에서 나온 것이다. 아울러 이들은 그것을 토대로 체코인들의 연대성도 구축할 수 있다고 판단했다. 1826년 프라하에서 보헤미아 국립박물관 개관 및 그 활동이 가시화되었는데 여기에는 당시 보헤미아 귀족 계층을 대표하던 슈테른베르크(Sternberg) 형제, 다임(Deym), 콜로브라트-립스타인스키(Kolowrat Liebsteinsky), 그리고 킨스키(Kinsky) 백작 등이 참여했다. 보헤미아 국립박물관은 설립 다음 해인 1827년부터 『보헤미아 박물관지(Časopis Českého musea)』를 발간하기 시작했는데 그 간행 목적은 보헤미아 지방의 민족운동에 관심을 보인 인물들을 결집하여 민족운동을 저변으로 확산시키겠다는 것이었다. 물론 이러한 신문이나 잡지를 구독하거나 보조한 계층 모두가 민족운동에 적극성을 보였다고는 볼 수 없으나 적어도 이 부분에 대해 수동적(pasivní) 관심을 가진 것은 사실이었다. 그리고 이 당시 신문들은 민족운동이 전개된 대부분의 지역에서 적지 않은 역할도 담당했는데 그것은 이 매개체가 적지 않은 독자를 보유했다는 데서 기인된 것 같다. 그런데 신문의 이러한 위상 증대는 1820년대 말부터 도입되기 시작한 윤전기의 덕이라 하겠다.

보헤미아 박물관의 출판 의도는 1830년대에 접어들면서부터 가시적인 효과를 거두기 시작했다. 이에 따라 보헤미아 박물관지에 관여했던 인물들은 자신들이 설정한 목표를 보다 빨리 구체화하기 위해 1831년 1월 1일 마티체 체스카라는 독서협회도 결성했다.[1] 보헤미아 박물관의 부속 기구로 출발한 이 독서협회는 체코 문학을 활성화하는 작업에 적극적으로 참여했을 뿐만 아니라 체코 민족운동의 중추적인 역할도 점차 담당하게 되었다. 이 독서협회의 초대 의장으로 팔라츠키가 선출되었고, 이 협회 창설에 적극적으로 관여했던 프레슬(J. S. Precl)은 부의장으로 지명되었다. 이 당시 팔라츠키는 역사적·언어적 동질성하에서 민족적 개념을 정

---

1 그리스의 독립전쟁과 폴란드의 11월 폭동은 마티체 체스카의 결성에 큰 영향을 주었다.

립해야 한다는 관점을 가지고 있었다. 특히 그는 후스주의에서 언급된 초기 슬라브적 요소를 강조했고 슬라브 민족의 역사적 사명을 부각시켜 독일 민족과의 차별화도 모색했다. 이러한 팔라츠키의 역사관은 민족운동에 관심을 보인 시민 계층에게 정치적 자각 및 반독일 감정의 역사적 토대도 제공했다.

팔라츠키 이외에도 사파르지크, 하브리체크–보로프스키 등의 저명한 체코 인사들이 마티체 체스카에 참여했는데 그것은 이 독서협회가 당시 체코 지식인 사회에서 차지하는 위상과 지향 노선을 예측 가능하게 했다. 마티체 체스카의 편집진과 그것의 간행에 깊이 관여했던 인물들은 체코 민족이 처한 상황과 거기서 벗어나려는 시도, 즉 체코 민족의 자치권 쟁취에 대해 깊은 관심을 보인 인물들이었다. 이 당시 메테르니히는 비독일계 민족들이 그들의 특성, 즉 인종적, 문화적, 그리고 언어적 특성을 고집할 것이 아니라 독일 민족의 선진적 제 특성을 수용하여 '사회적 일체감(soziale Einheit)'을 조성해야 한다는 견해를 가지고 있었다. 따라서 그는 자신의 기본적 관점을 실천하기 위한 일련의 정책을 실시했다. 그러나 팔라츠키를 비롯한 마티체 체스카의 핵심 인물들은 메테르니히의 이러한 정책에 깊은 우려를 표명하면서 나아가 그것의 철폐도 주장했다.

마티체 체스카는 활동이 본격적인 궤도에 접어들면서부터 당시 지식인 사회에서 비교적 큰 영향력을 행사했던 『데디츠트비 스바토얀스케(Dědictví svatojánské, 성 요한의 유언)』라는 종교문학지와 차별화를 모색했다. 그 이유는 오스트리아 제국의 독일화 및 중앙 정책을 적극적으로 지지하던 이 종교문학지가 비독일계 민족의 관심사에는 관심을 보이지 않았기 때문이다.[2] 또한 마티체 체스카는 민족운동을 활성화하기 위한 방안

---

2 여기서 지식인 계층의 범주를 어떻게 설정해야 할까라는 문제점이 부각되는데 이것에 대한 정의는 학자들 간의 차이점으로 인해 쉽게 내릴 수 없다. 그럼에도 불구

으로 문학작품 및 역사서 출간에 주력했다. 그리고 이러한 출간에 필요한 재정적 부담은 민족운동에 관심을 보인 기부자들에게 전가시켰는데 그것은 이 독서협회가 독자적으로 문학작품 및 역사서를 출간할 만큼의 재정적 여력을 갖추지 못했기 때문이다. 마티체 체스카의 이러한 시도에 재정적 지원을 한 인물들의 목록은 정기적으로『보헤미아 박물관지』에 게재되었을 뿐만 아니라 그들의 직업과 사회적 지위 등도 자세히 언급되었다.

『보헤미아 박물관지』에 게재된 마티체 체스카에 대한 재정 지원자들의 직업과 사회적 지위를 분석한 결과 귀족 및 성직자 계층, 즉 구질서 체제의 특권 계층들이 민족운동의 초반부를 주도했지만 점차적으로 시민 계층과 대학생 들이 이들을 대신하여 민족운동을 이끌어나갔음을 확인할 수 있다. 그런데 이 당시 대학생들 모두가 민족운동에 대해 관심을 표명한 것은 아니었다. 신학이나 철학을 전공한 학생들은 민족운동에 대해 관심을 보였지만 의학이나 법학을 공부한 학생들은 그렇지 않았다. 즉 민족운

하고 이들 간의 주장에서 공통분모가 확인되는데 이것이 누구나 공감할 수 있는 정의가 될 수 있을 것이다. 블라하(A. Blaha)는 대학 수준 이상의 학력을 갖춘 사람들을 지식인 계층으로 간주할 수 있다는 견해를 제시했고, 체코의 역사가 흐로흐(M.Hroch) 역시 그러한 관점에 동의했다. 나아가 흐로흐는 지식인 계층을 구질서 체제와 연계된 계층(귀족 및 고위 관료), 자유업 종사자 및 소시민 계층(의사, 법률가, 예술가, 학자, 언론가, 상인, 수공업자), 그리고 하위 관료 계층, 교사, 대학생으로 세분했고 이 과정에서 지식인 계층을 주도하는 세력이 시간이 지남에 따라 달라진다는 사실도 밝혀냈다. 즉 그는 민족운동이 진행됨에 따라 구질서 체제와 연계된 계층을 대신하여 구질서 체제와 전혀 무관한 새로운 계층들, 즉 산업 혁명과 그것에 따른 자본주의 체제의 활성화 과정에서 생성된 계층들이 민족운동을 주도하게 되었다고 주장한 것이다. 최근 들어 볼렌베크(G. Bollenbeck)는 지식인 계층을 다음과 같이 정의하기도 했는데 그에 따를 경우 지식인 계층의 대다수가 민족의식(naáodní uvědomění)을 가졌다는 것이다. 그리고 이러한 민족의식은 소수 민족 내지는 피지배 민족의 지식인 계층에서 더욱 부각되는데 그러한 것은 이들이 제기한 '기존 질서 체제에 대한 의문 제기'에서 확인할 수 있다는 것이다.

동에 대한 관심도는 전공학과에 따라 큰 차이를 보였던 것이다. 그리고 대학생들의 참여가 증가한 이유로는 첫째, 이들이 민족 개념을 빨리 정립할 수 있었다는 것. 둘째, 이들이 민족운동에 적극적으로 참여할 수 있는 분위기 속에서 생활했다는 것을 들 수 있다. 또한 마티체 체스카에 대한 귀족 계층의 지지도가 시간이 지날수록 급격히 감소한 것을 확인할 수 있지만[3] 성직자 계층에서는 그러한 현상이 나타나지 않았다.[4] 이렇게 귀족 계층의 참여가 급속히 줄어든 이유로는 마티체 체스카가 초기에 표방한 보헤미아 주의를 견지하지 않고 점차적으로 체코적 요소를 부각시킨 데서 찾을 수 있을 것이다. 그리고 성직자 계층의 기부가 지속적으로 이루어진 것은 신교와 구교 간의 대립, 즉 종교적 측면에서 이해해야 할 것이다. 전통적으로 신교를 신봉한 보헤미아의 성직자들은 오스트리아 제국에 강한 반감을 가지고 있었다. 뿐만 아니라 이들은 오스트리아 제국 내에서 구교와 신교의 평등화 실현이 불가능하다는 확신도 가지고 있었다. 이러한 이유들로 성직자들은 민족운동에서 부각된 자치권에 대해 깊은 관심을 보였던 것이다. 그러나 이들이 생각한 자치권은 지역적인 성격에서 벗어나지 못했기 때문에 오스트리아 제국으로부터 보헤미아 지방을 독립시켜야 한다는 일부 선각자들의 주장과의 타협 가능성은 거의 없었다.[5]

---

3 1831년의 귀족 계층의 참여율은 13.5%이었다. 그러나 이러한 참여율은 시간이 지날수록 축소되었고 1847년에 이르러서는 불과 1.5%에 불과했다.

4 1847년의 성직자 계층의 참여율은 28%이었는데 그것은 1831년의 참여율보다 17% 정도 감소된 비율이었다. 이러한 감소에도 불구하고 성직자 계층은 마티체 체스카 후원회에서 우위를 주장할 수 있었지만 다음 해인 1848년, 즉 3월혁명 이후 그들의 우위권을 대학생들에게 넘겨주어야만 했다. 이후부터 이들의 참여율은 급격히 감소하였다.

5 일반적으로 기존의 질서 체제와 대립하는 정치적 목표들이 구체적으로 설정될 경우 성직자들은 민족운동에서 이탈하게 되는데 그러한 현상은 보헤미아 지방을 비롯한 동·중부 유럽에서 쉽게 확인되었다.

그리고 전체 기부자 중에서 차지하는 비율은 미미하지만 농민 및 노동자 계층이 1840년대에 접어들면서부터 민족운동에 대해 관심을 표명하고, 동참하기 시작했다는 것을 확인할 수 있었다.[6] 이러한 현상은 체코의 민족운동이 서서히 중기 단계를 벗어나고 있음을 알려주는 중요한 단서라 하겠다. 아울러 여기서 확인되는 것은 기부자의 수가 1839년부터 1841년까지 급격히 감소한 것인데 그것은 메테르니히 체제 말기에 진행된 강도 높은 반동적 민족 정책과도 무관하지 않을 것이다. 또한 이 시기의 경제적 침체 현상 역시 기부자 수를 급격히 감소시키는 요인으로 작용했을 것이다.

비록 마티체 체스카에 대한 재정 지원자들의 명단을 통해 당시 어떠한 계층이 민족운동에 대해 관심을 표명했는가를 확인할 수 있었지만 여기에는 다음의 간과할 수 없는 문제점들도 들어 있었다.

첫째, 마티체 체스카 기부자들 모두가 민족운동에 대해 관심을 가진 것이 아니라는 것이다. 이것은 오스트리아 제국, 특히 보헤미아 지방의 사회적 분위기를 파악한다면 쉽게 이해할 수 있을 것이다. 이 당시 상류계층의 인물들은 주변을 의식하는 경우가 많았는데 그러한 것은 마티체 체스카의 재정적 부담에도 그대로 반영되었다. 즉 민족운동에 관심을 보이지 않던 사람들도 주변을 의식하여 기부금을 냈고 이들 중의 일부는 저명한 민족주의자들과 더불어 민족의 선각자 내지는 추앙 대상이 될 수 있다는 점에 더 깊은 관심을 가졌다는 것이다.

둘째, 기부자들의 사회적 성분을 정확히 파악하기가 어렵다는 점이다. 마티체 체스카에 대한 기부금은 1년 단위로 모금되었고 그것의 최저 하한선은 50플로린(Florin)이었다. 그런데 당시의 경제적 상황을 고려할 때 일

---

6 체코 노동자들이 민족운동에 관심을 보이기 시작한 것은 보헤미아 지방의 산업화로 그들의 경제적 여건이 다소나마 호전되었기 때문이다.

반인들이 50플로린을 일시불로 낸다는 것은 거의 불가능했는데 이것은 이들의 연 수입이 20플로린을 넘지 못하는 경우가 많았기 때문이다. 물론 이러한 금액을 일시적으로 납부하는 계층도 있었지만 대다수의 기부자들은 당시 허용된 분납제를 채택했다. 이에 따라 일시에 완납한 기부자들은 '보헤미아 박물관지'에 단 1회 기재된 반면, 분납을 선택한 기부자들은 완납할 때까지 그들의 이름이 실리는 모순점을 가지게 되었던 것이다.

마티체 체스카의 활동이 본격화되면서 이 단체는 체코 민족의 장래를 거론하는 적극성도 보이기 시작했다. 즉 이 독서협회를 주도한 인물들은 그들 민족이 오스트리아 제국에서 자치권(samospráva)을 획득해야 한다는 입장을 밝혔는데 이것은 3월혁명(1848) 이후 체코 정치가들이 제시한 친오스트리아슬라브주의와도 맥을 같이 한다고 하겠다. 그러나 이들은 어떠한 방법으로 그러한 자치권을 획득할 것인가에 대해서는 구체적으로 언급하지는 않았다.

그런데 이 당시 헝가리 민족주의자들은 체코 민족주의자들의 이러한 시도에 대해 부정적인 시각을 표명했는데 그것은 그들이 지향한 완전 독립과 정면으로 대치되었기 때문이다. 특히 코슈트(L. Kossuth)는 당시 헝가리 민족주의지로 간주되던 『페슈트 히르럽(Pest Hirlap)』에서 체코 민족주의자들의 구상을 강력히 비난했다.[7]

---

7 일본에게 주권을 빼앗긴 이후 우리나라에서도 마티체 체스카의 활동과 유사한 활동들이 펼쳐졌는데 거기서는 강대국들의 도움보다는 가능한 한 빨리 민족적 역량을 증대시켜 국권 회복을 도모해야 한다는 주장이 제기되었다. 이에 따라 애국계몽 단체들이 등장하게 되었고 이들 단체들은 점차적으로 애국계몽 운동을 주도하는 주체적인 역할도 담당하게 되었다.

제 5 부

—

친오스트리아슬라브주의

제국 내에서 절대다수를 차지하던 슬라브 민족의 정치가들은
오스트리아 제국 해체에 동의하지 않았다. 오히려 이들은 오스트리아
제국의 존속을 인정하고 거기서 그동안 인정되지 않았던 민족적
자치권을 부여받으려고 했다. 그리고 이러한 방향을 주도한 인물은
오늘날 체코 민족의 국부(otec narodá)로 추앙받고 있는 팔라츠키였다.
팔라츠키와 그를 지지한 샤파르지크와 하브리체크-보로프스키 등은
기존의 질서 체제를 인정하고 거기서 민족적 자치권을 획득하려고
했는데 그것이 바로 친오스트리아슬라브주의(Austroslawismus)의
핵심적 내용이라고 하겠다.

1장 구오스트리아주의와 오스트리아적 대독일주의

마리아 테레지아 시기부터 본격적으로 추진된 중앙집권화 정책은 그녀의 후계자들에 의해 답습되었는데 여기서 이들은 오스트리아 왕국 내 비독일계 민족들에 대한 배려 정책을 등한시하는 등의 실수를 범했다. 그럼에도 불구하고 오스트리아 왕국에 대한 비독일계 민족들의 반발은 미미한 수준에서 벗어나지 못했는데 그 이유는 이들의 민족운동이 저변으로 확산되지 못했기 때문이다. 그러나 이러한 상황은 3월혁명(Märzrevolution, 1848)이 발발한 이후부터 급변하게 되는데 그것은 제국 내 비독일계 민족들인 체코 민족, 슬로바키아 민족, 슬로베니아 민족, 크로아티아 민족, 헝가리 민족, 폴란드 민족, 그리고 이탈리아 민족이 정치체제의 변경과 그것에 따른 제 민족의 법적 · 사회적 평등을 강력히 요구한 데서 비롯되었다. 이 당시 비독일계 민족의 선각자들과 추종 세력은 그들 민족이 처한 상황을 정확히 직시하고 있었다. 따라서 이들은 독일 민족과 그들 민족 간의 관계를 재정립해야 한다고 주장했을 뿐만 아니라 그러한 관점에 대한 빈 정부의 무관심한 태도에도 신랄한 비판을 가했다. 아울러 이들은 3월혁명의 제 요구, 즉 언론과 집회 및 결사의 자유, 일반 대의 기구의 소집, 배심원제의 도입, 강제 노역 및 농노제의 철폐, 종교의 자유, 그리고 조세제도의 개편 등이 절실히 필요하다는 주장도 펼쳤다. 이에 따라 오스트리아 제국은 독일권의 다른 국가들보다 어려운 상황에 놓이게 되었다. 뿐만 아니라 당시 독일의 통합 방안으로 등장한 대독일주의(Großdeutschtum)가 프랑크푸르트 국민의회(Frankfurter Nationalversammlung)에서 채택될 경우 필연적으로 야기될 오스트리아 제국의 해체 역시 빈 정부의 입지를 크게 위축시키는 요인으로 작용했다.[1] 그러나 빈 정부는 이러한 국내외적 문제들을 원만히 해결할 능력을 갖추지 못했을 뿐만 아니라 그 해결책 마련에도 소극적인 자세를 보였다. 상황이 이렇게 전개됨에 따라 제국 내 독일 정치가들은 그들 민족이 그동안 누려왔던 법적·사회적 특권을 보장받기 위한 방안이 무엇인가를 숙고하게 되었고 거기서 오스트리아 제국의 존속이 그들 민족의 우위권 보존과 직접적으로 연계된다는 사실도 알게 되었다. 따라서 이들은 오스트리아 제국 존속에 필요한 방안들을 모색했고 거기서 빈 회의(1815) 이후부터 논의되기 시작한 구오스트리아주의(Altösterreichertum)를 보다 체계화하려고 했다. 아울러 이들은 구오스트리아주의를 실제적 상황에 적용시킬 수 있는 방법도 강구하기 시작했다. 거의 같은 시점 대독일주의의 변형 이론으로 오스트리아적 대독일주의(Österreichisches Großdeutschtum)가 또 다른 해결 방안으로 대두되었는데 이것에 대한 제국 내 독일 정치가들의 관심 역시 높았다.

3월혁명이 발생한 이후 구오스트리아주의는 대독일주의를 지지하지 않았을 뿐만 아니라 오스트리아 제국을 혁명 이전의 메테르니히 체제로 복귀시켜야 한다는 입장도 분명히 밝혔다.[2] 아울러 구오스트리아주의는

---

1 프랑크푸르트 국민의회는 1848년 5월 18일부터 활동하기 시작했다.
2 구오스트리아주의는 메테르니히 체제가 적립된 1815년 이후부터 이론적으로 체계화되기 시작했다.

지금까지 오스트리아 제국이 독일권에서 행사한 주도권 역시 견지되어야 한다고도 주장했다. 이에 반해 오스트리아적 대독일주의는 메테르니히 체제의 재도입을 거부했을 뿐만 아니라 신생 독일에 오스트리아 제국의 일부만을 참여시킨다는 프랑크푸르트의 통합안에도 반대했다. 그렇지만 오스트리아적 대독일주의는 "지금까지 오스트리아 제국이 독일권에서 행사했던 주도권은 계속 견지해야 한다"고 주장하여 구오스트리아주의와 견해를 같이했는데 그러한 것은 구오스트리아주의와 오스트리아적 대독일주의가 당시 제국 내에서 제기되던 민족문제의 실상을 정확히 파악하지 못한 데서 비롯된 것 같다. 따라서 이들 양 주의를 추종했던 세력은 민족문제를 해결할 수 있는 대안 제시에 등한시하는 자세를 보였던 것이다.

3월혁명이 발발하기 직전인 1840년대 후반부터 구오스트리아주의자들은 제국 내 제 민족의 혈연적-언어적 특징을 어느 정도 인정해야만 오스트리아 제국의 존속이 가능하다는 것을 인지하게 되었고 그것의 실천에 대해서도 관심을 보였다. 따라서 이들은 제국 내 제 민족의 법적·사회적 평등화를 위해 노력했지만 그것은 오히려 각 민족의 지도자들로 하여금 빈 정부의 민족 정책을 비판하는 요인만을 제공했을 뿐이다. 왜냐하면 이들은 독일적 요소가 강조된 기본적 골격을 유지하면서 제 민족의 법적·사회적 평등, 즉 제한적인 평등만을 지향했기 때문이다. 실제적으로 구오스트리아주의자들은 제국 내 비독일계 민족들의 지방의회 구성을 허용하려고 했지만 이들은 지방의회가 중앙정부의 통제를 받아야 한다는 기존의 관점에서 이탈하지 않았다. 또한 이들은 국가 통치, 고등교육, 그리고 고등 예술의 효율화 및 발전을 위해 독일어가 제국 공용어로서 계속 사용되어야 한다는 입장도 포기하지 않았다. 따라서 구오스트리아주의는 메테르니히 체제의 모순점들이 구체적으로 노출되었음에도 불구하고 독일적 요소가 강조된 중앙주의적인 입장에서 거의 이탈하지 않는 실수를 저질렀던 것이다. 이러한 논리적 취약성 때문에 구오스트리아주의는 메테르니히 체제가 붕괴된 이후부터 소수 정치가들만이 그 정당성을 옹호하는 수세적 상황에 놓이게 되었다. 따라서 구오스트리아주의자들은 빈 정부가 자유주의 및 민족주의 원칙에 따라 제국 내 제 민족에게 폭넓은 자치권을 부여할 경우 이들 민족들을 효율적으로 제어할 방안이 없는 위기적 상황에 놓이게 되리라는 점을 부각시키는 데 주력했다. 또한 이들은 3월혁명 이후 수차례에 걸쳐 빈, 프라하, 그리고 부다(Buda)에서 개최된 정치 집회에 의도적으로 참석하지 않았다. 이러한 상황에서 구오스트리아주의자들은 언론이란 매체를 통해, 즉 간접적 방법을 통해 자신들 주장의 타당성을 제국 신민들에게 홍보하려고 했다. 이 당시 구오스트리아주의를 지지하던 티롤 출신의 페르탈러(H. Perthaler)는 1848년 3월 20일자 빈 신문에 「오스트리아 제국의 세계사적 의미에 대한 일고찰(Betrachtungen über die welthistorischen Bedeutung des österreichischen Kaiserstaates)」이라는 긴 제목의 기사를 투고했다. 여기서 그는 우선 제국의 신민들이 제국 내에서 확인되는 민족적 다양성과 거기서 비롯되는 민족적 분쟁 또는 대립들을 주시했음에도 불구하고 그것들의 해결책 제시에는 등한시했음을 지적했다. 이어 그는 이러한 소극적 자세가 비롯된 원인들에 대해서도 분석했는데 그것은 첫째, 제국의 신민들이 오스트리아 제국 이외의 다른 국가에서 동일한 상황을 확인하지 못했다는 것. 둘째, 그것의 해결에 필요한 방안을 강구할 경우 오히려 제국 통치에 부담이 된다는 확신을 이들이 가졌다는 것이다. 또한 페르탈러는 제국의 신민들이 오스트리아 제국에서 확인할 수 있는 세계사적 의미(Welthistorische Bedeutung)를 파악하지 못한 것에 대해서도 아쉬움을 토로했다. 즉 그는 신민들이 제국적 특색 속에서 '제 민족의 평화로운 공존'이 잉태될 수 있다는 사실을 인지하지 못한 것에 대해 유감을 표시했던 것이다.

이렇듯 오스트리아 제국 내에서 구오스트리아주의가 수세적 상황에서 벗어나지 못하고 있을 때 대독일주의가 지향하는 독일권의 통합 범위가 구체적으로 알려졌다. 이에 따라 제국 내 독일 정치가들은 그들의 입장을 명확히 밝혀야 했고 그 과정에서 오스트리아적 대독일주의가 등장하게 되었던 것이다. 그런데 오스트리아적 대독일주의의 추종 세력은 독일 연방을 토대로 한 프랑크푸르트의 통합 방안에 동의하지 않았다.[3] 이 당시 이들은 오스트리아 제국의 일부가 아닌 전체가 독일 통합에 참여해야 한다고 주장했는데 그것은 이러한 유형의 통합만이 제국 내에서 그동안 독

---

3 1814년 11월부터 1815년 1월까지 빈에서 개최된 회의에서 독일 연방(Der Deutsche Bund)의 구성은 가장 이견이 많았던 난제였다. 빈 회의가 소집되면서부터 독일 문제는 독일인에게 위임한다는 원칙하에 오스트리아·프로이센, 바이에른, 뷔르템베르크, 하노버의 대표로 독일위원회가 구성되었다. 그러나 이 위원회는 처음부터 난관에 봉착하여 5개월여 동안 회의조차 개최하지 못했다. 회의에 참여한 대부분의 대표들은 대륙의 안정을 위해 '독일 문제'의 원만한 해결이 필수불가결하다는 인식을 하고 있었지만, 그것은 규모, 영역, 방식에서 수많은 논쟁이 동반될 수밖에 없었다. 열강들 중에서 비교적 규모가 작았던 프로이센은 빈 회의를 통해 자신들의 위상을 증대시켜야 한다는 관점을 가지고 있었으나 독일위원회에 참석한 다른 국가들은 프로이센의 그러한 의도에 동의하지 않았다. 결국 영국 정치가 캐슬레이(Castlereagh)의 주선으로 메테르니히는 자신이 제안한 영방 조직안을 1815년 6월 8일 독일위원회에서 통과시킬 수 있었다. 이로써 나폴레옹(Napoleon) 전쟁 이전에 시행되었던 신성 로마 제국의 해체가 재확인되었고 34개의 군주와 4개의 자유시로 구성된 독일 연방이 탄생하게 되었다. 독일 연방에 참여한 모든 국가들은 주권을 가진 자주국가라는 것이 명문화되었으며, 영방에는 프로이센과 오스트리아 황제 이외에 홀슈타인(Holstein)의 덴마크 왕, 네덜란드 왕, 룩셈부르크 공작과 같은 독립국가들의 군주들도 동등한 자격으로 참여할 수 있다는 것도 명시되었다. 그리고 이들 국가 간에는 상호 군사적 독립성이 보장되었다. 그러나 어떠한 형태의 내부적 무력 사용도 불허되었고 외부적 침략이 있을 경우 상호 지원해야 한다는 것도 명시되었다. 따라서 독일 연방은 국가수반도, 행정기구나 집행기구도, 공통적인 법체계도, 공통적인 공민권도 없었다. 이후부터 오스트리아는 자유주의 사상과 민족주의 정신을 거부했을 뿐만 아니라 독일 연방 내에서 중소 국가에 대한 영향력 증대에도 주력했다. 그러나 프로이센은 독일 영내에서 오스트리아의 우위를 인정하지 않으려고 했다.

일 민족이 누려온 법적·사회적 우위를 계속 유지할 수 있다는 확신에서 비롯된 것 같다. 아울러 이들은 당시 슬라브 정치가들, 특히 체코 정치가들이 요구했던 연방체제(Federální systém ; federacesystém)의 도입에도 부정적이었는데 그것은 이러한 체제의 도입으로 그들 민족의 위상이 크게 격하될 수 있다는 판단에서 비롯된 것 같다. 따라서 이들은 제국 내 비독일계 민족에게 제한적 자치권만을 부여해야 한다는 견해를 제시했던 것이다. 슬라브 민족에 대한 오스트리아적 대독일주의자들의 이러한 자세는 이들이 슬라브 민족의 상황을 정확히 파악한 데서 비롯된 것 같다. 즉 이들은 슬라브 민족이 오스트리아 제국을 이탈하여 러시아의 범슬라브주의 정책에 따라 러시아의 지배하에 놓일 때 그들의 법적·사회적 지위가 이전보다 훨씬 열악해지리라는 것을 인지했던 것이다. 또한 이들은 오스트리아 제국이 독일의 통합 과정에서 주도적 역할을 담당해야 한다는 입장을 표명하여 프랑크푸르트 국민의회에서 이해되던 대독일주의와 근본적으로 시각을 달리했다.[4]

프랑크푸르트적 대독일주의에 대한 보충 내지는 반발 대안으로 오스트리아적 대독일주의가 오스트리아 제국 내에서 제기되고 프랑크푸르트 국민의회에 참석한 오스트리아 출신 의원들이 그것에 따른 통일을 추진함에 따라 비오스트리아 지역 출신 의원들은 강력히 반발하고 나섰다.[5] 이들은 독일 통합을 위해 오스트리아 제국이 희생되어야 한다고 주장하기

---

4 일반적으로 오스트리아 역사가들은 오스트리아적 대독일주의의 당위성을 부각시킨 반면, 독일 및 체코 역사가들은 그러한 관점에 동의하지 않았다.

5 거의 같은 시점 보헤미아 지방의 독일 정치가들 역시 그들이 19세기 초반부터 강조했던 보헤미아주의를 실제적 상황에 적용시키려고 했다. 그런데 이러한 주의를 이론적으로 체계화한 인물은 프라하 대학의 볼차노 교수였는데 그것은 그가 1848년 4월에 행한 연설에서 보헤미아주의의 핵심적 내용을 체계적으로 언급한 데서 확인할 수 있다.

시작했고, 프랑크푸르트 국민의회가 오스트리아 제국을 해체시키는 데 주도적인 역할을 담당해야 한다는 견해도 제시했다. 즉, 프랑크푸르트 국민의회의 견해는 헝가리를 오스트리아 제국의 지배로부터 벗어나게 하고, 롬바르디아(Lombardo)와 베네치아를 이탈리아의 혁명 세력에게 이양하고, 갈리치아(Galicia ; Galicja)를 새로이 통합될 폴란드에 할양할 수 있게끔 정책적 배려를 해야 한다는 것이었다.[6] 그러나 이러한 제안은 프랑크푸르트 국민의회에서 공식적으로 채택되지 않았는데 그 이유는 대다수의 의원들이 기존 질서 체제와의 타협을 통해 독일권을 통합시켜야 한다는 견해를 가졌기 때문이다. 그렇지만 이러한 견해 역시 점차적으로 국민의회 내에서 지지 세력을 상실하게 되었다.

이후부터 프랑크푸르트 국민의회는 독일 연방을 토대로 한 대독일주의보다 오스트리아 제국을 배제시킨, 즉 프로이센 주도로 독일권을 통합시켜야 한다는 소독일주의(Kleindeutschtum ; malé němectvi)에 관심을 보였고 그것을 실천시키기 위한 방안도 강구했다.

오스트리아 제국에서 3월혁명이 발생한 이후 제국 내 독일 정치가들이 제시한 구오스트리아주의와 오스트리아적 대독일주의는 공통의 목적을 지향했는데 그것은 독일 민족이 제국 내에서 가졌던 기득권을 계속 유지시키는 것이었다. 이를 위해 양 주의를 추종한 세력은 당시 제국 내에서 부각된 민족문제의 심각성을 등한시하는 실수를 범했고 이것은 제국의 상황을 이전보다 더욱 어렵게 하는 요인으로도 작용했다.

일반적으로 어떤 국가나 사회에서 제기되거나 해결해야 할 중차대한 문제가 어느 특정 계층이나 집단의 일방적 의도에 따라 처리될 경우 국가 및 사회 구성원들은 거기서 비롯되는 후유증에 시달리게 되는 경우가 많

---

6 갈리치아는 현재의 우크라이나 서부와 폴란드 남동부에 걸쳐 있었다.

다. 따라서 국가의 존속이나 이익에 연계되는 중요한 문제점들은 그 해결책 마련에 앞서 사회 구성원의 보편적 지지를 얻어내는 것이 우선적으로 요구된다고 하겠다.

2장 친오스트리아슬라브주의의 등장과 지향 목표

오스트리아 왕국은 16세기 초반 체코-헝가리 왕국을 자국에 편입시킴에 따라 다민족국가 체제로 변형되었다. 이후부터 이 왕국에서 제기되었던 민족문제, 특히 비독일계 민족에 대한 법적·사회적 불평등 문제는 3월혁명이 발생할 때까지 사회적 관심 대상에서 배제된 상태였다. 그러나 이러한 상황은 3월혁명이 발생한 이후 바뀌게 되었다. 이제 비독일계 민족의 정치가들은 민족문제에 관심을 표명하게 되었고 그것을 해결할 수 있는 방안에 대해서도 구체적으로 논의하는 등의 적극성을 보이기 시작했다. 그렇지만 각 민족의 정치가들은 민족문제를 해결하는 방법에 대해서는 견해를 달리했다. 코슈트를 비롯한 헝가리 정치가들은 헝가리를 오스트리아 제국으로부터 이탈시키려고 했지만 제국 내에서 절대다수를 차지하던 슬라브 민족의 정치가들은 그러한 방법에 동의하지 않았다. 오히려 이들은 오스트리아 제국의 존속을 인정하고 거기서 그동안 인정되지 않았던 민족적 자치권을 부여받으려고 했다. 그리고 이러한 방향을 주도한 인물은 오늘날 체코 민족의 국부(otec narodá)로 추앙받고 있는 팔라츠키였다. 팔라츠키와 그를 지지한 샤파르지크와 하브리체크-보로프스키

163

등은 기존의 질서 체제를 인정하고 거기서 민족적 자치권을 획득하려고 했는데 그것이 바로 친오스트리아슬라브주의(Austroslawismus)의 핵심적 내용이라고 하겠다.

그런데 이러한 주의를 오스트리아 왕국에서 최초로 제시한 인물은 도브로프스키(J. Dobrovský)였다. 그는 1791년 9월 25일 오스트리아 국왕 레오폴드 2세(Leopold II, 1790~1792)의 보헤미아 왕위 계승을 축하하면서 오스트리아 왕국에 대한 왕국 내 슬라브 민족의 충성 및 헌신을 강조했다(*O stálé věrnosti, kterouž se národ slovanský domu rakouského po všechen čas přidržel*). 아울러 그는 체코어가 보헤미아 지방에서 다시 사회 공용어가 되어야 한다는, 즉 학교와 법정에서 사용되어야 한다는 견해도 밝혔는데 그것은 그가 문화적 측면에서의 자치권 획득을 지향했기 때문이다.[1] 도브로프스키의 이러한 관점에 보헤미아 지방의 귀족들 역시 지지 의사를 밝혔는데 그 이유는 이들 역시 문화적 측면에서의 자치권 허용이 필요하다는 인식을 가졌기 때문이다. 이 당시 보헤미아 귀족들은 빈 정부의 중앙 정책에 매우 비판적이었는데 그 이유는 이 정책으로 그들의 고유 권한들이 박탈 내지는 축소되었기 때문이다. 점차적으로 이들은 자신들의 고유 권한들을 유지하기 위한 방안을 모색했고 거기서 역사라는 학문을 활용하기로 했다. 즉 이들은 역사 속에서 자신들의 권한 유지에 필요한 당위

---

1 이 당시 다른 학자들과 마찬가지로 도브로프스키 역시 보헤미아 귀족들로부터 재정적 지원을 받았다. 그는 레오폴드 2세와의 대담에서 빈 정부의 중앙 정책, 특히 문화적 측면에서의 독일화 정책에서 비롯되는 문제점들을 지적했을 뿐만 아니라 그것들의 개선에 필요한 방안들에 대해서도 구체적으로 언급했다. 레오폴드 2세가 도브로프스키 건의에 대해 어떠한 반응을 보였는지는 확인되고 있지 않다. 슬로베니아의 코피타르(J. Kopitar) 역시 빈 정부가 문화적 자치권을 보장한다면 오스트리아 제국의 존속을 인정하겠다는 자세를 보였는데 그러한 관점은 도브로프스키의 기본적인 관점과 맥을 같이한다 하겠다.

성을 찾고자 했고 그러한 과제를 보헤
미아 지식인들, 특히 체코 지식인들에
게 위임했다. 이러한 과제를 부여받은
체코 지식인들은 역사뿐만 아니라 언
어의 정화에도 관심을 표명했는데 그
러한 것들은 문화적 측면에서 지향되
었던 자치권 획득의 핵심적 사안들이
라 하겠다. 따라서 이들은 자치권 허용
에서 파생될 수 있는 이점들을 구체적
으로 명시한 청원서를 빈 정부에 제출
했다.[2]

도브로프스키(J. Dobrovský)

　이후부터 도브로프스키는 왕국 내 슬라브 민족들이 결속하기 위해서는
그들 간의 문학적 또는 학술적 교류가 필요하다는 인식을 하게 되었고 그
것을 가시화하기 위해 학술 잡지도 간행하려고 했다. 이에 따라 1792년
초부터 『슬라빈(Slavin, 슬라브인)』이라는 학술지가 간행되기 시작했고 거
기서는 왜 남슬라브 민족들이 오스트리아 왕국에 호감을 가져야 하는가
가 집중적으로 거론되었다. 아울러 이 학술지는 왕국 이외의 지역에 살던
슬라브인들 역시 오스트리아 왕국의 중요성을 인식해야 한다는 주장을
펼치기도 했다. 여기서 오스트리아 왕국에 대한 슬라브인들의 자세 변화
는 전적으로 왕국의 민족 정책 변화에 달려 있다는 도브로프스키의 전제
적 관점이 부각되었는데 그것은 그가 남슬라브 민족들과 국경을 접하고
있는 러시아의 세력 확장이 오스트리아 왕국에 위해적 요소로 작용될 수
있다는 판단과 빈 정부 역시 그러한 상황을 도외시하지 않을 것이라는 예

2　당시 보헤미아 귀족 사회에서 영향력을 행사하던 툰(L. Thun)이 청원서작성에서
　주도적 역할을 담당했다.

측에서 비롯된 것 같다. 폐간될 때까지『슬라빈』은 남슬라브 지역에서 출간되는 간행물들의 교환과 교육적 환경 개선에 필요한 제안들을 제시하는 데 주력했고 그것은 왕국 내 슬라브인들의 결속을 유발시키는 요인으로도 작용했다.

그러나 도브로프스키의 친오스트리아슬라브주의는 1840년대에 접어들면서 지지 세력을 점차 상실하게 되었는데 그것은 정치적 요소를 친오스트리아슬라브주의에 가미해야 한다는 주장이 제기된 것과 그러한 견해에 동조하는 세력이 증대된 데서 비롯된 것 같다.[3] 이 당시 체코의 민족운동을 주도한 팔라츠키, 샤파르지크, 그리고 하브리체크-보로프스키 등은 도브로프스키와는 달리 슬라브 민족의 법적·사회적 평등이 왜 필요한가를 부각시키는 데 주저하지 않았다. 특히 팔라츠키는 오스트리아 제국의 존속을 인정하는 대신 슬라브 민족의 법적·사회적 평등을 보장할 수 있는 정치체제, 즉 연방체제의 도입을 강력히 요구했다. 이 당시 중부 유럽의 상황을 정확히 파악한 팔라츠키는 제국 내 슬라브 민족들의 독립 시도에 부정적인 시각을 표출하는 데 주저하지 않았다. 그럼에도 불구하고 그는 슬라브 민족들의 독립을 완전히 배제하지는 않았는데 그러한 것은 그가 이들 민족이 독립국가를 유지하는 데 필요한 제 능력을 갖출 경우 독립 역시 모색할 수 있다는 견해를 제시한 데서 확인할 수 있다.[4]

이후부터 체코와 독일 역사가들은 도브로프스키의 친오스트리아슬라

---

3 이러한 성향은 흐로흐가 자신의 저서에서 언급한 오스트리아 제국 내 비독일계 민족, 특히 슬라브 민족의 민족운동 단계와 연계시킬 수 있을 것이다. 흐로흐의 견해에 따를 경우 체코 민족의 민족운동은 이미 초기 단계(문화적 자치권 획득을 지향)를 벗어나 중기 단계(정치적 자치권 획득을 지향)로 진입했음을 알 수 있다.

4 팔라츠키는 제국 내 슬라브 민족들이 독립국가를 유지하는 데 필요한 능력을 갖추기 위해서는 적지 않은 시간이 필요하다는 것을 잘 알고 있었다. 따라서 그는 슬라브 제 민족의 독립을 미래 과제로 인식했다.

브주의와 팔라츠키의 친오스트리아슬라브주의 사이에서 확인되는 차이점을 심도 있게 연구했을 뿐만 아니라 그것에 따른 내용 구분도 시도했다. 노바크(M. Novák)는 도브로프스키의 친오스트리아적 성향을 '봉건적 친오스트리아슬라브주의' 또는 '보수적 친오스트리아슬라브주의', 팔라츠키의 친오스트리아적 성향을 '진보적 친오스트리아슬라브주의' 또는 '정치적 친오스트리아슬라브주의'로 분류했다. 샴베르게르(Z. Šamberger), 모리트쉬(A. Moritsch), 빈터(E. Winter), 볼만(F. Wollman), 그리고 바브라 (J. Vávra) 등도 연구 및 분류 작업에 참여했다. 이들은 도브로프스키의 친오스트리아슬라브주의를 '본래적 친오스트리아슬라브주의', 팔라츠키의 친오스트리아슬라브주의를 '전략적 친오스트리아슬라브주의'로 정의했다. 특히 모리트쉬는 팔라츠키가 연방체제의 도입을 지향했기 때문에 그의 친오스트리아슬라브주의를 친오스트리아연방주의로 간주해도 된다는 견해를 제시하기도 했다.[5]

---

5 그런데 일부 학자들은 팔라츠키의 '친오스트리아슬라브주의'가 과연 독창적이었을까라는 의문을 제기했다. 우선 1928년 스르비크(H.R. v. Srbik)는 저명인사들의 정치적 관점 내지는 이론을 연구하면서 팔라츠키의 명제가 과연 독자적으로 작성되었는가에 대해 이의를 제기했다. 스르비크는 자신의 논문에서 팔라츠키의 주장이 볼테르(Voltaire)에서 비롯되었다고 주장했다. 즉 그는 팔라츠키가 자신의 오스트리아 명제에서 언급한 "오스트리아 제국이 존재하지 않았다면 가능한 한 빨리 그러한 국가가 창출될 수 있게끔 노력해야 할 것이다"는 볼테르의 "만일 신이 존재하지 않을 경우 사람들은 그를 찾아내야 할 것이다(Si Dieu n'exitait pas, il faudrait l'inventer)"라는 문구에서 비롯되었다는 견해를 제시했다. 슬로바키아의 저명한 역사가였던 라판트(D. Rapant) 역시 1937년 자신의 저서인 『1848년의 슬로바키아 폭동사』 제1권에서 같은 맥락의 이의를 제기했다. 즉 그는 슈바르체르가 자신이 발간하던 오스트리아 신문에서 팔라츠키가 언급한 것과 유사한 내용을 기사화했음을 밝혔다. 실제적으로 슈바르체르는 1848년 3월 30일자 신문에서 "진실로 세계사가 우리의 거대하고, 축복받을 조국에 통합 제국 건설을 허용하지 않았다면 사람들은 가능한 한 빨리 그러한 제국이 등장될 수 있게끔 노력해야 할 것이다"라

167

고 언급했는데 그것은 오스트리아 제국의 존속 필요성을 부각시키려는 의도에서
비롯된 것이라 하겠다. 영국의 역사가였던 매카트니(C.A. Macartney)는 1969년
티롤의 언론인이었던 페르탈러가 빈 신문에 투고한 「오스트리아 제국의 세계사적
의미에 대한 일고찰」이라는 기사에서 팔라츠키의 명제와 맥을 같이하는 내용이 확
인된다고 주장했다. 독일권을 통합시켜야 한다는 움직임이 가시화됨에 따라 오스
트리아 제국 내 슬라브 지식인들도 슬라브 세계의 결집 필요성을 인식하기 시작했
다. 이러한 상황에서 체코의 역사가였던 팔라츠키가 1848년 4월 11일 프랑크푸르
트 예비의회(Frankfurter Vorparlament)로부터의 제의, 즉 체코 민족의 대표로 독일
통합 간담회에 참석해달라는 요청을 거절하는 과정에서 자신이 지향한 친오스트
리아슬라브주의를 공식적으로 표명했다.

3장 프랑크푸르트 예비의회에 보내는
팔라츠키의 거절 편지

3월혁명이 일어난 이후 독일권을 통합시켜야 한다는 움직임이 가시화됨에 따라 오스트리아 제국 내 슬라브 지식인들, 특히 체코 지식인들 역시 슬라브 세계의 결집 필요성을 인식하기 시작했다.[1] 이러한 상황에서 팔라츠키는 1848년 4월 11일 프랑크푸르트 예비의회(Frankfurter Vorparlament)로부터의 제의, 즉 체코 민족의 대표로 독일 통합 간담회에 참석해 달라는 요청을 거절하면서 자신이 지향하던 친오스트리아슬라브주의를 공식적으로 표명했다.

친오스트리아슬라브주의적 관점에서 작성한 거절 편지에서 팔라츠키

---

1   팔라츠키를 비롯한 체코 정치가들은 3월혁명이 발발하기 직전, 즉 3월 11일에 프라하의 스바토바츨라프스케 라즈네(Svatováclavské lázně)에 모여 빈 정부에게 보내는 청원서를 작성했다. 여기서는 언론 및 집회의 자유, 일반 대의 기구의 설립, 배심원제의 도입, 강제 노역 및 농노제의 철폐, 종교의 자유 보장, 조세제도의 개편과 병역 의무 기간의 단축 등이 거론되었다. 이외에도 청원서에서는 학교 및 관공서에서 체코어가 독일어와 같이 동등하게 사용되어야 한다는 요구와 체코 왕국에 속했던 지방들을 대표할 의회 구성이 필요하다는 내용이 들어 있었다.

는 체코 민족이 신생 독일에 참여할 경우 오스트리아 제국 내에서 그들이
그동안 누린 법적·사회적 지위마저 잃게 되리라는 것을 언급했다. 이러
한 그의 판단은 보헤미아 지방에서 체코 민족이 독일 민족보다 수적으로
우세하다는 것과 제국 내 다른 슬라브 민족과의 유대 관계가 신생 독일에
서는 불가능하다는 사실에 기인한 것 같다. 따라서 그는 거절 편지에서 빈
정부의 중앙집권 체제에 불만을 가진 제국 내 슬라브 민족들이 독일 민족
처럼 독립을 지향할 경우, 그것은 불가능하고, 무모한 행위에 불과하다는
견해를 제시했던 것이다.[2] 이 당시 팔라츠키는 러시아가 유럽의 북부 지
역에서 시도했던 것과 마찬가지로 유럽의 남부 지역에서도 세력 확장을
모색하고 있다는 사실을 잘 알고 있었다. 그리고 그는 러시아가 이러한 시
도를 통해 보편왕조(univerzální monarchie)를 건설하려고 한다는 것과 그
러한 왕조가 향후 많은 재앙을 유발시키리라는 것도 예측했다.[3] 여기서
팔라츠키는 이러한 표명으로 자신이 러시아에서 반러시아적 인물로 부각
될 수 있음을 잘 알고 있었지만 그는 그러한 것에 전혀 개의치 않았다.[4]

팔라츠키는 러시아의 이러한 야욕에도 불구하고 슬라브 민족들이 민족

---

2 이 당시 보헤미아 지방의 전체 인구(4,355,000명)에서 체코인들이 차지하는 비율
  은 58%(2,527,000명)였고 독일인들의 비율은 이보다 적은 42%(1,828,000명)에 불
  과했다. 체코 민족의 완전한 독립 시도가 무모한 행위라는 팔라츠키의 견해에 대
  해 당시 그의 대변인 역할을 담당했던 하브리체크-보로프스키 역시 동의했다.
3 팔라츠키가 여기서 언급한 보편 왕조는 범슬라브주의에 입각한 왕조라 하겠다.
4 이 당시 셸링(Schelling)과 샤토브리앙(Chateaubriand), 그리고 드 메스트로(de
  Maistre)의 민족주의 이론을 수용한 아카사코프(I. Akasakov), 카트코프(M.N. Kat-
  kow), 그리고 포고진(M. Pogodin)은 범슬라브주의의 기본적 구도를 제시했었다.
  이들은 러시아의 주도로 슬라브 제 민족의 통합이 이루어져야 한다고 주장했을 뿐
  만 아니라 슬라브 제 민족의 언어, 풍습, 그리고 종교를 인정해서는 안 된다는 관
  점도 피력했다. 러시아의 위정자 및 그의 추종 세력들은 이러한 관점에 전적으로
  동의했다.

주의 원칙에 따라 오스트리아 제국을 이탈하여 독립국가를 형성할 경우 과연 그러한 국가들이 얼마나 오랫동안 지속될 수 있을지에 대해 강한 의구심도 제기했는데 그것은 그가 러시아의 범슬라브주의와 그것에 따른 슬라브 세계의 통합 시도를 의식했기 때문이다. 즉 팔라츠키는 니콜라이 1세를 비롯한 러시아의 핵심 세력들이 즉시 이들 국가들을 러시아에 병합시키려 할 것이고, 병합

팔라츠키(F. Palacký)

된 이후 이들은 더욱 열악한 상황에서 살아나가야 한다는 것을 인지했던 것이다. 이 당시 팔라츠키는 러시아의 경직된 지배 구조와 거기서 파생될 수 있는 문제점들을 잘 알고 있었던 것이다. 아울러 그는 슬라브 세계의 통합이 이루어진다 하더라도 러시아의 경제적 낙후성으로 인해 비러시아 계통의 슬라브인들의 생활수준은 이전보다 훨씬 낮아지리라는 사실도 파악하고 있었다. 따라서 팔라츠키는 자신의 편지에서 제국 내 슬라브 민족들이 주어진 체제를 인정하고 거기서 그들의 민족성을 보존하면서 권익 향상을 점차적으로 도모하는 것이 최선의 방법이라는 견해를 제시했던 것이다.[5]

아울러 그는 슬라브 민족들이 기존의 통치 방식 대신에 제국 내 제 민

---

5 팔라츠키는 거절 편지에서 민족을 정치적 골격 내지는 국가 발전의 중요 인자로 간주했다. 아울러 그가 기존의 질서 체제를 인정하려고 했던 것은 그 자신이 자유주의를 신봉했기 때문이다.

　팔라츠키의 친오스트리아슬라브주의는 20세기 초의 체코 정치가들, 즉 마사리크(Masaryk)와 슈메랄(Šumeral)의 정치 활동에서 다시금 부각되었다.

족의 법적·사회적 평등을 가져다줄 수 있는 연방체제의 도입을 빈 정부에 강력히 촉구해야 한다는 주장도 했다.[6] 그런데 팔라츠키가 구상한 연방체제의 근간은 미합중국 및 벨기에에서 시행된 제도에서 찾을 수 있는데 그것은 양국의 연방체제에 대한 자신의 긍정적인 입장에서 비롯된 것 같다. 이 당시 팔라츠키는 중앙정부의 권한과 지방정부의 권한을 구분해야 한다는 생각을 가지고 있었다. 그에 따를 경우 중앙정부는 제국 존속에 절대적으로 필요한 제 권한, 즉 외교권, 국방권, 그리고 교통권만을 가지고 여타의 권한들은 지방정부에 위임해야 한다는 것이다.[7]

현 체제와의 협상을 요구한 팔라츠키의 이러한 자세는 빈 정부가 제국 내에서 슬라브 민족들이 차지하는 비율을 직시해야 한다는 것과 그동안 등한시했던 이들의 법적·사회적 지위 향상이 얼마나 중요하고, 필요한가를 인식해야 한다는 묵시적인 강요도 내포되었다고 하겠다.[8]

---

6 이 당시 팔라츠키는 오스트리아 제국의 일부가 포함된 통합 방안, 즉 대독일주의의 가시화에 깊은 우려를 표명했다. 따라서 그는 대독일주의를 지지하던 제국 내 독일인을 비난하는 데 주저하지 않았다.

7 미국의 연방헌법은 연방주의론과 주권론이 적절히 반영된 타협의 소산이었다. 입법·사법·행정의 3권분립으로 권력의 견제와 균형이 이루어졌는데 그것은 의회가 법률 제정, 대통령이 그 시행과 적용, 법정이 그 해석을 담당한 것에서 확인된다. 화폐 주조권·관세 징수권·외교권을 제외한 여타의 권한들은 지방정부로 이양되었다.

벨기에인들은 1830년 7월 프랑스에서 발생한 혁명의 영향을 받아 같은 해 10월 네덜란드의 지배로부터 벗어나려는 독립운동을 전개했고, 그것은 다음 해 7월 결실을 맺을 수 있었다. 독립을 쟁취한 벨기에인들은 1831년 8월 당시 유럽에서 가장 진보적인 헌법을 제정했다. 아울러 이들은 그들 국가의 민족문제를 원만히 해결하기 위한 방안 마련에 심혈을 기울였고 거기서 중앙정부와 지방정부의 권한을 구체적으로 명시한 연방체제의 도입도 결정했다.

8 여기서 팔라츠키는 자연법(přírodní zákon)을 거론하면서 빈 정부의 정책을 우회적으로 비판했다.

또한 팔라츠키는 거절 편지에서 독일 통합은 오스트리아 제국을 배제시킨 소독일주의 원칙에 따라 이루어져야 한다고 주장했고 오스트리아 제국은 그렇게 형성된 '신독일(Neues Deutschland)'과 공수동맹 체제를 구축하여 러시아의 팽창 정책에 대응해야 한다는 입장도 밝혔다. 아울러 그는 오스트리아 제국이 이 동맹 체제를 기초로 한 유럽의 질서 체제 유지에 적극적으로 참여해야 한다고 역설했다. 팔라츠키는 이러한 공수동맹 체제의 구성이 불가능할 경우 양국의 경제적 관심을 보장하고, 증대시키는 관세동맹 체제의 구축이 절대적으로 필요하다는 관점을 피력했는데 그러한 것은 오스트리아 제국이 단독으로 러시아의 의도를 저지할 수 있다는 확신에서 비롯된 것 같다.[9]

---

9 팔라츠키의 친오스트리아슬라브주의가 제국 내에 알려짐에 따라 제국 내 독일 정치가들은 팔라츠키의 견해에 동의하지 않았는데 그것은 오스트리아 제국에 연방체제를 도입시킬 경우 그동안 그들이 향유했던 기득권 및 주도권이 상실되리라는 것과 오스트리아 제국이 슬라브적 색채가 강조된 국가로 변모될 수밖에 없다는 것을 인지했기 때문이다. 이후부터 이들은 팔라츠키와 그의 추종 세력이 강조한 친오스트리아슬라브주의가 가지는 모순 내지는 문제점들을 부각시키는 데 주력했다. 우선 저명한 역사가였던 스프링거(A. Springer)는 팔라츠키와 그의 측근들이 슬라브 민족, 특히 체코 민족에게 새롭게 가해지던 민족적 압박을 완화하기 위해 친오스트리아슬라브주의적 관점을 제시했다고 주장했다. 여기서 그는 이들이 오스트리아 제국과 통합 독일 사이의 협력적 관계에서 파생될 수 있는 이점들, 즉 관세, 재정, 그리고 군사적 측면에서의 이점들을 긍정적으로 묘사한 이유 및 배경들에 대해 분석했다. 그의 분석에 따를 경우 오스트리아 제국만이 러시아의 위협으로부터 슬라브 민족들을 보호할 수 있다는 현실적 상황이 이들 인물들의 판단 및 결정에 적지 않은 영향을 주었다는 것이다. 국민경제학자였던 크로이츠베르크(K.J. Kreutzberg)는 친오스트리아슬라브주의를 경제적 측면에서 분석했다. 보헤미아 지방의 경제적 발전에 깊은 관심을 가졌던 팔라츠키와 그의 측근들이 그러한 발전을 중단 또는 저해시킬 수 있는 프랑크푸르트 안에 동조할 필요가 없었다는 것이 바로 그의 분석이었다. 마이스너(A. Meissner), 그라저(R. Graser), 라우베(H. Laube), 그리고 레젤(W.Z. Ressel) 등도 친오스트리아슬라브주의자들의 관점을

비난했는데 그 강도는 위에서 언급한 인물들의 그것보다 훨씬 강했다. 마이스너
는 독일 민족과 체코 민족의 평화적 공존이 친오스트리아슬라브주의자들의 구상
으로 파괴될 수 있다는 견해를 밝혔고, 그라저는 오스트리아 제국이 서슬라브 제
국으로 변형('Österreich zu einem westslawischen Reich umzugestalten')되리라는 예상
을 했다. 라우베와 레겔 역시 친오스트리아슬라브주의자들의 견해에 반박하면서
체코인들은 민족 단위체가 아니었고 앞으로도 그러한 단위체(die Tschechen waren
kein Volk und könnten auch nie eines sein')가 될 수 없다는 주장을 펼쳤다. 이러한 독
일 정치가들의 반발에도 불구하고 팔라츠키를 비롯한 슬라브 정치가들은 자신들
의 주장을 견지했는데 그것은 이들이 정치적 경험을 가지지 못한 데서 비롯된 것
같다. 만일 이들이 정치적 경험을 가졌다면 이들은 당시의 상황을 고려한 타협안
내지는 양보안을 제시하여 자신들의 정치적 목표를 부분적이나마 실현시키려는
노력을 기울였을 것이다.

제6부

—

3월혁명(1848)

3월혁명이 발생한 이후 오스트리아 제국 내 슬라브 정치가들은
제국의 적지 않은 지역, 즉 독일 연방에 포함된 지역들이 통합
독일에 편입되는 것과 거기서 비롯될 오스트리아 제국의 붕괴를
가장 우려하고 있었다. 그 이유는 이들이 통합 독일에서 그들
민족의 법적 · 사회적 지위가 향상되지 않고 오히려 격하될
가능성이 많다는 것을 예견했기 때문이다. 따라서 이들은 제국
존속을 그들의 최우선 정책 내지는 과제로 삼게 되었다.

1장 프라하 슬라브 민족회의

3월혁명(1848)이 발생한 이후 오스트리아 제국 내 슬라브 정치가들은 제국의 적지 않은 지역, 즉 독일 연방에 포함된 지역들이 통합 독일에 편입되는 것과 거기서 비롯될 오스트리아 제국의 붕괴를 가장 우려하고 있었다. 그 이유는 이들이 통합 독일에서 그들 민족의 법적·사회적 지위가 향상되지 않고 오히려 격하될 가능성이 많다는 것을 예견했기 때문이다. 따라서 이들은 제국 존속을 그들의 최우선 정책 내지는 과제로 삼게 되었는데, 그러한 것은 이들이 제시한 친오스트리아슬라브주의적인 관점에서 확인할 수 있다. 이러한 상황에서 프랑크푸르트 국민의회의 활동이 5월 18일부터 본격화되었고 거기서 오스트리아 제국의 일부가 '신독일'에 편입되어야 한다는 대독일주의적 주장이 정식 의제로 채택됨에 따라 제국 내 슬라브 정치가들은 그것에 대한 대비책 마련에 나섰다.

1848년 4월 20일 아그람(Agram, 오늘날의 Zagreb)의 언론인이었던 쿠쿨레비치−사크신스키(Ivan Kukuljević−Sakcinski)가 『달마치아 신보(No-vine Dalmatinsko−Horvatsko−Slovenske)』에 슬라브 제 민족 간의 결속 필요성을 강조한 기사('*Kavka treba da bude u obće politika naša*')를 투고했다.

여기서 그는 프랑스인, 영국인, 이탈리아인, 그리고 독일인들이 민족 통일을 실현했거나 또는 거의 실현 단계에 이르렀음을 거론했다. 이어 그는 긴 역사의 슬라브 민족들이 자신들의 찬란한 문화 및 정치(민주주의적 : 저자 첨부) 체제를 활성화하기 위해서는 민족 간의 결속 및 통합이 선행되어야 한다는 입장을 밝혔다. 또한 그는 범슬라브 세계의 대표자들로 구성되는 슬라브 민족회의(Sobor)의 결성을 통해 슬라브 민족의 단결이 가능하다는 관점도 피력했다. 아울러 그는 오스트리아 제국 내 슬라브 민족뿐만 아니라 러시아, 폴란드, 그리고 독일권(프로이센, 작센)의 슬라브 민족들도 이러한 민족회의에 참여해야 한다는 것도 역설했다. 끝으로 그는 헝가리 정부가 자신들의 지배하에 있던 슬라브 민족들에게 자치권 및 동등권을 보장하지 않을 경우 이들은 헝가리의 지배로부터 벗어나야 한다고 주장하여 크로아티아인들의 향후 대응 방향에 대해 간접적으로 거론하기도 했다. 그러나 그의 이러한 제안은 오스트리아 제국의 해체를 지향한 것이 아니라 이 제국 내 슬라브 민족의 법적·사회적 동등권을 보장받기 위한 연방체제의 도입을 목표로 한 것인데 그것은 범슬라브주의를 핑계로 슬라브 세계에서 주도권을 장악하려던 러시아와 독일권 사이에서 슬라브 제 민족의 완전한 독립이 사실상 불가능하다는 현실적 판단에서 비롯되었다 하겠다. 이렇게 슬라브 민족회의의 개최 필요성이 공식적으로 거론됨에 따라 그것에 대한 슬라브 세계의 관심 역시 크게 증대되었다.

점차적으로 팔라츠키를 비롯한 체코 지식인들은 자신들이 향후 개최될 슬라브 민족회의에서 주도적 역할을 담당해야 한다는 것을 인식하기 시작했다. 뿐만 아니라 이들은 자신들의 대표를 프랑크푸르트 국민의회에 파견해야 하는지에 대해서도 결정해야만 했다. 따라서 이들은 자신들과 관련된 일련의 문제들을 구체적으로 논의하기 위한 간담회를 개최했는데 여기에는 제국 내 슬라브 지식인들도 대거 참여했다. 모임에 참석한 대다수의 인사들은 쿠쿨레비치-사크신스키가 제의한 슬라브 민족회의를 긍

정적으로 보았고, 그러한 것을 구체화
하는 데도 동의했다. 이들은 ① 슬라브
민족회의를 5월 21일에 프라하에서 개
최하기로 하고, ② 제국 이외의 지역에
서 참가하는 인사들에게도 임시 자격
(hostúčastník)을 부여하며, ③ 회의 기
간 중 독일 통합에 대한 대비책과 제국
분열을 저지할 수 있는 방안 등도 구체
적으로 마련하기로 결의했다. 4월 17
일 프라하에서는 슬라브 민족회의 개
최준비위원회가 결성되었고 그 첫 번

쿠쿨레비치-사크신스키
(Ivan Kukuljevič-Sakcinski)

째 모임이 4월 30일 같은 도시에서 열렸다. 팔라츠키는 개최준비위원회에
서 오스트리아 제국 존속에 대해 슬라브인들이 관심을 가져야 한다는 것
을 강조했는데 그러한 것은 자신이 프랑크푸르트로 보내는 거절 편지에
서 밝힌 친오스트리아슬라브주의적 관점을 다시금 밝힌 것이라 하겠다.

슬라브 민족회의가 5월 말이나 6월 초 프라하에서 개최된다는 것이 가
시화됨에 따라 프랑크푸르트 국민의회는 오스트리아 제국 내 슬라브 정
치가들, 특히 체코 정치가들의 움직임에 비교적 높은 관심을 가지게 되었
다. 왜냐하면 프랑크푸르트 국민의회 참석자들의 대다수가 오스트리아 제
국이 독일권으로부터 이탈해서는 안 된다는 생각을 했기 때문이다. 따라
서 마레크(T. Mareck), 노이벨(Dr. Neuwell), 지스카라(Dr. Giskara)와 같
은 오스트리아 출신 의원들은 프라하에서 체코 정치가들과 접촉을 모색
했고 거기서 이들은 슬라브 정치가들에게 민족 간의 불평등을 해소해주
겠다는 약속도 했다. 그러나 팔라츠키를 비롯한 체코 정치가들은 프랑크
푸르트 측의 이러한 접근 시도에 냉담한 반응을 보였는데, 그 이유는 이들
이 슬라브 민족의 사회적 지위가 '신독일'에서 향상되기보다는 오히려 악

화될 가능성이 많다는 것을 인지했기 때문이다.

프랑크푸르트 국민의회의 이러한 움직임에도 불구하고 슬라브 민족회의 개최준비위원회는 대회 준비를 위한 작업을 계속했다. 이에 대해 제국 내 독일인들은 슬라브 정치가들의 행보에 깊은 우려를 표명했는데 그러한 것은 당시 독일 신문에 실린 한 논설에서 찾아볼 수 있다. 논설에서는 우선 슬라브 민족회의의 개최 목적에 대해 언급했는데 그것에 따를 경우 오스트리아 제국으로부터 신생 슬라브 왕국을 탄생시키는 것이 슬라브 민족회의의 궁극적인 목적이라는 것이다. 이어 논설에서는 슬라브인들의 시도에서 비롯될 문제점들에 대해서도 거론했는데 그것은 첫째, 오스트리아 제국의 많은 지역이 슬라브 왕국에 편입되고 동시에 독일권으로부터도 완전히 이탈된다는 것이다. 둘째, 독일인과 슬라브인들이 혼재하는 지역에서 많은 문제점들이 발생한다는 것이다. 이러한 논설을 통해 제국의 전체 인구 중에서 단지 22%만을 차지하던 독일인들이 가장 우려했던 점은 친오스트리아슬라브주의에 따른 제국 개편이 슬라브 민족의 지배 가능성을 현실화시킬 수도 있다는 것이었다.

프랑크푸르트 국민의회의 저지 활동과 제국 내 독일 정치가들의 강한 반발에도 불구하고 슬라브 민족회의는 1848년 5월 31일 프라하에서 개최되었다. 프라하 슬라브 민족회의(Slovanský sjezd v Praze roku)의 참석자는 모두 360명이었는데, 이 중에서 정식 대표는 319명이었고 나머지는 손님 내지는 임시 대표자의 자격으로 참여했다. 그리고 이들 대부분은 시민 계층이었는데 이 점은 프랑크푸르트 국민의회 구성 분포와 유사하다고 하겠다. 프라하 일간지들은 당시 개회식에 대해 상세히 보도했는데 그것에 따르면 노이베르크(Neuberg)가 임시 의장직을 맡아 체코어로 개회 선언을 했고, 그의 제의에 따라 팔라츠키가 의장(starosta)으로 추대되었다. 팔라츠키의 의장직 수락 연설은 슬라브 민족의 자유. 동등권을 옹호한 일종의 민족 선언서라 할 수 있다. 그는 슬라브 민족이 처음으로 상호 이해와 그것을 토대로 한 협력 관계 구축을 위해 보헤미아 왕국의 옛 수도인 프라하에 모였다고 전제한 후, 자유주의와 평등은 조상으로부터 물려받은 유산이기 때문에 슬라브 민족에게 결코 낯선 것이 될 수 없다고 주장했다. 따라서 슬라브 민족들은 그들이 타민족과 마찬가지로 법 앞에서 동등하다는 것을 인식하고 독일인들의 지배로부터 벗어나야 한다는 것이다. 한편 독일 민족은 "네가 원하지 않는 바를 남에게 시키지 말라(*Was du dir nicht wünchst, thue auch einem andern nicht*)"는 격언에 따라 다수 민족의 법적·사회적 동등권을 인정하고 그것의 실현에 대해서도 마땅히 관심을 가져야 한다는 것이 팔라츠키의 관점이었다.

슬라브 민족회의 개최 과정에서 큰 역할을 했던 샤파르지크도 개회식장에서 찬조 연설을 했는데 거기서는 특히 슬라브 민족의 자각(sebevědomý)이 강조되었다. 샤파르지크는 우선 슬라브 민족이 독일화를 기피했기 때문에 독일인들로부터 미개인이라는 멸시를 받아왔음을 언급했다. 이어 그는 슬라브 민족들이 자신들의 민족적 특성을 찾으려 할 때 독일인들은 그러한 것을 조국과 자유주의에 대한 반역 행위로 간주하려고만 했다는 것이다. 아울러 샤파르지크는 슬라브 민족의 대표들이 프라하에 모인 것에 역사적 의미를 부여하려고 했다. 즉 그는 슬라브 민족들이 슬라브 민족으로서의 자부심을 가지든지 아니면 슬라브 민족이라는 것을 포기해야 한다는 것을 거론했던 것이다.

다음 날부터 슬라브 민족회의는 현안 문제들에 대한 논의를 개시했다. 그리고 6월 5일에 개최된 총회에서는 슬라브 민족회의에서 다룰 구체적 주제들이 거론되었고 거기서 다음의 세 가지가 주제로 채택되었다. 첫째, 유럽 제 민족에게 보내는 선언서를 작성한다. 둘째, 오스트리아 제국 내 슬라브인들의 희망 사항을 정리·요약한다. 셋째, 슬라브 동맹 창설에 필요한 방법과 수단을 제시한다.

슬라브 민족회의가 순조롭게 진행되는 상황에서 돌발 변수가 프라하에서 발생했다. 그것은 빈 정부가 추진한 기존 질서 체제로의 회귀 정책에 대한 반발에서 비롯된 오순절 소요(Pfingstaufstand)였다. 6월 11일 프라하 대학생 슬라드코프스키(K. Sladkovský)의 주도로 시작된 이 소요에는 대학생들과 노동자 계층, 특히 제빵공들과 인쇄공들이 적극적으로 참여했다. 소요 기간 중 슬라드코프스키와 그의 추종자들은 빈 정부의 반자유주의적인 정책을 신랄히 비판했다. 아울러 이들은 슬라브 민족회의에서 지향한 친오스트리아슬라브주의를 강력히 비판했을 뿐만 아니라 오스트리아 제국을 해체시켜 독자적인 슬라브 제국을 형성해야 한다는 주장도 펼쳤다.

프라하에서 전개된 상황에 우려를 표명한 빈 정부는 가능한 한 빨리 오순절 소요를 종식시켜야 한다는 판단을 하게 되었고 거기서 무력적인 개입도 불사하겠다는 입장도 밝혔다.[1] 이에 따라 빈 정부는 빈디쉬그래츠

---

1 3월혁명 이후 독일 내에서 무정부주의자 또는 과격주의자로 알려진 러시아 정치가 바쿠닌(Bakunin) 역시 슬라브 민족회의에 참석하여 오스트리아 제국의 해체 필요성을 역설했지만 그것에 대한 슬라브 정치가들의 반응은 매우 부정적이었다. 이렇게 자신의 관점이 거부됨에 따라 바쿠닌은 오순절 소요에 참여하여 자신의 정치적 입지를 증대시키려고 했다. 이 당시 바쿠닌은 자신의 무정부주의를 다음과 같이 언급했다. "노동 계층과 시민 계층에 대한 파멸과 탄압은 군주제 및 관료 체제의 왜곡된 명분에서 비롯되었다. 근대에 접어들면서 국가는 교회의 자리를 빼앗고 신성한 기관임을 천명했다. 따라서 국가의 도덕성은 개인의 도덕성과 전혀 다른 형태를 취하고 있다. 개인의 도덕성은 종교적 교리에 어긋나지 않는 한 모든 인간 사회에서 어느 정도 인정받고 이해될 뿐만 아니라 항구적인 기반도 가지고 있다. 여기서 항구적 기반은 인간 존중, 인간 존엄성에 대한 존중, 그리고 모든 개인적 권리와 자유에 대한 존중으로 요약될 수 있을 것이다. 그리고 이러한 원칙 존중을 하나의 덕성으로, 그 위반을 하나의 범죄로 간주되었다. 그런데 국가의 도덕성은 전적으로 이러한 인간적 도덕성을 위배하는 것으로 볼 수 있다. 국가는 인민에게 최고 목표로 제시되고 있다. (…) 국가의 힘과 성장에 기여하는 것이 좋기 때문에 심지어 인간적 관점에서 고귀하고, 바람직한 행위조차 그러한 절대절명의 원

(Windischgrätz) 장군에게 소요 진압권을 부여했다. 프라하에 도착한 빈디쉬그래츠와 그의 진압군은 소요 참여자들에게 강력히 대응했다. 특히 뮐러(Müller) 대위가 지휘한 진압 선발군은 소요를 주도한 학생들을 체포하기 위해 프라하 대학을 포위하기 시작했다. 얼마 안 되어 진압 선발군은 학내로 진입했고 그 과정에서 자신들에게 저항하던 40여 명의 대학생들을 체포했다. 상황이 이렇게 전개됨에 따라 클레멘티눔(Clementinum)에 머무르고 있었던 대학생들은 당시 프라하 총독이었던 툰 백작을 인질로 삼아 프라하 대학에서 벗어나고자 했다. 따라서 이들은 빈디쉬그래츠가 군 병력을 대학 교정에서 철수하지 않을 경우 백작을 처형하겠다는 최후통첩도 보냈다. 그러나 빈디쉬그래츠는 학생들의 요구를 무시하고 진압군을 클레멘티눔으로 진입시켜 툰 백작을 구출했다. 그 과정에서 30명에 달

칙을 위배할 경우 나쁜 것으로 간주되었다. (⋯) 모순은 바로 이러한 국가 개념에 있는 것이다. 세계국가가 실현된 적이 없기 때문에 모든 국가는 한정된 영토와 제한된 수의 신민으로 구성된 실체라 하겠다. (⋯) 이것이 바로 우리가 특정 국가뿐만 아니라 모든 국가를 열렬히 반대하는 이유라 하겠다. 국가가 존재하는 한, 전쟁과 무서운 범죄와 그 불가피한 결과, 파괴와 신민의 전반적 참상은 결코 끝나지 않을 것이다. 국가가 존재하는 한, 신민들은 가장 민주주의적인 국가에서조차 노예적 신분에서 벗어나지 못할 것이다. 왜냐하면 그들 자신의 행복 및 부보다는 국가의 힘과 부를 위해 일을 해야 하기 때문이다. 국가란 무엇인가? 그것은 공동의 선, 보편적 권리, 자유의 표현이며 실현이라고 사람들은 주장한다. 그러한 견해를 제시하는 사람들은 전능한 신이 만인의 보호자라는 주장을 펼치는 사람들과 다를 바 없다. 신성한 존재에 대한 환상이 사람들의 상상 속에 자리 잡은 후 신 — 모든 신, 특히 기독교의 신 — 은 항상 무지하고 가난한 대중보다는 강하고 부유한 자의 편을 들어왔다. 신은 자신의 사제를 통해 가장 혐오적 특권이라 할 수 있는 탄압과 착취를 축복했다. 따라서 국가는 모든 착취의 보증인 이외에 아무것도 아니다. 왜냐하면 국가는 일반 신민의 손해보다는 소수 특권 계층의 이익을 더욱 중요시하기 때문이다. 복지, 번영, 일부 계층의 특권을 보장하기 위해 그것은 모든 사람들의 집단적 힘과 노동을 활용하고 모든 사람의 인권을 손상시키고 있다. 이러한 조직에서 소수는 망치 역할을 하고 다수는 모루 역할을 할 뿐이다."

하는 학생들이 목숨을 잃었고 50여 명의 학생들이 부상을 당했다.

상황이 이렇게 전개됨에 따라 슬라브 민족회의에 참석한 정치가들은 민족회의의 활동이 조만간 중단되리라는 판단도 하게 되었다. 이에 따라 이들은 민족회의에서 가시적인 성과를 확보하기 위해 6월 12일 긴급 총회를 개최했다. 일부 참석자들은 「유럽 제 민족에게 보내는 선언서」 작성에 앞서 자신들의 관점을 피력했는데 거기서는 형제애, 민족적 동등성 보장, 민족적 자유(직접선거권, 지방자치권, 언론 및 집회의 자유), 종교의 자유, 국민 무장, 사회적 개혁, 그리고 슬라브 지부의 통합 등이 선언서에서 거론되어야 한다는 주장이 제기되기도 했다.

팔라츠키는 자신이 최종적으로 작성한 선언서에서 이들의 관점을 적극적으로 수용했을 뿐만 아니라 혁명 시기의 시대정신도 동시에 부각시키려고 했다. 따라서 선언서에서는 우선 시대정신이 슬라브인들을 고무시켰고 그들로 하여금 자유, 동등성, 그리고 형제애도 확인하게 했다는 것이 거론되었다. 또한 선언서는 게르만 민족의 우월성에 대해 의문을 제기하고 역사적·문화적 측면에서 슬라브 민족이 차별을 받아야 할 하등의 이유가 없다는 것도 강조했다. 특히 강자의 권리만을 인정하는 봉건제도가 게르만 민족의 산물인 데 반해 자유·평등·우애의 프랑스 혁명 이념은 본래 원시 슬라브 공동체(praslovanský obec)에서 유래되었다는 주장을 펼침으로써 오스트리아 제국 내에서 제기되던 슬라브 민족의 동등권 요구를 이론적으로 강력히 뒷받침하려고 했다. 선언서는 영국인들이 아일랜드인들의 자치권을 인정한 반면 독일인들은 슬라브 민족에 대해 그러한 것을 허용하려는 의지가 전혀 없음을 지적했다. 또한 헝가리인들 역시 독일인들과 마찬가지로 민족적 권한을 남용하는 자세에서 벗어나지 못하고 있음을 지적했다.

그리고 선언서는 현재의 사상적 흐름이 새로운 정치적 양식을 요구하고 있기 때문에 제국 내 슬라브인들 역시 페르디난트(Ferdinand I, 1835~

1848) 황제에게 진정서를 제출하여 자신들의 정치적 요구 사항 등을 밝히려 한다는 것도 언급했다. 여기서 슬라브인들은 오스트리아 제국의 정치 체제가 모든 민족에게 동등권을 부여하는 체제로 변형되는 것이 자신들의 희망 사항이라고 밝혔다. 만일 슬라브인들이 오스트리아 제국 내에서 정의를 구현시킬 경우 폴란드 인들은 자치권을 얻을 것이고, 헝가리에서는 세르비아, 크로아티아, 슬로바키아, 루테니아인들에 대한 폭력이 끝날 것이라는 예견도 했다. 그리고 오스만튀르크 제국 내 슬라브 형제들 역시 자유를 쟁취할 것이라는 것이 선언서의 분석이었다. 그리고 선언서는 일반 유럽 회의를 개최하여 향후 발생하는 국제적 문제점들을 해결해야 한다는 주장을 펴기도 했다.

6월 13일 프라하 주재 오스트리아군 총사령관 빈디쉬그래츠는 슬라브 민족회의에 참석한 외부 인사들의 조속한 귀환을 촉구했다. 이러한 강압적 조치에 빈 정부는 동의하지 않았고 그것에 따라 빈디쉬그래츠와 프라하 총독 툰은 일시적으로 해임되었다. 그러나 빈 정부는 6월 18일 오순절 소요가 진압된 이후 자신들이 취한 조치를 철회하는 이율배반적인 행동을 했는데 그것은 앞으로 혁명 세력을 제압할 수 있다는 자신감에서 비롯된 것 같다. 1,000여 명의 희생을 요구한 오순절 소요가 진압된 이후 빈 정부는 프라하 및 그 주변 지역에 계엄령을 선포했고 그것에 따라 빈디쉬그래츠군은 계엄군의 신분으로 프라하에 주둔하게 되었다. 이어 프라하에 계엄령이 선포되었고 민간과 군부 합동의 조사 법정이 설치되어 프라하 소요에 참여한 인물들을 색출하여 처벌하고자 했다. 이러한 상황에서 슬라브 민족회의는 황제에게 사절단을 보내는 것을 더 이상 실행할 수 없게 되었고 조사위원회에 민족회의 활동 기간 중에 작성한 문서들의 일부만을 넘겨주게 되었다.

이렇게 오순절 소요로 프라하 슬라브 민족회의 활동은 중단되었지만 슬라브 제 민족의 정치가들이 처음으로 한자리에 모여 자신들 민족의 향후 진로에 대해 심도 있게 논의하고 거기서 필요한 대안도 제시했는데 이 것이 바로 이 민족회의가 가지는 역사적 의의라 하겠다.[2]

2 슬라브 민족회의가 활동을 중단한 지 얼마 안 된 7월 초 슬라브의 주요 언론들은 「유럽 제 민족에게 보내는 선언서」를 공개했는데 그것은 슬라브 민족회의의 주도 자들이 민족주의자 또는 범슬라브주의자들이 아니라는 것과 정치적 상황 변화에 대한 입장 표명을 하기 위해서였다. 이에 반해 독일과 헝가리 언론들은 「유럽 제 민족에게 보내는 선언서」는 단지 비논리적인 문서에 불과하다는 관점을 피력했는 데 그것은 1848년 7월 12자 『아우구스부르크 일반신문(Augusburger Allgemeine Zeitung)』과 7월 14일자 『코수트 히르라피아(Kossuth Hirlapia)』에서 확인되었다. 빈의 언론들 역시 1848년 5월부터 슬라브 민족회의와 이 회의가 지향한 목표에 비 판적이었다. 민주적이고 대독일주의를 지향하는 언론들은 오스트리아 제국의 슬 라브화를 현실화하려는 슬라브 공화국 의회라고 폄하하기도 했다. 6월 3일자 『빈 석간신문(Die Wiener Abendzeitung)』은 다른 신문들과 마찬가지로 슬라브 민족 회의를 부정적 관점에서 보도했다. 그리고 6월 8일자 『오스트리아 일반신문(Die Allgemeine Österreichische Zeitung)』은 빈 정부가 슬라브 민족회의 개최를 승인한 것을 강력히 비판하기도 했다. 신문은 비록 체코인들이 범슬라브주의를 지향하지 는 않았지만 프랑크푸르트 국민의회에 날을 세운 것만은 분명한 사실이라는 분석 을 하기도 했다. 일부 독일 지식인들과 제국 내 독일인들은 민족적 특색을 지향한 체코인들의 행동을 긍정적으로 평가했으나 이들은 독일 연방에 포함된 오스트리 아 제국의 일부와 통합 독일과의 병합을 지지했다. 아울러 이들은 비독일계 민족 들이 자신들의 언어를 교회와 학교에서 사용할 수 있는 정치적 시스템, 즉 민주주 의적 토대하에 독일이 통합되어야 한다는 관점을 피력하기도 했다.

1848년 5월 15일의 돌격청원서(Sturmpetition)에 따라 같은 해 7월 22일 제국의회가 빈에 위치한 궁정 기마학교에서 개원되었고 여기에는 페르디난트 황제를 비롯한 빈 정부 고위 각료들도 참석했다. 제국의회의 의원들은 모두 383명이었는데 이들은 헝가리와 이탈리아 북부 지방을 제외한 제국 전역에서 선출되었다.[1] 제국의회의 의원들 대다수는 온건한 자

---

1 빈 제국의회에서 전체 의석의 절반에도 훨씬 못 미치는 160석을 독일 정치가들이 차지하게 됨에 따라 독일인들이 제국의회 개원 이전부터 우려했던 상황은 현실화되었다. 실제적으로 과반수 이상의 의석을 차지한 슬라브 정치가들은 제국의회를 주도하기 시작했다. 그러나 당시 빈의 시민들은 이러한 의회를 인정하지 않으려고 했는데 그것은 이들이 제국의회의 슬라브화를 인정하지 않으려 한 것과 그것에 대한 자신들의 불쾌한 감정을 공공연히 드러내는 데서 확인할 수 있다.

빈 제국의회 의원들의 사회적 성분은 다음과 같다.

농민	관료	의사와 변호사	성직자	귀족	기타
94명	74명	70명	24명	42명	79명

이러한 사회적 성분은 프랑크푸르트 국민의회의 그것과는 현저한 차이를 보였는데 그 이유는 농민 계층이 대거 제국의회에 진출한 데서 비롯된 것 같다. 그러나

유주의 및 보수주의를 지향했는데 그것은 앞으로 제국의회에서 급진적인 개혁보다는 기존의 질서 체제와의 타협을 모색하는 점진적 개혁이 추진되리라는 것을 예상하게 한다.[2]

빈 제국의회에서 다룰 의제들 중에서 제국의 결속을 가져다줄 신헌법 제정은 가장 중요한 안건이었다. 그러나 이에 앞서 제국의회는 연방체제와 중앙집권 체제 중에서 어느 것을 오스트리아 제국에 도입할 것인가를 결정해야 했는데 그것은 제국 내 민족문제로 쉽게 해결될 사안이 아니었다. 이미 제국의회가 개원되기 이전부터 슬라브 정치가들과 독일 정치가들은 이 문제로 날카로운 대립을 보이고 있었다. 특히 오스트리아 제국이 3월혁명 이전처럼 독일권에서 주도권을 장악해야 한다는 구오스트리아주의자들이 제국의회에 대거 진출하게 됨에 따라 그동안 우려되었던 문제들은 쟁점화 되기 시작했다. 이 당시 뢰너(L. Löhner)를 비롯한 구오스트리아주의자들은 제국의회가 열리기 이전부터 제국의회에서 그들 민족의 대표들이 열세적 상황에 놓이게 되리라는 예상을 했을 뿐만 아니라 의회 내에서 다수 세력으로 등장하게 될 슬라브 정치가들의 요구인 연방체제가 제국의회에서 수용될 수밖에 없다는 판단도 했다. 여기서 이들은 이러한 것이 바로 독일 민족의 주도권 상실로 이어진다는 것도 파악했다. 아울러 이들은 오스트리아 제국에 연방체제가 도입될 경우 이 제국의 위상이 독일권에서 크게 위축되거나 배제될 수밖에 없다는 우려도 했다.

따라서 뢰너를 비롯한 독일 정치가들은 팔라츠키, 샤파르지크, 리게르

다른 지방과는 달리 보헤미아 지방에서 선출된 의원들 대다수는 지식인 계층이었는데 그것은 이들이 의회 활동에서 주도적인 역할을 담당하리라는 것을 예측하게 한다.

2 이에 반해 폴란드 출신의 의원들은 그들이 제1차 슬라브 민족회의에서 보여준 반오스트리아적 입장을 견지하고 있었다. 즉 이들은 폴란드를 오스트리아 제국으로부터 이탈시켜 하나의 완전한 독립국가를 형성하고자 했다.

등이 지향한 연방체제가 과연 제국 통
치에 적합한 제도가 될 수 있는가에
초점을 맞추기 시작했다. 아울러 이들
은 3월혁명 이전의 중앙집권 체제가
보여 준 통치 과정에서의 효율성을 부
각시키는 데도 혼신의 노력을 기울였
다. 또한 이들은 제 민족의 법적·사
회적 평등을 보장하는 장치 결여와 그
것으로 인해 파생된 문제점들을 점진
적으로 개선시킬 수 있다는 입장을 보

페르디난트(Ferdinand I) 황제

여 중앙집권 체제와의 결별을 전혀 고려하지 않았다.

　제국 내 독일 정치가들의 이러한 태도를 통해 볼 때 이들은 슬라브 민
족의 법적·사회적 지위 향상에 대해 어느 정도의 배려는 하겠지만 슬라
브 민족에 대한 독일 민족의 우위성이 포기되는 등의 과격한 정책은 펼치
지 않으려고 했다. 한 정치 집회에서 행한 뢰너의 연설은 독일 정치가들의
그러한 입장을 대변했다. 연설에서 그는 지방자치와 그것에 따른 제 민족,
특히 슬라브 민족의 독자적 발전에 대해 많은 사람들이 관심을 가지고 있
음을 언급했다. 그러나 그는 오스트리아 제국의 지도를 살펴볼 경우 민족
주의 원칙에 따라 분리하지 못할 지방들이 있다는 것을 지적하면서 보헤
미아 지방과 모라비아 지방을 그 일례로 들었다.

　그러나 팔라츠키와 샤파르지크를 비롯한 일련의 슬라브 정치가들은 독
일 정치가들이 고집한 중앙집권 체제의 효율성을 한마디로 일축하고 오
스트리아 제국은 제 민족의 동등권이 보장되는 연방주의 원칙하에서 재
탄생되어야 하고 앞으로 그것을 관철시키기 위해 제국의회에서 총력을
기울이겠다는 의지도 명백히 밝혔다.

　빈 제국의회는 개원 다음 날인 7월 23일 신헌법 제정을 위한 '30인 헌

법준비위원회'를 구성했다. 이 당시 제국의회에서 다룰 안건으로는 신헌법 제정 이외에도 ① 5월 17일부터 인스부르크(Innsbruck)에 체류 중인 페르디난트 황제 및 정부 각료들을 조속한 시일 내에 빈으로 귀환시키는 것, ② 제국으로부터의 이탈 시도를 모색하는 헝가리 정치가들의 의도를 효율적으로 저지시키는 방안을 마련하는 것,[3] ③ 심각한 위기에 놓여 있는 국가의 재정적 상황을 획기적으로 개선시킬 수 있는 대책을 제시하는 것, ④ 3월혁명 이후 부각된 부역 제도의 완전 철폐와 지주와 농민 사이의 종속관계를 폐지시키는 것 등이 있었다.

빈 제국의회의 의원으로 선출된 팔라츠키는 '30인 헌법준비위원회'의 일원으로도 뽑혔다.[4] 이 당시 팔라츠키는 소외된 다수 세력에게 합당한 법적·사회적 지위를 부여하는 연방체제만이 오스트리아 제국을 분열의 위기에서 구할 수 있다는 확신을 가지고 있었다. 물론 그는 연방체제의 도입으로 야기되는 독일 민족의 법적·사회적 지위 하락은 정책적인 배려를 통해 해결할 수 있다는 입장을 밝혔는데 그것은 그가 제국 내 독일 민족으로부터 제기될 심한 반발을 의식했기 때문이다.[5] 여기서 팔라츠키는 빈 정부의 위정자들이 아직까지 자신의 견해를 수용하지 않았지만 가까운 시일 내에 제국의회로부터 긍정적인 반응을 얻어낼 수 있고 빈 정부

---

3 이 당시 샨도르 페테피(Sándor Petöfi) 주도하의 3월청년단(Március ifjuság)은 헝가리 정치가들에게 독립국가의 형성이 필요하다는 견해를 밝혔고 그러한 관점에 동조하는 정치가들 역시 늘어나는 추세였다.

4 6개의 선거구에서 동시 당선된 팔라츠키는 그가 거주하던 프라하의 신도시(Neustadt) 대표로 제국의회에 참석했다. 이렇게 여러 선거구에서 한 인물이 동시 당선된 것을 통해 당시 선거제도의 특징도 예측할 수 있는데 그것은 유권자가 선호하는 인물을 지역에 관계없이 투표 용지에 썼다는 것이다.

5 그러나 팔라츠키는 독일 민족의 반발을 무마할 수 있는 구체적 방법에 대해서는 거론하지 않았다.

역시 그러한 것에 동의할 수밖에 없다는 확신을 가지고 있었다. 그리고 팔라츠키의 이러한 입장 표명은 그를 비롯한 대다수 슬라브 정치가들이 가졌던 '의회의 절대적 위상'에서 비롯된 것 같다.

연방체제의 원칙에 따라 제국을 개편시키겠다는 대전제하에서 팔라츠키는 제국의회가 개원된 직후부터 그의 헌법 초안을 본격적으로 구상하기 시작했고, 9월 24일 그것을 '30인 헌법준비위원회'에 제출할 수 있었다.[6] '보헤미아 지방법(böhmische Landesverfassung)'에서 강조한 지방 분권적인 통치 방식을 제국 전역에 적용시킨 팔라츠키의 안은 종래의 중앙집권적인 행정조직을 지방분권화시켜 각 지방의 자율성을 확대시켜 준 것으로 볼 수 있다. 즉 각 지방(또는 지방군)은 독일적 요소가 강한 중앙정부로부터의 지나친 감독 및 지시에서 벗어나 그들에게 부여된 통치권을 그들의 통제 하에 두며 그 시행 과정에서 발생하는 문제점들에 대해서도 책임을 진다는 것이다.

팔라츠키는 우선 그의 헌법 초안에서 연방체제의 통치 단위가 될 지방군에 대해 언급했는데 그것을 살펴보면 다음과 같다.

1) 폴란드 지방군[갈리치아 지방과 부코비나 지방이 여기에 속하고 렘베르크(Lemberg)가 이 지방군의 수도가 된다.]

2) 주데텐 지방군[보헤미아, 모라비아 지방의 북부 지역과 슐레지엔 지방이 이 지방군에 포함되고 수도는 츠나임(Znaim)으로 한다.]

3) 독일–오스트리아 지방군[하오스트리아, 상오스트리아, 잘츠부르크, 티롤, 포랄베르크(Voralberg), 슈타이어마르크(Steiermark) 등이 이 지방군에 속하고, 각 지방은 다른 지방군과는 달리 빈, 린츠(Linz), 인스부르크, 그라츠(Graz)와 같은 독자적인 수도도 가질 수 있다.]

---

6 팔라츠키의 헌법안은 리게르(L. Rieger)가 1893년에 간행한 『유고집(Spisy drobné)』에 실려 있다.

4)일리리아 지방군〔케브텐과 크라인 지방, 해안 지방(Küstenland)과 달마치아 지방이 이 지방군의 구성 지역이 되며 라이바흐(Laibach)와 트리에스테(Trieste)가 이 지방군의 수도가 될 수 있다.〕

제국의회에 대표자를 파견하지 않은 헝가리와 북부 이탈리아 지역을 배제한 팔라츠키의 제국 분할안은 역사적이고, 전통적인 원칙에 따른 것이라 하겠다. 그리고 이러한 것은 1840년대가 민족의식이 고조된 시기였음에도 불구하고 민족이라는 것이 종종 부차적인 관심에 머무르는 경우가 많다는 것과 통치 구역이나 국가의 경계선 설정에서 역사와 전략적 필요성이 우선적으로 고려된다는 사실을 팔라츠키가 잘 인식한 데서 비롯된 것 같다.

사실 팔리츠키는 당시 민족에 따라 제국을 분할하는 것보다는 연방체제의 도입을 통해 슬라브 민족의 법적·사회적 지위를 향상시키는 것에 보다 많은 관심을 보였는데 그의 제국 분할은 그러한 것의 실현을 가능하게 했다. 왜냐하면 슬라브 민족은 독일-오스트리아 지방군을 제외한 나머지 지방군에서 수적 우위로 주도권을 장악할 수 있었기 때문이다.

제국 분할에 이어 팔라츠키는 중앙과 지방군의 행정조직과 권한, 제국의회와 지방군 의회의 구성 및 운영 방법 그리고 권한 등에 대해서도 상술했다. 여기서 팔라츠키는 권력분립을 강조했는데 그것은 그가 절대왕정체제의 존속을 부정하고 입헌군주정 체제를 선호했기 때문이다. 팔라츠키는 이미 3월혁명 이전부터 수차례에 걸쳐 절대왕정 체제가 앞으로의 통치에 부적합하다는 견해를 제시했을 뿐만 아니라 벨기에의 입헌군주정 체제를 오스트리아 제국에 도입해야 한다는 주장도 펼친 바 있었다.

팔라츠키는 그의 안에서 중앙정부의 권한을 대폭 축소시켰는데 그것은 그가 미국 및 벨기에 헌법의 영향을 많이 받았기 때문이다. 따라서 중앙정부는 제국 존속에 절대적으로 필요한 권한만을 소유하고 나머지 권한들은 지방군 정부에 이양해야 한다는 주장이 그의 안에서 제기되었던 것이다. 즉, 외교정책(Aussenangelegenheiten), 국방정책(Verteidigungsangele-genheiten), 교통정책(Verkehrsangelegenheiten) 등은 중앙정부의 책임으로 두고 여타의 통상적 업무들은 각 지방정부에 일괄적으로 위임해야 한다는 것이다.[7]

이어 팔라츠키는 "각 지방군은 지방군 의회에 책임을 지는 '지방장관' 또는 '부왕(Vizekönig)'을 주축으로 내무, 법률, 교육 및 문화, 재정, 그리고 산업분야를 전담할 행정부를 구성한다"라고 했는데 그러한 것은 중앙정부로부터 위임받은 권한들을 충실히 이행하기 위한 제도적 장치라 하겠다. 또한 팔라츠키는 제국 통치를 원활히 하기 위해서는 중앙정부와 지방정부 사이의 정례적 회동을 빈에서 가져야 한다는 것과 지방군의 행정부 구성에서 지방 군민이 원칙적으로 주도적인 역할을 담당해야 한다는 것을 부각시켰다.

---

7 팔라츠키의 헌법안(제39조).

3장 크렘지어 제국의회

　오스트리아 제국에서 3월혁명이 발생한 후 헝가리에서는 이 제국의 지배로부터 벗어나야 한다는 주장이 코슈트(L. Kossuth)를 비롯한 일련의 정치가들로부터 제기되었고 그러한 것을 실천시키려는 시도도 이루어졌다. 1848년 9월에 접어들면서 빈 정부의 암묵적 지지를 받던 비헝가리 계통의 민족, 즉 세르비아인들과 크로아티아인들은 그들의 민족적·영토적 자치권을 요구하면서 헝가리 남부 지역에서 헝가리인들과 무력 충돌을 벌이고 있었다. 이에 따라 빈 정부는 람베르크(Feldmarschall Franz v. Lamberg) 백작을 헝가리 총괄위원(Kommissar)으로 임명하여 헝가리군과 옐라취치(J. Jellačić)군 사이의 충돌을 중단시키는 방안을 강구하게끔 했다. 그러나 이 당시 헝가리 민족주의자들은 빈 정부의 이러한 조처가 그들의 자치권을 위배하는 것으로 간주했다. 따라서 이들은 빈 정부의 조처를 수용할 수 없다는 입장을 밝혔을 뿐만 아니라 부다 정권을 강제로 인수하는 등의 행동도 취했다. 헝가리 민족주의자들의 이러한 반발 및 대응에도 불구하고 람베르크는 예정대로 9월 28일 부다에 부임했지만 같은 날 흥분한 군중들에 의해 살해되었다. 상황이 이렇게 악화됨에 따라 페르디난트 1세는 10월 3일 헝가리 의회를 해산시킨다는 칙령을 발표했을 뿐만 아니라 옐라취치를 헝가리 전권 위임자로 임명하는 강경책도 취했다.[1] 나아가 그는 10월 6일 전쟁장관 라투르(Latour)에게 빈 수비대를 헝가리 소요 진압에 즉시 투입할 것도 지시했다. 이에 따라 라투르는 같은 날 빈 수비대를 헝가리로 보내기 위한 수송 작전을 펼쳤다. 그러나 이 과정에서 소요가 발생했고 거의 같은 시간 슈테판스돔(Stephansdom) 주변에서도 황제를 추종하는 세력과 반정부 세력 간의 시가전이 벌어졌다. 이러한 시가전에서 우위권을 장악한 반정부 세력은 68세의 라투르를 처형했고 그의 시신을 가로등(Laterne)에 거는 무자비한 행동도 자행했다. 나아가 이들은 빈의 무기고(Zeughaus)를 습격하여 그들이 필요로 하는 무기들도 대량 확보했다. 이 소요로 인해 빈 정부의 주요 관료들은 빈을 떠났고 페르디난트 황제 역시 10월 7일 다시 제국의 수도를 떠나 모라비아의 올로모우츠로 가야만 했다. 그리고 일부 제국의회 의원들도 제국의 수도를 떠났지만 절대다수의 의원들은 빈에 머물렀다. 이 당시 제국의회의 좌파 의원들은 자신들이 제국의회에서 주도적 세력으로 등장해야 한다는 입장을 표명했다. 즉 이들은 프랑스 대혁명 시기 국민의회가 행한 역할을 자신들이 수행하려고 했던 것이다. 프랑크푸르트 국민의회의 의원으로서 빈 소요에 참여했던 프뢰벨(J. Fröbel)과 브룸(R. Blum)은 이미 8월 말부터 빈에서의 상황이 독일 및 유럽에서 진행되던 혁명의 성공 여부를 판가름할 것이라는 예견도 했다. 특히 브룸은 그의 부인에게 보낸 서신에서 빈에서의 소요가 지니는 의미를 나름대로 분석하기도 했다. 그에 따르면 빈에서 혁명 세력이 승리를 거둘 경우 혁명은 새로운 전환기를 맞이하게 될 것이라는 것이다. 그러나 혁명 세력이 패할 경우 독일은 오랫동안 '공동묘지적 적막감

---

1 동시에 빈 정부는 헝가리에 비상계엄령도 선포했다.

(Friedhofsruf)에서 벗어나지 못할 것이라는 것이 그의 분석이었다. 아울러 독일권에서 좌파 정치가로 간주되었던 프라이그라츠(F. Freigrath) 역시 빈의 상황에 깊은 관심을 표명했는데 그것의 다음의 인용문에서 확인할 수 있다. "만일 우리가 무릎을 꿇을 수 있다면 우리는 즉시 무릎을 꿇을 것이다. 그리고 우리가 아직까지 기도할 수 있다면 우리는 빈을 위해 기도할 것이다." 이 당시 빈을 장악한 반정부 세력은 점차 자신들의 군사력으로 빈 정부군에 대응할 수 없다는 판단을 하게 되었다. 아울러 이들은 그들의 정치적 관점을 관철시키기 위해서는 군사력 보완이 절대적으로 필요하다는 인식도 가지게 되었고 그것을 위해 제국 내 각 지방에 격문을 보내어 지원군을 확보하려고 했으나 충원된 병력은 단지 수백 명에 불과했다. 이 당시 오스트리아 정부는 빈의 반정부 세력을 와해시키기 위한 방안을 강구하기 시작했고 거기서 빈을 포위하여 이들 세력을 고사시키는 방법을 채택했다. 결국 빈에서 발생된 소요, 즉 10월 소요는 10월 31일 빈디쉬그래츠와 옐라취치에 의해 진압되었고 그 이후부터 빈 정부는 오스트리아 제국을 3월혁명 이전의 체제로 회귀시킬 수 있다는 자신감도 갖게 되었다.[2] 실제적으로 10월 소요가 진압된 후 반혁명 세력은 오스트리아 제국 내에서 주도권을 되찾았고 그것에 따라 빈에서 활동 중이었던 제국의회 역시 슈바르첸베르크(Felix Fürst zu Schwarzenberg)에 의해 11월 22일 모라비아의 소도시인 크렘지어(Kremsier ; Kroměříž)로 옮겨지게 되었

---

2 이 당시 빈의 소요를 주도한 세력은 헝가리군으로부터의 지원도 기대했다. 그러나 헝가리군은 슈베하르드(Schwechat) 근처에서 옐라취치와 그의 크로아티아 지원병에 의해 섬멸되었다. 10월 28일부터 시작된 빈 탈환 작전은 10월 31일에 종료되었다. 이 작전에서 1,198명에 달하는 정부군이 희생되었지만 혁명군의 피해는 이보다 훨씬 컸다. 실제적으로 적게는 4,000명, 많게는 6,000명에 달하는 혁명군이 목숨을 잃거나 부상을 당했다. 빈의 소요를 진압한 빈디쉬그래츠와 옐라취치는 오스트리아 제국뿐만 아니라 독일권에서도 극단적인 보수주의자로 평가되고 있었다.

슈바르첸베르크
(Felix Fürst zu Schwarzenberg)

다.[3] 의회의 기능과 효용성을 부정했던 슈바르첸베르크는 당시 자유주의의 상징으로 간주되던 제국의회를 가능한 한 빨리 해산시키려고 했다. 그리고 그는 자신의 이러한 입장을 제국의회의 재개원 석상에서 명백히 밝혔다. 이 당시 슈바르첸베르크는 오스트리아 제국이 독일권에서 주도권을 다시 장악해야 하고 그러한 것 역시 가능하다는 확신을 가지고 있었다. 따라서 그는 오스트리아 제국의 입지를 약화시킬 수 있는 대독일주의나 소독일주의 원칙에 따른 독일 통합과 슬라브 정치가들의 요구였던 연방체제의 도입에 부정적 반응을 보였던 것이다.

10월 소요가 진압된 이후 제국 내에서 반혁명 세력이 크게 부각되던 상황에서 슈바르첸베르크의 의도가 알려짐에 따라 제국의회의 의원들은 그들 나름대로 자구책을 모색하게 되었고 거기서 독일계 의원들과 비독일계 의원들 사이에 의견 차이도 나타났다. 우선 비독일계 의원들, 특히 슬라브계 의원들은 자신들의 정치적 목표, 즉 연방체제의 도입을 통해 제 민족의 정치적·사회적 평등 구현을 향후 어떻게 실천해야 하는가를 심사숙고하게 되었고 거기서 이들은 현실 정치(realpolitika)의 필요성도 인지하게 되었다.

3　오늘날 크로메리츠로 지칭되고 있는 크렘지어는 올로모우츠 근처의 소도시였다.

이에 반해 슈셸카(Schuselka)를 비롯한 독일계 의원들은 슈바르첸베르크의 의도에 이율배반적인 입장을 보였다. 즉 이들은 권력분립을 지향한 시민 계층이었기 때문에 3월혁명 이전의 체제로 무조건 복귀하려는 정부 의도에 반대했지만 빈 정부가 그동안 독일 민족이 누렸던 법적·사회적 지위 등을 위협할 연방체제의 도입에 제동을 건 것에 대해서는 전폭적인 지지를 보였던 것이다. 따라서 이들은 독일 민족이 오스트리아 제국 내에서 우위권을 계속 유지해야 할 뿐만 아니라 비독일계 민족들 역시 독일의 문화적 및 정치적 지도권을 인정해야 한다는 입장을 표방했던 것이다. 아울러 이들은 프랑크푸르트 국민의회의 독일 통합 방안을 처음부터 반대했기 때문에 오스트리아 제국이 독일권에서 주도권을 다시 차지해야 한다는 슈바르첸베르크의 주장에 동의하는 자세도 보였다. 이후부터 독일계 의원들은 크렘지어에서 권력분립을 법적으로 인정한 중앙집권 체제의 근간만을 지향하게 되었고 그들의 정치 활동 역시 그것에 국한되는 양상을 보이기 시작했다. 그러나 이들은 점차적으로 슬라브 정치가들과의 협력도 모색했는데 그러한 것은 반혁명 세력이 기존의 질서 체제로 회귀하려는 의지를 강력히 밝히면서 가능한 한 빨리 필요한 조치들을 실천시키려 한 데서 비롯된 것 같다.

오스트리아 제국에서 반혁명 정책이 실효를 거둠에 따라 위기감을 느끼기 시작한 제국 내 슬라브 정치가들은 독일 정치가들과는 달리 자신들이 지금까지 펼친 정책의 당위성을 부각시켜야 하는 긴박한 과제도 동시에 부여받았다. 이에 따라 이들은 그들의 대표단을 결성한 후 당시 법무장관이었던 바흐(A. Bach)와 대화도 모색했다. 대화 과정에서 이들은 제국 내에서 확산되던 복고주의적 성향에 깊은 우려를 표명했을 뿐만 아니라 빈 정부가 계속하여 그러한 경향을 방치할 경우 제국 내 슬라브 민족들은 그들의 민족성 보존과 사회적 지위 향상을 위해 제국을 이탈할 수도 있다는 견해를 강력히 피력했다. 또한 이들은 3월혁명 이후 자신들이 견지한 친오스트리아슬라브주의의 공과에 대해서도 거론했는데 그것은 이 주의의 도움을 받은 빈 정부가 슬라브 정치가들에게 어떠한 반대급부(protivýkon) 없이 혁명 이전의 절대왕정 체제로 복귀하려는 것에 대한 불만의 표시로도 볼 수 있을 것이다.

이러한 슬라브 정치가들의 경고성 발언에 대해 바흐를 비롯한 빈 정부의 각료들은 혁명 초처럼 우려를 표시하지 않았는데 그것은 제국의 슬라브 정치가들이 제국을 이탈하여 러시아가 주도하던 범슬라브주의 운동에 참여하지 않으리라는 판단에서 비롯된 것 같다. 실제적으로 슬라브 정치가들은 러시아가 범슬라브주의의 기치 아래 슬라브 민족들을 그들의 지배하에 놓으려는 의도를 잘 알고 있었고 그들 민족이 러시아의 지배 체제하에 놓이는 것보다는 절대왕정 체제하의 오스트리아 제국에 머무르는 것이 여러 측면에서 훨씬 유리하다는 것을 인정하고 있었다.

이후부터 제국의회에 참석한 슬라브 정치가들은 향후 그들이 취해야 할 방안을 강구하게 되었고 거기서 빈 정부가 수렴할 수 있는 헌법안 제시가 절대적으로 필요하다는 사실도 인지하게 되었다. 따라서 이들은 크렘지어에서 활동을 재개한 제국의회에서 '30인 헌법준비위원회'를 결성하는 등의 민첩성을 보였다. 그럼에도 불구하고 이들은 제국 내에서 강하게 부각되던 복고주의적 성향에 대한 우려에서 벗어날 수 없었다. 이러한 비우호적이고 강압적인 분위기에서 슬라브 정치가들은 헌법 제정 작업을 가능한 한 빨리 마무리해야 한다는 데 의견적 접근을 보았고 헌법 초안을 마련하는 데 필요한 절차도 밟기 시작했다.

'30인 헌법준비위원회'는 헌법 초안 마련을 위해 '5인 위원회'라는 하부 조직도 결성했는데 여기에 참석한 의원들 모두는 헌법 초안을 제출할 의무를 부여받았다. 그러나 이들 중에서 체코 정치가였던 팔라츠키만이 헌법 초안을 제출했는데 이것은 당시 '5인 위원회'에 참석한 의원들이 제국의회의 앞날을 매우 부정적으로 본 데서 비롯된 것 같다. 1849년 1월 24

일 팔라츠키는 자신의 헌법 초안을 '30인 헌법준비위원회'에 제출했는데 거기서는 기존의 역사적-지방군(Historische Länder)을 제국의 구성 요소로 채택하는 것을 포기하고 민족 단위체 원칙에 따른 지방군 편성을 대안으로 제시했다. 팔라츠키가 제출한 제국 분할안을 살펴보면 이전에 그가 빈 제국의회에 제출한 초안과는 달리 헝가리와 북부 이탈리아 지역도 분할 과정에 포함된 것을 확인할 수 있다. 팔라츠키는 자신의 지방군 편성에서 보헤미아 지방의 일부를 독일 민족 단위체에 편입시켰고 거기서의 영토적 상실을 만회하기 위해 헝가리 민족을 제국의 재분할 과정에 포함시켰던 것이다. 또한 팔라츠키는 자신의 헌법 초안에서 빈 정부에게 새로운 정책적 과제도 부여했는데 그것은 이 정부가 제국 내에서 민족적 장래를 추구하던 소민족들에게 희망과 미래를 보장해야 한다는 것이었다. 즉 빈 정부는 이미 오래전에 의미가 퇴색된 오스만튀르크의 위협으로부터 중부 유럽을 보호하는 의무나 그들이 지속적으로 추진하던 제국의 독일화 정책을 대신하여 제국에서 가장 중요한 현안으로 부각된 민족문제 해결에 적극적으로 나서야 한다는 것이다. 여기서 그는 어느 민족도 제국 내에서 다른 민족들보다 특권을 가질 수 없고 그러한 것을 자신들의 이익을 위해 행사할 수도 없다는 관점을 피력했다. 그러나 팔라츠키의 이러한 민족적 동등성은 빈 정부가 슬라브의 우위권을 인정해야 한다는 관점도 내포한 것으로 보아야 할 것이다. 아울러 팔라츠키는 중부 유럽의 상황을 객관적으로 살펴볼 때 제국 내 소수 민족들이 민족주의를 부각시키면서 독립을 모색하는 것 자체가 최선의 방법이 아니라는 것을 언급하면서 이들은 주어진 체제의 협조 및 지원 아래 자신들의 민족성을 유지하거나 지위권 향상을 도모하는 것이 오히려 바람직하다 하여 3월혁명 이후부터 강조한 친오스트리아슬라브주의의 기본적 입장을 다시금 천명했다.

그러나 팔라츠키의 헌법 초안은 제국의회 내에서 기대와는 달리 그리 큰 지지를 받지 못했다. 이에 따라 마이어(K. Mayer)는 자신이 그동안 준비한 헌법 초안을 '30인 헌법준비위원회'에 제출할 수 있는 기회를 부여 받았다. 이 당시 대다수의 독일계 의원들과 마찬가지로 마이어 역시 기존 질서 체제의 근간이 유지되어야 한다는 입장을 밝히고 있었다. 이렇게 도 나우 제국의 현상 유지에 당위성을 부여한 마이어는 연방체제의 도입을 통해 제국 내 민족문제를 해결해야 한다는 주장에 동의하는 등의 유연성 도 보였다. 따라서 그는 자신의 헌법 초안에서 제국 내 제 민족의 이익을 다소나마 반영할 수 있는 연방주의적 중앙주의 체제를 대안으로 제시했 던 것이다. 여기서 그는 제국 내에서 제기되던 민족문제들이 민족적인 압 박보다는 정치적인 압박에서 비롯되는 경우가 많다는 점을 피력했을 뿐 만 아니라 민주주의적 발전을 통해 그러한 것들을 해소할 수 있다는 입장 도 표명했다. 또한 그는 민족주의 원칙에 따른 제국 분할이 불가능하다는 관점도 피력했는데 그것에 대한 의원들의 반응 역시 매우 호의적이었다.[4)]

---

4 크렘지어 제국의회가 활동을 개시한 이후부터 마이어는 대다수의 독일계 의원들 과 마찬가지로 기존 질서 체제의 근간을 오스트리아 제국에서 계속 유지시켜야 한 다는 입장을 밝혔다. 따라서 그는 오스트리아 제국을 현상 유지시켜야 하는 당위 성 피력에 주력했다. 그러나 마이어 역시 3월혁명 이후 부각된 민족문제를 해결하 기 위해서는 연방체제의 도입이 반드시 필요하다는 관점을 가지고 있었다. 따라서 그는 제국 내 제 민족의 이익을 다소나마 반영할 수 있는 연방주의적 중앙주의 체 제를 대안으로 제시했던 것이다. 마이어는 체코 왕국을 비롯한 일련의 왕국들이 중세적 산물이라고 했다. 여기서 그는 비록 중세 왕국들이 인위적으로 형성되었 다는 약점을 가졌지만 거기서 자족적인 사회조직체가 구축되었다는 점을 간과해 서는 안 될 것이라고 했다. 또 그러한 사회조직체에서 민족 간의 불화 현상이 야기 된다고 해서 그것을 일순간에 파괴할 수 없다는 것이 그의 견해였다. 이 당시 마이 어는 빈 정부 역시 민족주의적 원칙에 따른 제국 분할에 대해 동의하지 않고 있다 는 사실을 잘 알고 있었다. 따라서 그는 각 지방군에서 제기되던 민족문제를 각 지 방군의 최소 행정단위인 읍 또는 면(Gemeinde) 설치를 통해 해결하려고 했다. 그 리고 그는 자신이 구상한 읍 또는 면에 가능한 한 같은 민족을 거주시켜야 한다는 입장을 밝히기도 했다. 아울러 그는 이러한 행정 단위체에 보다 많은 자치권을 부

이후 마이어의 헌법 초안은 몇 차례의 수정을 거친 후 제국의회에서 통과되었다.

그러나 빈 정부는 크렘지어 헌법안을 수용하지 않으려고 했는데 그러한 것은 프란츠 요제프 1세(Franz Joseph I, 1848~1916)가 제국의회에서 헌법안이 채택되기 이틀 전, 즉 3월 4일에 당시 내무장관이었던 슈타티온(Station)이 비밀리에 준비한 헌법안을 재가한 데서 확인할 수 있다.[5] 같은 날 슈타티온은 팔라츠키를 비롯한 제국의회 의원들 일부를 소환하여 정부의 입장을 일방적으로 통고했다. 여기서 슈타티온은 헝가리 소요 진압을 위해 제국 구성원들 간의 결속이 우선적으로 요구되기 때문에 정부가 그동안 마련한 헌법안을 공포하겠다는 입장을 밝혔다. 이러한 자세는 빈 정부가 더 이상 제국의회의 활동을 허용하지 않겠다는 것으로 보아야 할 것이다. 실제적으로 슈바르첸베르크는 1849년 3월 7일 크렘지어 제국의회에서 통과된 헌법안을 무효화했다. 아울러 그는 대규모 병력을 동원하

여할 경우 슬라브 정치가들뿐만 아니라 독일 정치가들의 협조도 얻어낼 수 있다는 판단을 했던 것이다. 이 당시 마이어가 구상한 자치권은 각 읍 또는 면이 그들의 대표나 대리인을 외부 간섭 없이 독자적으로 선출하는 것과 이러한 행정 단위체가 새로운 이주민들 수용에 대한 결정권을 가지는 것이었다. 또한 마이어는 각 읍이나 면이 지역민들과 직접적으로 연계되는 문제점들을 독자적으로 처리하거나 또는 지역경찰서를 자발적으로 운영하는 것을 자치권으로 간주했다. 그리고 그는 이러한 행정 단위체를 감시하는 지역의회가 지역민들에게 예산안을 공개하고 회의 운영 역시 공개적으로 할 수 있는 것을 자치권에 포함시키려 했다. 이렇게 할 경우 중앙집권화 정책의 강화로 제 민족의 자치권이 박탈될 수 있다는 슬라브 정치가들의 우려와 연방체제의 도입으로 제국 내 독일 민족의 위상이 격하될 수 있다는 독일 정치가들의 우려가 동시에 불식될 수 있다는 것이 마이어의 분석이었다.

5 정부가 제정한 헌법에서는 황제의 절대적 거부권 및 긴급 법률 제정권 등이 언급되었지만 현안으로 부각되던 민족문제에 대한 대책이라든지 신민의 기본권 보장 등은 들어 있지 않았다. 아울러 여기서는 중앙정부의 통제를 받는 기존의 행정구역을 그대로 둔다는 것도 거론되었다.

여 의사당 출입구 모두를 봉쇄하여 의원들의 의사당 출입을 저지했을 뿐만 아니라 저항하는 의원들 모두를 체포 · 구금했다.

정부의 이러한 조치에 대해 크렘지어 제국의회의 의원들, 특히 비독일계 의원들은 심한 반발을 보였다. 이들은 공동 명의로 발표한 성명서에서 정부의 조치가 재앙과 혼란만을 가져다줄 뿐이라고 했다. 그리고 이들은 앞으로 더 이상 정부 정책에 협조하지 않겠다는 입장을 밝혔을 뿐만 아니라 자신들의 정치적 목표를 달성하기 위해 모든 방법도 동원하겠다는 자세를 표방했다.[6]

실제적으로 리게르는 제국의회가 빈 정부에 의해 강제로 해산된 직후 체코 민족의 민족적 염원을 오스트리아 제국이 아닌 제3국에서 실현시키고자 했다. 따라서 그는 파리에서 체코 민족의 상황을 부각시키고 그것에 대한 지지 세력도 확보하려고 했다. 그러나 그의 시도는 별 효과를 거두지

---

6 크렘지어 제국의회가 해산된 이후 신절대주의(Neoabsolutismus) 시대가 오스트리아 제국에서 시작되었고 그것은 제국의회의 활동도 불가능하게 했다. 이에 따라 제국 내 정치가들은 자신들의 활동을 포기해야만 했다. 그러나 슬라브 정치가들은 독일 정치가들과는 달리 자신들이 지향한 정치적 목표를 다시금 부각시키는 적극성을 보였다. 비록 이들은 연방체제의 도입이 어렵다는 사실을 인지했지만 이들 중의 일부는 언론을 통해 빈 정부의 정책에서 확인되는 문제점을 지적하는 과감성도 보였다. 그 일례로 팔라츠키는 1849년 12월 21일『나로디니 노비니(Národní Noviny, 국민일보)』에「오스트리아 제국의 중앙집권화와 민족적 동등권(O centralisaci a národní rovnoprávnosti v Rakousku)」이란 기사를 투고했는데 거기서 그는 절대왕정 체제의 부당성을 다시금 언급했을 뿐만 아니라 빈 정부의 각성도 촉구했다. 그에 따를 경우 절대왕정 체제는 제 민족의 평등과 그들 사이의 화해를 가져다줄 수 없다는 것이다. 그리고 이러한 정치체제는 비독일계 민족들의 반발을 야기시켜 그들의 제국 이탈만을 부추긴다는 것이다. 아울러 그는 이러한 이탈 시도로 오스트리아 제국이 결국 해체될 것이라는 예견도 했다. 여기서 그는 빈 정부가 연방체제를 도입할 경우 그러한 비극적 상황은 초래되지 않을 것이라는 주장을 펼쳐 빈 정부의 각성을 우회적으로 촉구하기도 했다.

못했고 그러한 시도는 빈 정부에게 체코 정치가들을 임의적으로 통제할 수 있는 동인(動因)만을 제공했을 뿐이다.

제7부

이중체제의 도입과 후유증

오스트리아 제국은 제국 인구의 절반 이상을
차지하던 슬라브 민족의 법적·사회적 지위향상에
대해 전혀 관심을 표명하지 않았다. 그리고 이러한
자세는 3월혁명 이후 크게 대두된 민족문제해결의
저해요인으로 작용했을 뿐만 아니라 종국적으로는
제국해체를 유발시키는 결정적 요인으로도 작용했다.

1장 10월칙령과 2월헌법

오스트리아 제국에서 3월혁명이 발발한 후 새로운 질서 체제가 도입되었는데 거기서는 그동안 배타시되었던 자유주의적인 요소들이 크게 부각되었다. 그리고 오랫동안 도외시되었던 민족문제가 오스트리아 제국의 존속을 위협하게 됨에 따라 그것의 해결 방안이 모색되었고 거기서 연방체제의 도입 필요성도 거론되었다. 그러나 그동안 도나우 제국에서 우위권을 행사한 독일 정치가들은 그러한 질서 체제 도입에 대해 동의하지 않았는데 그것은 제국의 슬라브화가 급격히 진행될 수 있다는 판단 내지는 우려에서 비롯된 것 같다.[1] 이에 반해 슬라브 정치가들, 특히 체코 정치가들은 연방체제의 도입을 통해 그들 민족의 법적 · 사회적 불평등을 종식시키려고 했다. 이러한 시각 차이에 따라 슬라브 정치가들과 독일 정치가들은 대립하게 되었고 그 강도 역시 심화되어 타협의 가능성은 거의 없었다. 그러다가 1848년 10월 빈에서 발생한 소요로 구질서 체제의 회귀가

---

1 이 당시 오스트리아 제국의 전체 인구에서 독일 민족이 차지하던 비율은 단지 21%에 불과했다. 이에 반해 슬라브 민족은 50% 이상을 차지했다.

본격화되었고 1849년 초 혁명은 결국 실패로 끝나게 되었다. 이후 오스트리아 제국에는 구질서 체제의 근간이 그대로 유지된 질서 체제가 다시금 유입되었는데 그것을 지칭하여 신절대주의(neoabsolutismus) 체제라 한다. 그런데 이 질서 체제는 3월혁명 기간 중 쟁취한 자유주의적 요소들의 일부를 실제 정치에 반영시켰기 때문에 이전의 질서 체제인 절대주의 체제와 구분되고 있다.

신절대주의 체제가 도입되었음에도 불구하고 슬라브 정치가들, 특히 체코 정치가들은 더 이상 그들의 정치적 관점을 공개석상에서 언급할 수 없게 되었다. 아울러 이들의 상당수는 빈 비밀경찰의 감시 대상이 되어 사회생활의 여러 부분에서 압박 및 제한을 받았다. 그렇지만 이러한 상황은 외부적 요인, 즉 오스트리아 제국이 1859년 프랑스와 피에몬테-사르데냐(Piemonte-Sardegna)와의 전쟁에서 패함에 따라 사라지게 되었다.

전쟁에서 패한 오스트리아 제국은 1859년 11월 10일에 체결된 취리히(Zürich) 평화조약에 따라 제국 내에서 경제적으로 가장 선진화되고, 부유한 롬바르디아 지방을 상실하였고 그러한 상황은 빈 정부를 더욱 궁지에 몰아넣는 계기가 되었다. 여기서 빈 정부는 이러한 난국 타개에 필요한 방안들을 모색했고 거기서 제국 내 제 민족의 협조 및 동의가 우선적으로 필요하다는 사실도 인지하게 되었다. 이에 따라 빈 정부는 1860년 10월 20일 '10월칙령(Oktoberdiplom ; Říjnový diplom)'을 발표했는데 이 칙령은 프란츠 요제프 1세의 지시에 따라 당시 내무장관이었던 골루호보-골루호프스키(Goluchowo-Goluchowski)가 결성한 '59인 헌법준비위원회'에서 준비, 작성된 문서였다. 따라서 이 칙령에서는 지난 3월혁명 기간 중 팔라츠키, 샤파르지크, 그리고 하브리체크-보로프스키를 비롯한 일련의 슬라브 정치가들이 요구한 연방주의적 요소들이 많이 거론되었다. 이 당시 헌법준비위원회에 참석한 인물들의 일부가 지방의 자치권을 확대시키는 것보다 제국의회의 권한 증대에 보다 많은 관심을 보였지만 그러한 관점은 헌법준비위원회에서 수용되지 않았다. 10월칙령에서 거론된 중요한 것들은 다음과 같다.

첫째, 지방군 편성에서 역사적 요인 등을 우선적으로 고려한다.

둘째, 각 지방군 의회의 활성화를 통해 지방민의 절실한 요구들을 가능한 한 빨리 국정에 반영한다.

셋째, 향후 법률 제정에서 지방군 의회와 제국의회는 동등한 입장에서 상호 보완·협력한다.

프란츠 요제프 1세(Franz Josef I)

넷째, 제국의 단일화 유지에 부담이 되지 않는 범위 내에서 각 지방군의 특성 및 필요에 따른 자치권을 부여한다.

다섯째, 빈 중앙정부는 향후 외교 문제, 화폐 주조권, 관세 문제, 체신 문제, 교통 문제, 그리고 국방 문제만을 전담한다.

여섯째, 헝가리는 오스트리아 제국의 일부이다. 따라서 이 지방이 그동안 향유했던 특별 제 권한(Sonderrechte)은 이전보다 축소시킨다.

빈 정부의 이러한 조치는 제국 내 슬라브 정치가들에게, 특히 체코 정치가들에게 민족적 희망을 부여했을 뿐만 아니라 정치 활동의 재개에 대해서도 관심을 가지게 했다. 그리고 그동안 중단되었던 민족정신의 부활이 가시화되었고 그러한 것은 프라하를 중심으로 진행되었다. 이후부터 체코 지식인들 역시 체코어를 사용하여 학문적 활동을 펼쳤다. 프레슬이 과학 분야에서 두각을 나타내기 시작한 것과 칼로우세크(J. Kalousek)와 토메크(V. Vl. Tomek)가 역사의 중요성을 그들의 저서에서 강조한 것이 그 대표적 일례라 하겠다. 특히 칼로우체크와 토메크는 보헤미아 국가법을 비중 있게 다루어 체코 왕국과 오스트리아 제국 사이의 동등성을 부각시키려고 했다. 아울러 이 시기에 민족음악이 강조되었는데 그것은 스메타나(B. Smetana)와 같은 인물의 등장도 가능하게 했다.[2]

10월칙령이 공포된 이후 팔라츠키를 비롯한 대다수의 슬라브 정치가들은 빈 정부의 획기적 조치에 대해 의구심을 제기하는 신중성을 보였지만 이들은 일단 10월칙령을 긍정적으로 평가하는 데 주저하지 않았다. 그런데 슬라브 정치가들의 우려는 다음 해 2월 21일에 발표된 '2월헌법(Februarpatent ; Únorová ústava)'에서 가시화되었는데 그것은 이 헌법이 연방체제 대신에 중앙집권 체제를 다소 완화시킨 형태를 지향했기 때문이다.[3] 그런데 2월헌법의 초안은 1860년 12월 13일 골루호프스키(Agenor Graf Goluchowski) 백작 후임으로 빈 정부의 수상으로 임명된 슈멜링(Anton

---

2 스메타나는 1874년 여름 숲 속에서 아름다운 플루트 소리가 들리는 환청을 느꼈고, 이를 토대로 그의 대표작 〈나의 조국(Má vlast)〉을 작곡했다. 모두 여섯 개의 교향시로 구성된 〈나의 조국〉은 무엇보다도 보헤미아의 민족 음악과 애국주의에 뿌리를 두고 있었다. 이 중 '높은 성'이란 뜻을 가지고 있으며 과거 프라하의 옛 성으로 지칭되고 있는 제1곡인 '비셰흐라드(Vyšehrad)'와 우리들의 귀에 가장 익숙하면서도 유명한 제2곡 '블타바(Vltava)'는 창작에 들어간 지 두 달 만에 완성하여 그의 천재성을 회자시킨 작품이기도 했다.

3 페르탈러는 3월혁명 당시 오스트리아 제국에서 제기된 구오스트리아주의를 적극적으로 지지했을 뿐만 아니라 나아가 『빈 신문(Wiener Zeitung)』을 통해 그것에 대한 당위성도 부여하고자 했다. 페르탈러를 비롯한 구오스트리아주의자들은 이 기간 중 프랑크푸르트 국민의회가 제시한 독일 통합 방식을 반대했고 오스트리아 제국의 우위가 독일권에서 계속 보장될 수 있는 방법, 즉 오스트리아 제국의 전역이 새로운 독일에 편입되어야 한다고 주장했다. 3월혁명이 끝난 후 페르탈러는 언론인으로서의 활동을 포기하고 관료로서 재출발했다. 즉 1852년 법무부 고문으로 취임했고 점차적으로 빈 정부에 법률적 자문을 제공하는 역할도 담당하게 되었다. 이후 페르탈러는 중앙정부의 신임을 얻게 되었고 그것은 정부에 대한 그의 영향력을 확대시키는 계기가 되었다. 특히 그는 슈멜링을 보좌하면서부터 빈 정계의 실세로 등장할 수 있었다.

Ritter v. Schmerling)의 법률 보좌관이었던 페르탈러로부터 나왔다.[4] 페르탈러는 자신의 초안에서 10월칙령이 보장한 지방군 의회의 중요한 제 권한을 백지화했다. 즉 그는 지방군 의회가 10월칙령을 통해 인정받은 '법률 제정 참여권(Die Beteiligung am Gesetzgebung)'을 무효화했던 것이다. 아울러 페르탈러는 절대주의적인 요소들을 자신의 초안에 첨부했는데 그러한 것은 헌법에 대한 황제의 절대적 위상이 유지된 데서 확인할 수 있다. 즉 그는 황제의 통치권을 헌법 위에 놓아 황제가 앞으로 제정될 모든 법률적 조치에도 절대적 거부권을 행사할 수 있게끔 했다. 또한 2월헌법은 양원제도[상원(Oberhaus)과 하원(Herrenhaus)]를 채택하는 외형상의 변화도 모색했다. 그렇지만 이 헌법은 향후 정치 활동에서 핵심적 역할을 담당하게 될 하원을 경제적 능력에 따른 차등 선거로 구성하게 함으로써 입법부의 실제적 권한을 독일인 수중에 놓이게 했다.[5] 즉 2월헌법은 빈 정부가 10월칙령을 공포한 후 제국 내 독일 정치가들이 지적한 그들 민족의 법적 · 사회적 지위 격하 가능성을 인정하고 그것을 법률 제정에 적극적으로 반영시킨 결과라 하겠다.[6]

2월헌법이 발표된 이후 팔라츠키와 리게르를 비롯한 대다수의 체코 정치가들은 이 헌법에 강한 불만을 표시했지만 빈 정부의 위정자들은 그러한 반응을 무시하고 그들이 발표한 헌법을 정당화하는 데만 주력했다. 그것에 대한 일례는 프란츠 요제프 1세가 1862년 7월 빈에서 개최된 '독일 법률가 총회'에서 행한 연설에서 확인할 수 있다.

---

4 슈멜링은 독일어를 사용하는 민족들을 하나의 헌법, 하나의 의회로 묶어야 한다는 생각을 가지고 있었다.

5 이러한 선거제도의 도입으로 제국 신민의 6%만 선거권을 행사할 수 있게 되었다.

6 하원의 정원은 343명이었고 이 중에서 보헤미아 지방에 할당된 인원은 54명이었다. 그런데 이 지방의 소수 민족이었던 독일인들은 조세 능력에 따른 선거제도의 실시로 34명의 대표를 빈 제국의회로 보낼 수 있었다.

프란츠 요제프 1세는 그의 연설에서 우선 슬라브 정치가들이 주장하는 그들 민족과 독일 민족 간의 법적·사회적 평등 실현이 당시의 현실적 상황에서 불가능하다는 관점을 피력했다. 여기서 그는 연방체제를 오스트리아 제국에 도입할 경우 위에서 거론된 제 민족의 법적·사회적 평등화가 구현되지 못하리라는 언급을 했는데 그것은 독일 민족보다 수적으로 우세한 슬라브 민족들이 연방체제하에서 그들 민족의 이익만을 추구하리라는 분석에서 비롯된 것 같다. 따라서 프란츠 요제프 1세는 10월칙령의 시행으로 야기될 수 있는 부작용을 사전에 차단하기 위해 2월헌법을 제정했다는 입장을 밝혔던 것이다. 또한 그는 오스트리아 제국 내 독일 정치가들의 과제에 대해서도 언급했는데 그것은 이들이 슬라브 정치가들의 정치적 요구에 현혹되지 말고 독일 민족의 통합을 가시화하는 데 일조해야 한다는 것이었다. 그리고 만일 제국 내 독일 정치가들이 이러한 의무를 제대로 수행하지 않을 경우 그것은 독일 민족의 신성한 의무를 포기하는 행위로도 볼 수 있다는 것이 프란츠 요제프 1세의 관점이었다. 여기서 그는 특히 독일권의 통합이 구오스트리아주의의 원칙에 따라, 즉 오스트리아의 주도하에 이루어져야 한다고도 주장했는데 이것은 향후 소독일주의를 지향하던 프로이센과의 대립도 예견하게 했다.

팔라츠키를 비롯한 체코 정치가들은 제국의 정치적 상황이 신절대주의 시기보다 개선되지 않았음에도 불구하고 그동안 중단했던 정치 활동을 재개했는데 그것은 아마도 1850년대 말부터 제국 내에서 꾸준히 거론되었던 '이중체제(Dualismus ; dvojková soustava)'의 위험성을 직시하고 그것을 막기 위한 시도에서 비롯된 것 같다.[7] 그러나 이들은 그들의 정치 활

---

7 실제적으로 빈 정부는 그들이 프랑스와 피에몬테–사르데냐와의 전쟁에서 패한 후 세체니(A. Széchenyí) 백작을 비롯한 일련의 현실적이고, 온건한 헝가리 정치가들과 오스트리아 제국의 슬라브화를 막는 방안으로 대두된 이중체제 도입을 심도 있

동 범위를 보헤미아 지방에 국한시켰는데 그 이유는 제국 전역을 자신들이 지향하던 연방체제로 전환시킬 수 없다는 판단을 했을 뿐만 아니라 그러한 주장이 계속될 때 이중체제의 논의가 보다 가시화될 수 있다는 우려도 했기 때문이다.[8]

다민족국가인 오스트리아 제국은 제국 인구의 절반 이상을 차지하던 슬라브 민족의 법적·사회적 지위 향상에 대해 전혀 관심을 표명하지 않았다. 그리고 이러한 자세는 3월혁명 이후 크게 대두된 민족문제 해결의 저해 요인으로 작용했을 뿐만 아니라 종국적으로는 제국 해체를 유발시키는 결정적 요인으로도 작용했다.

게 협의하고 있었다.

8 팔라츠키를 비롯한 체코 정치가들은 1862년 4월 개원한 제국의회에 참석했지만 이들은 빈 정부가 제국의회를 통제한다는 사실을 인지하자마자 바로 제국의회를 떠났다.

2장 오스트리아제국의 국가이상

3월혁명 이후부터 체코 정치계를 주도한 팔라츠키는 지금까지 그가 제시한 정치적 제 관점을 보다 체계화하기 위해 1865년 6월『오스트리아 제국의 국가 이상(Idea státu Rakouského)』이라는 저서를 출간했는데 거기에는 다음의 것들이 언급되었다.[1]

팔라츠키는 그의 저서에서 우선「프랑크푸르트로 보내는 거절 편지」(1848)에서 언급한 관점, 즉 친오스트리아슬라브주의를 다시금 거론했다. 그는 오스트리아 제국 내 슬라브 민족들이 제국으로부터 벗어나 독립국가를 형성하려는 시도를 매우 위험한 행위로 간주했는데 그러한 것은 중부 유럽의 세력분포에서 비롯된 것 같다. 실제적으로 이 당시 중부 유럽에서 세력 확장을 꾀하던 러시아는 3월혁명 이후부터 그들의 주도로 슬라브 세계가 통합되어야 한다는 것을 누차에 걸쳐 천명했다. 따라서 오스

---

1 『오스트리아 제국의 국가 이상』은 모두 여덟 편의 논문과 부록으로 구성되었는데 그것들은 이미 친팔라츠키 성향의『Narod(국민)』(1865.4.9, 4.12, 4.16, 4.20, 4.26, 5.3, 5.10, 5.16)에 게재되어 구독자들의 지대한 관심을 유발시킨 바 있었다.

트리아 제국 내 슬라브 민족들이 독립을 쟁취할 경우 이들 국가들은 바로 러시아의 표적이 되리라는 것을 팔라츠키는 잘 알고 있었던 것이다. 이러한 현실적 상황으로 인해 팔라츠키는 슬라브 민족들이 그들의 민족적 특성과 사회적 · 법적 지위를 보존하고 향상시킬 수 있는 방법을 강구했고 거기서 주어진 질서 체제인 오스트리아 제국에서 그러한 것이 가능하다고도 판단했다.[2] 여기서 팔라츠키는 슬라브 민족들이 기존의 질서 체제를 인정하고, 협조적인 자세를 갖추기 위한 선행 조건도 제시했는데 그것은 빈 정부가 중앙집권 체제를 포기하고 새로운 질서 체제를 도입해야 한다는 것이었다. 팔라츠키는 선행 조건으로 연방체제의 조속한 도입과 그것에 따른 중앙정부와 지방정부 간의 균형 있는 권력 안배를 제시했다. 그러나 그는 빈 정부가 이러한 선행 조건을 수용하지 않을 경우 어떻게 대응할 것인가에 대해서는 언급하지 않았는데 그러한 자세는 아직까지 그가 빈 정부로부터 어떠한 양보 내지는 타협을 기대한 데서 비롯된 것 같다.

다음으로 팔라츠키는 저서의 상당 부분을 할애하여 1850년대 말부터 제국 내에서 거론되던 '이중체제'의 문제점을 상세히 언급했을 뿐만 아니라 그것의 시행 과정에서 야기될 위험성도 구체적으로 나열했다. 그에 따를 경우 이중체제는 독일 민족과 헝가리 민족을 제국의 지배 민족으로 승격시킬 것이고 이들 민족에 대한 슬라브 민족의 법적 · 사회적 지위가 상대적으로 격하되는 문제점을 가진다는 것이다. 더욱이 팔라츠키는 이중체

---

2 팔라츠키는 로마 교황 율리오 2세(Julius II)가 프랑스를 제어하기 위해 실시한 친베네치아 정책에 큰 감명을 받아 자신의 친오스트리아슬라브주의를 정립하게 되었다. 이렇게 팔라츠키의 정치적 행보에 큰 영향을 준 율리오 2세는 1503년 12월 26일 영국의 헨리 8세(Henry VIII)와 그의 형수 캐서린(Catherine, 아라곤 페르난도 2세(Aragon Ferdinand II)의 셋째 딸)과의 결혼을 승인한 교황으로도 잘 알려져 있다.

제의 도입으로 헝가리 민족의 지배하에 놓이게 될 라이타(Leitha) 강[3] 동부 지역의 슬라브 민족들, 즉 크로아티아인, 슬로베니아인, 그리고 루마니아인 들이 취할 행동을 거론했고 그러한 것은 결국 제국 해체를 촉발시키는 요인이 될 수 있다는 주장도 펼쳤다.[4] 팔라츠키는 자신의 저서에서 오스트리아 제국에 이중체제가 도입될 경우 어떠한 상황이 전개될 것인가에 대해서도 구체적으로 언급했다. 그는 이중체제가 공포될 경우 범슬라브주의 역시 등장하게 되리라는 예측을 하면서 그러한 것은 일반인들이 예상하는 것보다 훨씬 나쁜 형태를 갖추게 될 것 이라는 관점도 피력했다. 그리고 그는 향후 어떠한 상황이 오스트리아 제국에서 전개될 것인가를 예측하기도 했다. 여기서 팔라츠키는 오스트리아 제국의 해체가 필연적이고 그것에 대한 제국 내 슬라브인들의 우려 역시 예상보다 높지 않을 것이라고 했는데 그러한 것은 그들의 미래를 보장하는 범슬라브주의의 탄생이 그들의 주관심 대상으로 부각된 데서 비롯된 것 같다. 아울러 팔라츠키는 1861년 2월 19일 러시아의 알렉산데르 2세(Alexander II)가 공포한 농노 해방령을 통해 러시아 역시 오스트리아 제국 내 슬라브 민족들의 권익 향상을 현실화시켜줄 대안 세력이 될 수 있다는 긍정적 판단도

---

3 오늘날 부르겐란트(Burgenland)에 위치한 라이타 강은 1867년 이중체제가 오스트리아 제국에 도입될 때 그 기준점이 되었다. 즉 빈 정부는 이 강의 서부 지역인 시스라이타니엔(Cisleithanien ; Předlitavsko)을 통치하게 되었고, 부다 정부는 이 강의 동부 지역인 트란스라이타니엔(Transleithanien ; Zalitavsko)에 대한 독자적 지배권을 획득했다.

4 이중체제가 오스트리아 제국이 도입되기 이전부터 헝가리 정치가들, 예를 든다면 언드라시(J. Andrássy) 백작은 이중체제가 도입될 경우 그들의 통치 지역에 거주하는 슬라브인들을 자의적으로 지배하겠다는 의지를 공공연히 밝히곤 했다. 여기서 그는 헝가리의 지배하에 있는 크로아티아인, 슬로베니아인, 그리고 루마니아 인들은 민족(nemzet)이 아닌 혈연적 집단 내지는 종족(fajta ; fajzat)에 불과하다는 폄하적인 발언도 했다.

했다. 즉 그는 당시 러시아에서 진행된 일련의 정치적 행보에 희망적 반응을 보였던 것이다.[5]

이어 팔라츠키는 향후 도입될 이중체제의 유형에 대해서도 언급했는데 그것을 살펴보면 다음과 같다.

① 빈과 부다를 오스트리아와 헝가리의 수도로 정하고 제국을 완전히 이분한다. 이에 따라 오스트리아와 헝가리는 상호 간섭 없이 독자적으로 그들 국가를 운영할 수 있지만 프란츠 요제프 1세는 양국 공동 황제로서의 지위를 상실하지 않는다[군합국(Reine Pesonalunion)].

② 오스트리아와 헝가리는 특별한 상황에 능동적으로 대처할 수 있게끔 공동 헌법을 마련한다. 그러나 이러한 조치는 양국이 독립국가로서 활동하는 데 전혀 영향을 주지 않을 것이다. 여기서도 프란츠 요제프 1세는 양국 공동 황제로서의 직무를 수행한다[부분적 정합국(Teilweise Real-union)].

③ 제국의 공통 사안이라 할 수 있는 국방, 외교, 재정 문제를 논의하기 위해 양국 의회의 의원으로 구성된 제국의회를 적어도 1년에 한 번씩 빈과 부다에서 번갈아 가며 개최한다. 그 이외의 국정 사안들은 양국 의회와 정부가 독자적으로 입안하고, 시행한다. 그리고 프란츠 요제프 1세는 대외적으로 양국을 대표하는 역할을 수행한다[정합국(Volle Realunion)].

끝으로 그는 자신이 1848년 빈과 크렘지어 제국의회에서 외교, 국방, 그리고 재정 부분을 중앙정부의 고유 권한으로 제시했음을 상기시키면서

---

5 1864년 러시아의 정치가 사마린(J.F. Samarin)이 프라하를 방문했다. 이 기간 중 그는 팔라츠키를 방문했는데 거기서 팔라츠키는 그에게 "앞으로 러시아가 정치적으로 성숙할 수 있을까?"라는 질문을 던졌다. 그것은 러시아가 정치적으로 성숙할 경우 제국 내 슬라브 정치가들은 언제라도 러시아와 협력할 자세가 있음을 그가 우회적으로 밝힌 것 같다.

이제 더 이상 그러한 것을 고집하지 않겠다는 입장을 밝혔다. 따라서 그는 교역, 관세, 그리고 교통 부분마저 중앙정부의 권한으로 인정하려는 자세를 보였던 것이다. 팔라츠키의 이러한 시도는 연방체제의 기본적 골격인 중앙정부와 지방정부 간의 세력 균형을 파기하고 지방정부에 대한 중앙정부의 상대적 권한 우위를 인정한 것으로 볼 수 있을 것이다. 아울러 당시 제국 내 독일인들 사이에서 제기된 제국의 슬라브화에 대한 우려를 불식시켜주는 동시에 자신의 계획에 대한 이들의 동의를 얻어내려는 의도도 가졌다 하겠다.[6]

『오스트리아 제국의 국가 이상』에서는 위에서 거론된 것 이외에도 다음의 것들이 언급되었다.

① 슬라브 민족의 민족적 특성, 즉 평화로운 삶을 지향하는 슬라브 민족과 항상 무력으로 주변 민족들을 정복하고 지배하려는 독일 민족의 팽창욕을 대칭시켰는데 그것은 팔라츠키가 헤르더의『인류사의 철학을 위한 개념(Ideen zur Philosophie der Geschichte der Menschheit)』에서 제시된 슬라브 민족에 대한 긍정적인 분석을 그대로 수용했기 때문이다. 팔라츠키의 이러한 주장은 1836년 8월부터 출간되기 시작한『보헤미아사(Dějiny národu českého v Čechách)』를 비롯한 일련의 저서 및 논문에서 이미 거론된 바 있다.

② 보헤미아의 역사, 특히 오스트리아의 지배하에 놓이게 된 1526년부터 체코 왕국사를 체코 역사가의 관점(mínění)보다는 비교적 중립적이고 객관적인 입장에서 약술했다. 팔라츠키는 1848년 5월 프라하에서 개최된 제1차 슬라브 민족회의에서 문서화된 보헤미아 국법에 대해서도 언급했는데 이것에 따를 경우 체코 왕국의 영역이었던 보헤미아-모라비아-

---

6 팔라츠키는 이를 통해 제국 내 독일인들이 가졌던 기득권의 일부를 인정하려고 했던 것이다.

슐레지엔 지방은 분리 통치될 수 없고 체코 왕국은 1526년의 합의 각서와 1713년의 국사조칙에 따라 오스트리아 제국과 동등한 지위 및 권력을 가지기 때문에 이 왕국에 대한 빈 정부의 일방적인 조치는 아무런 법적 효력도 발휘할 수 없다는 것이다. 그리고 빈 정부가 이러한 조치들을 철회하지 않고 그러한 것들이 체코 왕국에 속했던 지방들의 권익에 위배될 경우 이들 지방들은 그들 스스로의 이익을 지키기 위해 오스트리아 제국으로부터 이탈할 권리도 가질 수 있다는 것이다.

③ 1860년 10월에 발표된 10월칙령과 다음 해 2월에 공포된 2월헌법의 내용들을 살펴보고 비교했다. 여기서는 특히 2월헌법의 문제점 내지는 불합리성, 예를 든다면 중앙정부와 지방정부 사이의 권력 안배에서 나타나는 모호성 내지는 모순성이 집중적으로 부각되었다. 이렇게 함으로써 팔라츠키는 중앙집권적인 2월헌법이 오스트리아 제국과 같은 다민족국가의 통치에 부적절하고 오히려 주어진 상황만을 더욱 악화시킨다는 것을 강조하려고 했던 것이다.

팔라츠키의『오스트리아 제국의 국가 이상』이 출간된 이후 제국 내 슬라브 정치가들은 팔라츠키의 관점에 동의하는 자세를 보였다. 그러나 당시 프라하에서 간행되던『보헤미아(Bohemia)』와『프라하 신문(Prager Zeitung)』은 팔라츠키의 관점에 동의하지 않았기 때문에 보이스트(F. Beust), 지스크라(K. Giskra), 피시호프(A. Fischhof), 베르거(J. N. Berger), 그리고 회플러(A. Höfler) 등이 밝힌 부정적 견해를 게재하는 데 적극성을 보였다. 뿐만 아니라 이 신문들은 이중체제를 지지하던 헝가리 정치가들의 관점을 여과 없이 게재하는 등의 편파성도 보였다.

팔라츠키는 공개석상에서 독일 언론 및 정치가들의 이러한 행보에 심한 분노를 표시했다. 아울러 그는 독일인들의 이율배반적인 행태를 일간지『국민(Národ)』을 통해 언급했는데 그에 따를 경우 독일 정치가들이 자유주의적인 관점이나 입헌주의에 대해 언급하고 있지만 이들은 실제적으

로 그들의 특권만을 유지하려는 자세를 보이고 있다는 것이다.[7]

팔라츠키는 자신의 저서를 통해 빈 정부가 제국 내 민족문제를 해결하지 못할 경우 제국의 해체는 필연적이라고 했지만 프란츠 요제프 1세와 그의 추종 세력들은 그러한 관점에 동의하지 않았다. 실제적으로 민족문제를 해결하지 못한 오스트리아 제국은 팔라츠키가 예상한 것처럼 해체의 수순을 밟았고 이것을 통해 민족문제가 다민족국가에서 우선적으로 해결해야 할 과제라는 것도 부각되었다. 이러한 역사적 교훈에도 불구하고 다민족국가에서 민족문제가 끊임없이 발생하고 있는데 이것은 인간의 기본적 속성, 즉 소유욕과 권력욕이 불변한 데서 그 원인을 찾아야 할 것이다.

---

7 이 당시 팔라츠키는 브륀(Brünn)으로 학술 여행을 떠났는데 거기서 그는 딸 마리에(Marie)에게 편지를 보냈다. 편지에서 팔라츠키는 자신에 대한 독일인들의 반감 증대 및 슬라브인들과 독일인들 사이의 반목 심화 등을 집중적으로 거론했다.

3장 소슬라브 민족회의의 활동과 지향 목표

1860년대 초반부터 체코 정치가들은 리게르와 팔라츠키가 이끄는 구체코당(Staročeši)과 슬라드코프스키(K. Sladkovský)와 그레그르(E. Grégr)의 신체코당(Mladočeši)에 가입했지만 이들 모두는 친오스트리아슬라브주의에 동의하는 자세를 보였다. 즉 이들은 합스부르크 왕조를 유지시켜야만 체코 왕국의 독립 역시 쟁취할 수 있다는 데 암묵적 합의를 했던 것이다.

1859년 오스트리아 제국에서 신절대주의 체제가 붕괴됨에 따라 빈 정부는 제국 내 민족문제 해결에 적극성을 보였고 이것은 체코 정치가들이 구체코당에 깊은 관심을 가지게 하는 요인으로 작용했다. 이 당시 구체코당은 체코 왕국의 역사적 제 권리 및 영역을 인정받고 그러한 것들을 보존하기 위해서는 오스트리아 제국의 존속이 반드시 필요하다는 관점을 피력했는데 이것은 이 당의 핵심 인물들, 즉 팔라츠키와 리게르가 3월혁명 이후부터 지속적으로 펼친 정치적 노선에서 비롯된 것이라 하겠다. 점차적으로 이 당은 보헤미아-모라비아-슐레지엔 지방의 대표들로 구성된 통합 보헤미아 지방의회의 개원 필요성을 제기했다. 아울러 이 당은 모라비아 및 슐레지엔 지방에서 민족운동을 확산시킬 경우 이들 지방의회 역시 통합 보헤미아 지방의회 구성에 관심을 가지게 될 것이라는 부수적인 예견도 했다. 여기서 구체코당은 보헤미아 지방에서 체코어가 사회 공용어로서의 기능을 다시 회복할 수 있게끔 하는 것과 지방자치권 확대를 그들의 정치적 목표로 제시했다. 또한 이들은 보헤미아 귀족 계층의 협력을 얻어낼 경우 자신들의 정치적 목표를 보다 쉽게 실현할 수 있다는 확신도 가지고 있었다.

구체코당에 비해 수적으로 열세였던 신체코당은 1860년대 중반부터 오스트리아 제국에 대한 자신들의 입장을 본격적으로 표명하기 시작했는데 이것은 구체코당의 그것과 적지 않은 간극도 보였다. 실제적으로 이 당은 오스트리아 제국의 존속을 원칙적으로 인정했지만 이들은 실용적 측면과 정치적 능동성을 강조하면서 자신들의 정치적 입장을 보다 구체화하는 데 주력했다. 점차적으로 이들은 친오스트리아슬라브주의를 무조건 추종하는 것에 동의하지 않았는데 이것은 구체코당의 지속적인 활동에도 불구하고 오스트리아 제국 내에서 체코 민족 법적·사회적 위상이 크게 향상되지 않은 데서 비롯된 것 같다. 그럼에도 불구하고 이들은 당시 프리치(J. V. Frič)가 지향한 극단적 민주정 체제의 도입에는 동조하지 않았는데 이것은 이들이 형제전쟁(1866)이 발발한 이후 베를린 정부와의 연계를 통해 오스트리아 제국을 와해시키려고 한 프리치의 구상에 동의하지 않은 데서 확인할 수 있다. 그리고 신체코당은 구체코당과는 달리 귀족 계층과의 협력에 부정적이었는데 그것은 이들이 귀족 계층을 신임하지 않았기 때문이다. 따라서 이 당은 시민 계층과 하층민 계층, 즉 도시의 소시민 계층과 농민 계층의 지지를 확보하려고 했고 지방의 목사들과 교사들 역시 이들의 포섭 대상이 되었다. 점차적으로 신체코당은 그들의 정치적 강령을 제시하는 독자성도 부각시켰는데 거기서는 자치권 획득 같은 민족적 요구들과 더불어 일련의 민주주의적인 요구들이 거론되었다.

즉 신체코당은 국가와 로마 교회
사이의 정치 및 종교에 관한 조약
(konkordát) 폐지, 교회에 대한 국가
의 간섭 포기, 그리고 교회 재산에
대한 국가 채무 말소 등을 요구했던
것이다.

비스마르크(v. Bismarck)

독일권에서의 주도권 쟁탈로 인
해 오스트리아와 프로이센 사이에
형제전쟁이 발생했고 여기서 프로
이센은 개전 초부터 우위를 차지했
다. 1866년 7월 3일 프로이센의 비
스마르크(v. Bismarck)는 쾨니히그
래츠(Königgrätz, 오늘날의 흐라데
츠크랄로베(Hradec Krárové))에서 오스트리아의 주력군을 격파한 후 가능
한 한 빨리 빈 정부를 휴전 협상에 참여시키기 위한 방법을 강구하게 되
었고 거기서 빈 정부의 민족 정책에 대해 강한 불만을 가지고 있던 제국
내 슬라브 민족들을 적극적으로 활용하려고 했다.[1] 따라서 그는 7월 11
일 슬라브 정치가들, 특히 체코 정치가들을 겨냥하여 「명예로운 보헤미아
왕국의 신민들에 대한 선언(Manifest an die Bevölkerung der ruhmreichen
Königreiches Böhmen)」이라는 공개 문서를 발표하는 민첩성도 보였다. 그
는 공개 문서에서 체코 민족이 오스트리아 제국에 반기를 들 경우 베를린
정부는 그동안 체코 민족이 오스트리아 제국에서 실현하지 못한 자치권
획득에 대해 적극적인 협조 및 지지를 아끼지 않겠다는 입장을 밝혔는데

1 쾨니히그래츠 전투에서 프로이센군의 희생은 1,920명이었지만 오스트리아군은
 이보다 훨씬 많은 5,658명에 달했다.

그것은 프로이센이 오래전부터 체코 민족의 역사적 권리를 인정했기 때문이라는 것이다.

비스마르크의 이러한 제안에 체코 정치가들은 자신들의 입장을 정리하려고 했다. 우선 신체코당의 슬라드코프스키는 빈에서 폴란드 및 남슬라브 정치가들과 협상을 벌였고 거기서 이들은 향후 오스트리아 제국에 어떻게 대응해야 하는지를 구체적으로 논의하는 적극성을 보이기도 했다. 논의 과정에서 슬라드코프스키는 체코 왕국의 독립 필요성을 역설했지만 그러한 관점에 대한 참석자들의 반응은 부정적이었다.

신체코당 주도로 진행된 정치적 집회와는 별도로 팔라츠키와 리게르를 비롯한 구체코당의 핵심 인물들도 7월 19일부터 7월 22일까지 프라하에서 간담회 형식의 긴급 집회를 개최했다. 여기서 이들은 신체코당의 정치가들과 마찬가지로 비스마르크 제안에 대한 그들의 입장 및 대응책을 논의했을 뿐만 아니라 그것을 문서화하기도 했다.

간담회에서 작성된 문서에서는 비스마르크가 제안한 슬라브 민족의 탈오스트리아적 행위에 대한 부정적 시각이 표출되었을 뿐만 아니라 빈 정부에 대한 그들의 요구들도 구체적으로 거론되었는데 그것들을 살펴보면 다음과 같다. 첫째, 빈 정부는 현행법을 대신하여 제국 내 제 민족의 법적·사회적 동등화를 보장하는 제도적 장치를 가능한 한 빨리 마련해야 할 것이다. 이렇게 할 경우 빈 정부는 제국의 붕괴를 일으킬 수 있는 현재적 상황에서 벗어날 수 있는데 그러한 것은 사문화된 10월칙령을 원상 복구시키는 것으로 가능할 것이다. 둘째, 빈 정부는 1713년의 국사조칙에서 명시된 체코 왕국의 제 특권을 인정해야 할 것이다.

결국 슬라브 정치가들의 이러한 주장은 빈 정부가 1860년대 초반부터 오스트리아 제국 내에서 회자되던 이중체제를 포기하고 연방체제의 도입을 통해 제국 내 문제점들을 해결해야 한다는 것으로 요약될 수 있을 것이다.

프라하에서 간담회를 끝낸 직후 팔라츠키와 리게르는 당시의 급박한 상황하에서 슬라브 정치가들이 그들의 정치적 관점을 보다 명백하게 부각시켜야 한다는 것을 인식했고 그러한 것을 현실화하기 위한 방안도 강구했다. 여기서 이들은 빈에서 소슬라브 민족회의를 개최해야 한다는 필요성을 부각시켰고 그것에 대한 제국 내 슬라브 정치가들의 반응 역시 긍정적이었다.[2] 이에 따라 7월 25일 저녁부터 회의 참석자들이 빈에 도착하기 시작했는데 이날은 바로 니콜스부르크(Nikolsburg)에서 오스트리아와

---

2 쾨니히그래츠 패전 이후 제국 내 슬라브 정치가들, 특히 체코 정치가들이 펼친 긍정적 행보와는 달리 제국 내 독일인들은 커다란 충격에서 벗어나지 못했다. 실제적으로 형제전쟁에서 패한 직후 제국 내 많은 독일인들은 공황 상태에 놓이게 되었고 이들 중의 상당수는 깊은 절망에 빠지기도 했다. 게다가 제국 내에서 독일인들의 위상이 이전보다 크게 격하되었는데 그것은 벨크레디의 빈 정부가 전쟁 이후 제국을 근본적으로 개편하려고 한 데서 비롯된 것 같다. 그러나 제국 내 독일인들은 제국의 이러한 체제 변경에서 배제되었을 뿐만 아니라 독일권으로부터의 지원마저 차단된 상태에 있었다. 이러한 위기적 상황에서 슈타이어마르크의 독일 정치가들은 그들의 정치적 관점을 피력하는 능동성을 발휘하기 시작했다. 이 당시 이들은 패전 이후 그들 민족이 놓이게 될 상황과 거기서 야기될 불합리성을 인지했기 때문에 제국에 대해 무관심을 표명하기보다는 민족적 위상 및 권한 증대를 위한 능동성 발휘에 관심을 보였다. 여기서 이들은 오스트리아 제국의 초민족주의적 특징을 활용하여 그들 민족의 우위권 유지에 필요한 방안들을 강구했고 거기서 이전의 영역보다 제한되거나 축소된 오스트리아가 그 대안이 될 수 있다는 것도 파악했다. 이러한 관점을 토대로 이들은 제국을 오스트리아와 헝가리의 지배하에 놓이게 할 경우, 즉 제국을 양분할 경우 그것이 바로 독일인들의 위상을 오스트리아 제국에서 보장받는 최상의 방법이라는 것도 인지하게 되었다. 또한 이들은 통합 독일과 우호적 외교정책을 펼치고 내정에서 독일화 정책을 강력히 추진할 경우 이것 역시 독일인들의 위상을 보장받을 수 있는 또 다른 대안이 될 수 있다고도 주장했다. 따라서 이들은 1866년 이후 제국에 등장한 새로운 상황과 빨리 타협할 수 있는 유연성도 갖추게 되었는데 이것은 제국 내 민족적 자유주의자들, 즉 정통 자유주의자들이 제국을 포기한 것과는 달리 새로운 상황하에서 그들의 존재 가능성을 모색하면서 찾아낸 방안들을 빨리 실천하려고 한 데서 확인할 수 있다.

프로이센 사이에 임시 평화조약이 체결된 날이기도 했다. 슬라브 정치가들의 이러한 행보에 빈의 언론들도 큰 관심을 보였는데 특히 이들은 슬라브 정치가들이 오스트리아 제국의 어려운 상황을 악용하지 않을까에 대해 심한 우려를 표명하기도 했다. 실제적으로 빈의 언론들은 슬라브 정치가들의 정치적 목적, 즉 오스트리아 제국에 연방체제를 도입시키는 것에 두려움을 가졌기 때문에 그것의 저지가 바로 자신들의 과제라 인식하기도 했다. 이러한 비우호적인 분위기에서 소슬라브 민족회의는 7월 26일부터 빈에서 개최되었는데 여기에는 팔라츠키와 리게르뿐만 아니라 모라비아에서 온 프라자크, 스트로스마이어(J. G. Stroßmayer) 주교, 크로아티아 출신 마주라니치(Mazuranic), 그리고 폴란드에서 온 골루호보-골루호프스키 백작 등도 참석했다.

소슬라브 민족회의에서는 오스트리아 제국에 연방체제를 도입해야 한다는 필요성이 제기되었을 뿐만 아니라 다음의 사안들 역시 관철시키기로 했다. 첫째, 이중체제가 다민족국가의 통치에 적합하지 않다는 사실을 부각시켜 빈 정부의 계획을 포기하게 한다. 둘째, 제국 내 슬라브 민족들이 그동안 펼칠 수 없었던 정치적 역량을 연방체제의 도입을 통해 발휘하게 하고 그것에 따른 사회적·경제적 의무도 동시에 이행하게 한다. 셋째, 빈 정부의 수상이었던 벨크레디(Belcredi)의 민족 정책을 지원한다.

소슬라브 민족회의에 참석한 슬라브 정치가들은 1848년 6월 프라하에서 개최되었던 슬라브 민족회의에서와 같이 자신들의 정치적 요구 사안들을 집약한 선언문(Proponendum) 작성에 합의했고 그러한 과제를 팔라츠키와 리게르에게 위임시켰다. 슬라브 정치가들의 이러한 움직임은 더이상 급변하는 국내 상황에 수수방관하지 않고 적극적으로 대처하여 자신들의 민족적 이익을 보호하고 증대시키겠다는 의지의 표현으로도 볼 수 있을 것이다. 이후 팔라츠키와 리게르는 슬라브 정치가들의 요구 사항들을 집약하는 작업에 착수했고 그것을 토대로 한 선언문도 작성했다. 선언문의 서두에서는 형제전쟁 이후 오스트리아 제국이 그동안 독일 연방에서 이행한 역할로부터 벗어나 국가이익을 우선시하는 정책을 펼칠 수 있게 되었음을 거론했다. 또한 오스트리아 제국은 향후 유럽 강대국들과의 분쟁에서 비교적 자유롭기 때문에 빈 정부는 모든 총력을 기울여 내정개혁 및 국가 발전에 치중해야 한다는 것도 강조되었다. 이것 이외에도 선언문에서는 다음의 것들이 언급되었다.

1) 앞으로 빈 정부는 어느 특정 민족의 특성 및 이익만을 강조하고 그것을 보호하려는 정책을 더 이상 펼쳐서는 안 될 것이다. 왜냐하면 우리는 그러한 정책의 시행 과정에서 발생된 문제점들과 그것들이 가지는 심각성을 잘 알고 있기 때문이다.

2) 역사적-국법상으로 나눈 다섯 개의 지방군〔(구오스트리아 지역은 ① 상오스트리아 지방과 ② 하오스트리아 지방으로 나눈다) ③ 보헤미아 지방 ④ 부코비나를 포함한 갈리치아 지방 ⑤ 헝가리 지방)〕은 제국 정부에 그들 지방군의 권익 옹호 및 문제점들을 정확히 전달하기 위해 궁내대신(Hofkanzler)을 파견할 수 있다. 또한 각 지방군은 독자적으로 그들 관할 지역의 사법 문제를 처리 · 해결할 수 있게끔 지방재판소(Gerichtshof)를 설치 · 운영할 권한도 가진다.

3) 궁내대신의 제안으로 각 지방군은 지방군 정부를 구성할 수 있다. 여기서 중앙정부는 각 지방군 정부의 정무장관을 해당 정부의 동의 없이 임명할 수 있는데, 그것은 통합국가 유지에 필요하기 때문이다. 따라서 각 지방군 정부는 중앙정부의 이러한 권한 행사에 이의를 제기할 수 없다. 또한 황제는 각 지방군에서 제국의 관심을 보존시키기 위해 중앙정부의 추천에 따라 총독을 임명할 수 있는데 총독은 궁내대신과 더불어 중앙정부와 협상을 전개할 수도 있다.

4) 입법기구를 지방군 의회, 통합 지방군 의회, 그리고 각 통합 지방군 의회의 대표들로 구성되는 제국의회로 세분하여 운영할 경우 오스트리아

제국 내 민족적 갈등 역시 해소될 수 있을 것이다.

또한 선언문에서는 제국에 대한 각 지방군의 조세 및 국방비 부담은 그들의 경제적 능력에 따라 공평하게 결정해야 한다는 것과 조속한 시일 내에 신민들에게 과중한 부담을 주는 현행 조세제도 역시 개편되어야 한다는 것 등이 거론되었다.

팔라츠키와 리게르는 그들이 작성한 선언문에서 연방체제의 도입으로 제국 내 제 문제를 해결할 수 있다는 것을 강조했을 뿐만 아니라 슬라브 민족의 사회적 지위 향상과 법률적 권익 옹호도 그러한 체제하에서 가능하다는 것을 다시금 부각시켰다.

이 당시 회의 참석자들, 특히 리게르는 선언문의 이행이 가능하다는 확신을 가지고 있었다. 소슬라브 민족회의가 진행되는 동안 팔라츠키와 리게르는 7월 30일 프란츠 요제프 1세를 알현할 기회도 가졌다. 여기서 이들은 그동안 강조한 친오스트리아슬라브주의가 제국에게 어떠한 이점을 가져다주었는가를 상세히 언급하기도 했다. 아울러 이들은 빈 정부가 추진하던 이중체제의 문제점들에 대해서도 비교적 자세히 거론했다. 프란츠 요제프 1세를 알현하면서 리게르는 다음을 인지할 수 있었다. 그에 따를 경우 이제 황제를 비롯한 독일인들은 오스트리아 제국이 독일권으로부터 이탈해야 한다는 것을 기정사실로 간주하게 되었다는 것이다. 그리고 그동안 빈 정부가 추구한 독일 정책은 더 이상 실효를 거둘 수 없기 때문에 제국 내에서 과반수 이상 차지하고 있는 슬라브적 요소에 대한 배려 정책이 펼쳐져야 한다는 필요성을 빈의 위정자가 직시하게 되었다는 점도 리게르는 파악할 수 있었다. 아울러 리게르는 보헤미아 지방의 귀족 계층이 선언문 실현에 동참할 경우 그것을 보다 빨리 가시화할 수 있다는 판단도 했다.

소슬라브 민족회의에 참석한 슬라브 정치가들 역시 팔라츠키와 리게르가 작성한 선언문에 긍정적인 반응을 보였지만 참석자들의 일부, 특히 3

월혁명 이후 줄곧 과격한 노선을 지향한 폴란드 참석자들은 이 선언문에 동의하지 않았다. 그것은 아마도 이들이 지방군 편성에서 그들 민족이 당하게 될 불이익을 생각했을 뿐만 아니라 그들 민족이 오스트리아 제국의 지배로부터 벗어나야 한다는 주장과도 일치하지 않았기 때문이다.

그러나 슬라브 정치가들, 특히 체코 정치가들의 기대와는 달리 프란츠 요제프 1세를 비롯한 빈 정부의 핵심 인물들은 프로이센과의 전쟁에서 패배한 직후부터 그동안 준비한 이중체제의 도입을 가능한 한 빨리 성사시키겠다는 생각을 하게 되었는데 그러한 것은 독일인들이 제국 내에서 차지하는 비율이 단지 21%에 불과하다는 현실적 상황에서 비롯된 것 같다. 따라서 빈 정부는 체코 정치가들을 비롯한 슬라브 정치가들의 강한 반발에도 불구하고 이중체제의 도입을 기정사실화했고 그것에 필요한 절차도 밟기 시작했다. 이 당시 프란츠 요제프 1세 역시 헝가리 민족과의 협력을 통해 제국의 슬라브화를 저지해야 한다는 관점을 가졌기 때문에 정부의 행보를 적극적으로 지지했다.

마침내 1867년 3월 15일 프란츠 요제프 1세는 오스트리아 제국의 이원화를 공식적으로 선포했고 그것에 따른 효력 발휘는 1867년 6월 12일부터 시작되었다. 이에 따라 독일 민족과 헝가리 민족은 제국 내에서 지배 민족으로 등장하게 되었고 이들 민족은 자신들에게 할당된 영역을 아무런 제한 없이 통치하게 되었다.[3]

---

3 이제 오스트리아-헝가리 제국은 독자적 주권을 보유한 두 개의 개별 왕국이 한 명의 군주를 정점으로 한 하나의 국가 형태를 취한 것이다. 외교, 국방, 그리고 재정 부분은 양국의 공동 사안으로 간주하여 개별 국가 내 별도의 부처가 설치되지는 않았지만 기타 업무는 각각의 정부가 독자적 부처를 설치하여 해결하도록 했다. 즉 한 국가에 두 개의 중심체(두 개의 정부, 두 개의 의회)가 존재하는 이중 왕국으로 변형된 것이다. 그리고 양국의 공동 업무 사항으로 간주된 분야는 양국 정부 및 의회 대표들에 의해 통제되게끔 규정되어 있었다. 관세와 무역에 관한 규정, 그리

이중체제의 도입을 적극적으로 반대했던 체코 정치가들, 특히 구체코당의 정치가들은 이 체제가 도입된 이후 그동안 견지한 친오스트리아슬라브주의를 일시적으로 포기하고 범슬라브주의에 관심을 보였다. 슬라브 정치가들의 이러한 태도 변화는 그동안 우려했던 제국 해체에 대해 더 이상 관심을 보이지 않겠다는 것으로 이해할 수 있을 것이다. 그러나 이들은 바로 이러한 입장을 포기해야만 했는데 그것은 아마도 슬라브 민족의 사회적·법적 지위 향상이 오스트리아 제국 이외의 다른 국가에서 실현될 수 없다는 현실적 상황에서 비롯된 것 같다.

고 발권은행으로서의 중앙은행 설치와 운영 문제 등을 비롯한 경제적 업무 사안들은 매 10년마다 양국이 새로이 타협하여 협정을 맺기로 했다. 1867년 6월의 타협으로 합스부르크의 황제는 군주로서의 절대적 지위를 보장받음으로써 양국 간의 이해가 상충할 때 그것을 최종적으로 결정할 수 있는 권한도 확보하게 되었다.

4장 체코 정치가들의 탈오스트리아적
행보(1867~1869)

1867년 3월 15일 프란츠 요제프 1세가 오스트리아 제국의 이원화를 공식적으로 선포한 후 체코 정치가들 역시 이 제국의 이원화를 기정사실로 인정했다. 그러나 이들은 더 이상 빈의 위정자들과 어떠한 정치적 타협이나 협상도 모색하지 않았다. 아울러 이들은 그들 민족의 법적 · 사회적 지위 향상 및 민족성 유지를 오스트리아 제국이 아닌 다른 질서 체제에서 찾고자 했다. 즉 이들은 지금까지 견지한 친오스트리아슬라브주의를 포기하고 당시 슬라브 제 민족의 단결을 강조하던 러시아와의 접촉을 모색했다. 그리고 이러한 시도의 일환으로 팔라츠키와 리게르를 비롯한 84명의 체코 지식인들이 1867년 5월 15일 러시아 방문을 위해 프라하를 떠났는데 여기에는 슬라드코프스키, 마네스(J. Manes), 에르벤(K. J. Érben) 등도 참여했다. 그리고 팔라츠키와 정치적 견해를 달리했던 인물들도 러시아 방문에 동참했는데 그것은 이중체제 도입을 반대한다는 공통분모에서 비롯된 것 같다.

그런데 러시아 방문단을 주도한 팔라츠키와 리게르는 러시아 방문에 앞서 파리에서 개최 중이던 세계박람회에도 참석하려고 했다. 따라서 이들은 러시아 방문 본진과는 달리 1867년 5월 15일 파리로 향했고 다음 날 늦게 프랑스 수도에 도착했다. 파리에 도착한 직후 이들은 박람회 관람보다는 프랑스의 정치가들, 특히 국회의원들과의 접촉을 통해 체코 문제를 외교적 쟁점으로 비화시키려고 했다. 그리고 이들의 이러한 시도는 예상 외의 성과를 거두었는데 그것은 적지 않은 국회의원들이 체코 문제에 지대한 관심을 표명했을 뿐만 아니라 체코 민족의 독립 필요성까지도 거론했기 때문이다. 프랑스에서의 상황에 고무된 팔라츠키와 리게르는 베를린과 바르샤바를 거쳐 1867년 5월 19일 체코 정치가들의 본진이 머무르고 있던 빌나(Vilna)에 도착한 후 자신들의 파리 방문 업적에 대해 상세히 보고했다.[1] 아울러 팔라츠키는 체코 정치가들과 더불어 러시아 방문에 필요한 절차들을 재검토했다.

다음 날 체코 정치가들은 상트페테르부르크(St. Petersburg)에 도착했고 이들은 지나칠 정도의 환영 및 후한 대접도 받았다. 리게르는 러시아에서의 이러한 상황을 자신의 부인에게 알리기 위해 편지를 썼는데 거기서 그는 팔라츠키의 명성에 대해 적지 않은 러시아인들이 알고 있다는 사실도 언급했다.[2]

러시아 방문 중 리게르는 가능한 한 정치적 언급을 하지 않았지만 팔라츠키는 러시아 외상이었던 고르차코프(Gortschakow)와 독대하면서 독일 민족과 헝가리 민족으로부터 위협을 받고 있는 슬라브 민족들이 러시아에 대해 큰 희망을 가지고 있음을 피력했다. 팔라츠키의 이러한 언급은 향후 오스트리아 제국이 멸망할 경우 보헤미아 지방이 프로이센의 전리품이 될 수 있다는 두려움에서 비롯된 것 같다. 1876년 5월 26일 체코 정치

가들은 차르스코예셸로(Tsar-
skoe Selo)로 이동했다.[3] 여기서
팔라츠키, 리게르, 에르벤, 그
리고 마네스는 알렉산데르 2세
(Alexander II, 1855~1881)의
여름 별궁도 방문했는데 이들
에 대한 황제의 태도는 매우 우
호적이었다. 그는 슬라브 제 민
족의 조국인 러시아에서 슬라
브 형제를 맞이한다는 자체에
큰 의미를 부여하고자 했다. 이
당시 러시아 주재 오스트리아

알렉산데르 2세(Alexander II)

대사는 차르스코예셸로에서의 상황을 빈에 자세히 보고했는데 그에 따를
경우 러시아인들이 체코 정치가들을 환영하기 위해 그들이 탄 마차 뒤를
따랐으며 이들은 마치 폴리네시아 제도에서 새로운 섬이 발견된 것처럼
기쁨에 들떠 있었다는 것이다. 1867년 5월 28일 팔라츠키를 비롯한 체코
정치가들은 모스크바에 도착했다. 이들은 이 도시에서 개최된 환영식에
초대되었고 인근 여러 지역에 대한 방문과 시찰도 했다. 이 도시에서 체코
정치가들은 러시아 방문의 외형상 목적으로 제시한 민속학 전람회를 참
관하면서 셸링(Schelling)과 샤토브리앙(Chateaubriand), 그리고 드 메스트

---

3 차르스코예셸로는 '차르의 마을'이라는 뜻이다. 상트페테르부르크에서 남쪽으로
   24킬로미터 떨어진 이곳에 별궁이 건축된 것은 예카테리나 1세 때였다. 차르스
   코예셸로라는 지명은 1937년 이 도시에서 교육을 받은 알렉산드르 푸시킨(A.S.
   Pushkin, 1799~1837)의 사망 100주기를 기념하기 위해 푸시킨(Pushkin)으로 바
   뀌었다가 1990년 다시 원래의 차르스코예셸로로 환원되었다.

로(de Maistre)의 민족주의 이론을 수용한 일련의 러시아 지식인들과도 접촉했다. 이러한 접촉에서 팔라츠키는 존경받는 슬라브 역사가로 소개되었고, 도브로프스키와 1861년에 사망한 샤파르지크 역시 학문적으로 높은 평가를 받았다.

모스크바에서 팔라츠키는 러시아 지식인, 특히 민족주의자들을 상대로 연설할 기회도 가졌는데 이 자리에서 그는 체코 민족의 현재적 상황에 대해 언급했다. 그는 우선 빈 정부가 체코 민족의 문화적 자치권 요구에 무관심으로 대응하고 있다는 것과 주변 강대국들에 의해 체코 민족의 생존권마저 위협받고 있다는 사실을 거론했다. 이어 그는 러시아가 지속적으로 추진하던 범슬라브주의의 문제점에 대해서도 지적했다. 그는 러시아인들이 일방적으로 지향하는 슬라브 세계의 통합을 포기해야 한다고 했는데 그것은 이러한 시도가 단지 슬라브 세계의 파멸만을 유발시키는 요인이 된다는 판단에서 비롯된 것 같다. 아울러 그는 러시아 지식인들이 슬라브 제 민족이 독자적으로 발전할 수 있게끔 협조해야 한다는 것도 강력히 피력했다. 여기서 팔라츠키는 러시아 지식인들이 슬라브 제 민족을 동등한 동반자로 간주할 경우 슬라브 세계의 통합은 자연스럽게 이루어질 것이라는 입장을 밝히기도 했다. 그러나 악사코프(I. Akasakov), 카트코프(M. N. Katkov), 그리고 포고진(M. Pogodin) 등은 팔라츠키의 이러한 관점에 동의하지 않았을 뿐만 아니라 슬라브 제 민족의 통합은 반드시 러시아의 주도로 진행되어야 한다는 견해도 고수했다. 아울러 이들은 슬라브 제 민족의 언어, 풍습, 그리고 종교적 독자성을 인정하지 않으려고 했다. 팔라츠키가 접촉한 러시아의 민족주의자들은 2차적 민족주의라 간주되는 문화적 민족주의보다는 혈연적 민족주의를 지향했기 때문에 이들은 슬라브 제 민족의 통합 실현이 자신들의 선결 과제로 인식했던 것이다.

점차 팔라츠키를 비롯한 체코 지식인들은 러시아에서 펼친 그들의 활동이 아무런 성과를 거둘 수 없다는 것도 인지하게 되었다. 여기서 이들은 알렉산데르 2세뿐만 아니라 러시아 지식인들이 자신들의 주도로 슬라브 세계가 통합되어야 한다는 입장을 포기하지 않는 한 자신들의 노력은 아무런 의미가 없다는 사실도 알게 되었다.

러시아에서의 시도가 아무런 성과 없이 끝나게 됨에 따라, 리게르와 그의 추종자들은 당시 민족운동에 관심을 보였던 나폴레옹 3세(Napoleon III, 1852~1871)의 지원을 받아 그들 민족을 오스트리아 제국으로부터 이탈시키고자 새로운 시도를 했다. 팔라츠키 역시 1850년대 초반부터 체코 민족에 관심을 보인 로베르(C. Robert), 생 르나르(G. E. Saint Renard), 레제르(L. Léger), 그리고 드니(E. Denis) 등의 학자들과 학문적 교류를 지속했고 거기서 이들의 지원을 받을 경우 체코 민족의 국제적 지위 향상도 가능하다는 판단을 하고 있었다. 아울러 그는 자신의 파리 방문에서 호의적 반응을 보인 프랑스 정치가들의 도움도 받을 수 있다는 확신을 가지고 있었다. 따라서 그는 리게르의 시도에 전적으로 동의했다. 이후 리게르는 약 1년간 나폴레옹 3세와 비밀 접촉을 가졌는데 거기서 활용된 방법은 서신 교환이었다.

나폴레옹 3세와의 접촉에서 리게르는 보헤미아 지방이 오스트리아 제국으로부터 독립할 경우 이 국가가 프랑스의 중부 유럽 정책, 특히 대프로이센 정책에 얼마나 효율적으로 활용할 수 있는가를 강조하는 데 주력했다. 즉 그는 프랑스가 체코 정치가들의 도움을 받을 경우 프로이센의 독일권 통합 계획을 보다 효율적으로 저지할 수 있음을 나폴레옹 3세에게 인지시키려 했던 것이다. 그렇지만 이 당시 나폴레옹 3세를 비롯한 프랑스의 정치가들은 비스마르크가 형제전쟁 발발 이전에 프랑스에게 약속한 영토적 보상을 확신했기 때문에 반프로이센 정책을 공식적으로 전개하려는 의도가 없었다. 따라서 나폴레옹 3세나 이 당시 파리 정부의 실세였던 제롬 나폴레옹(J. Napoleon)은 보헤미아 지방의 독립을 보다 구체화하기 위해 1869년 1월 초 파리를 방문한 리게르와의 협상을 회피했다. 그러나 제롬 나폴레옹은 이미 리게르의 계획에 깊은 관심을 표명한 바 있었다. 그에 대한 일례로 그가 1868년 여름 비밀리 프라하에서 팔라츠키와 리게르를 만난 후 체코 정치가들과 더불어 프랑스와의 협조 체제를 구체화하려한 것을 제시할 수 있을 것이다. 그러나 나폴레옹 3세는 제롬 나폴레옹의 시도를 부정적으로 보았기 때문에 그의 계획을 중단시켰다. 나폴레옹 3세의 이러한 조치는 비스마르크의 영토적 보상이 조카의 시도로 이루어지지 않을 수도 있다는 판단에서 비롯된 것 같다. 그럼에도 불구하고 리게르는 프랑스의 입장 변화를 기대했으나 결국 그러한 것은 실현되지 못했다. 더욱이 파리 정부는 리게르의 시도를 빈 정부에 넌지시 알려 그의 정치적 행동반경 및 그를 지지하던 체코 정치가들의 활동을 크게 위축시켰다. 프랑스의 도움으로 체코 민족의 독립을 모색했던 리게르의 시도는 파리 정부의 회피적이고, 이율배반적인 태도로 아무런 결실도 얻지 못했다.

리게르와 프랑스 정치가들 사이의 비밀 협상이 밝혀짐에 따라 프란츠 요제프 1세는 체코 정치가들과의 타협을 유보하고 보수주의 정치가로 알려진 하스너(Hasner)를 새로운 수상으로 임명하여 중앙집권 체제를 보다 강화하고자 했다. 그러나 그는 자신의 이러한 계획을 실행하지는 않았는데 그것은 그 자신이 보헤미아 문제의 심각성을 정확히 파악했을 뿐만 아니라 가능한 한 빨리 체코 정치가들과 정치적인 타협도 모색해야 한다는 인식을 가졌기 때문이다. 프란츠 요제프 1세의 이러한 자세에도 불구하고 오스트리아에 대한 체코 정치가들의 반감은 약화되지 않았다.[4]

---

4 일반적으로 정치가들이 민족이나 국익을 위해 외교정책을 수행할 때 필요한 것은 그러한 정책을 효율적으로 뒷받침할 수 있는 국력이다. 만일 이러한 것이 결여된 상태에서 외교정책을 수행할 경우 실제적 효과는 거의 기대할 수 없는데 팔라츠키와 리게르의 러시아 및 프랑스에서의 활동이 바로 그 일례라 하겠다. 만일 이 당시 체코 정치가들이 독립국가의 정치가로서 외교 활동을 펼쳤다면 분명히 가시적인 성과도 거두었을 것이다. 비록 팔라츠키를 비롯한 체코 정치가들의 활동이 실제

적 효과를 거두지 못했음에도 불구하고 이들은 그들의 활동을 통해 강대국들 사이에서 약소민족들이 생존할 수 있는 방법을 제시했다. 실제적으로 이들은 그들 민족의 법적·사회적 위상 증대에 필요한 방안을 강구했고 거기서 다시금 친오스트리아슬라브주의를 부각시켰던 것이다. 그러나 이들은 이전과는 달리 독립국가로서 활동하는 데 필요한 제반 능력을 갖출 때까지만 친오스트리아슬라브주의를 지향하겠다는 한시적 입장을 밝히는 데 주저하지 않았는데 이것은 향후 체코 정책의 근간이 되기도 했다. 오늘날 체코 민족의 국부로 추앙되고 있는 마사리크(T.G. Masaryk)와 베네시(E. Beneš) 역시 팔라츠키의 정치적 관점을 추종했다. 따라서 이들은 독립국가를 건설하는 데 필요한 제반 능력을 충분히 갖춘 후 비로소 체코슬로바키아 독립국가를 출범시켰던 것이다.

5장 소극정치와 능동정치

    1867년 이중체제가 오스트리아 제국에 도입된 이후 제국 내 체코 정치가들은 그러한 질서 체제를 수용하지 않으려고 했다. 따라서 이들은 외부 세력, 특히 러시아와 프랑스 지원을 받아 자신들이 지향하는 정치적 목표, 즉 자치권 획득 내지는 민족적 독립을 쟁취하려고 했지만 실패하고 말았다. 이렇게 체코 정치가들의 시도가 실패로 끝났음에도 불구하고 빈 정부는 이들의 행보가 제국의 안전에 심각한 위험을 가져다줄 수 있다는 판단을 했다. 이에 따라 빈 정부는 문제 해결의 방안을 모색했고 거기서 친체코 정치가로 알려진 헬페르트(Helfert)를 정부 특사로 임명하여 프라하로 파견하는 적극성도 보였다. 그러나 헬페르트는 보헤미아의 주도(州都)에서 가시적인 성과를 거두지 못했는데, 그 이유는 빈 정부에 대한 체코 정치가들의 불신이 워낙 강했기 때문이다. 체코 정치가들과의 접촉에서 헬페르트는 체코 정치가들이 빈 정부 및 황제로부터 더 이상 아무것도 기대하지 않는다는 것을 인지했다. 아울러 그는 이들의 지향 목표가 자치권 확보가 아닌 민족의 독립이라는 사실도 파악했다. 실제적으로 체코 정치가들과 지식인들은 오스트리아 제국의 존속을 인정하고 거기서 슬라브 제 민족의 자치권 획득을 지향했던 친오스트리아슬라브주의에 더 이상 관심을 표명하지 않았다.

오스트리아 제국에 대한 체코 정치가들의 부정적 시각이 변하지 않았음에도 불구하고 호헨바르트(Hohenwarth)의 빈 정부는 이들과의 충돌을 종식시키려고 했다. 빈 정부의 이러한 움직임에 대해 프란츠 요제프 1세 역시 공감했는데 그것은 그 자신이 사안의 중대성을 인식하고 있었기 때문이다. 이후부터 그는 공식 석상에서 자신과 자신의 선조들은 체코 왕국의 국법적 존재를 한 번도 부정한 적이 없었음을 누누이 강조하곤 했다. 또한 그는 체코 민족이 그동안 합스부르크 왕조를 지속적으로 지지한 사실도 인위적으로 부각시켰다. 1871년 9월 12일 당시 통상장관이었던 셰플레(A. Schäffle)의 주도로 작성된 황제선언서(fundamentální články)가 공포되었는데 거기서는 체코 왕국의 제 권한을 인정한다는 것이 명시되었다. 이 선언서의 핵심적 내용은 체코 정치가들이 이중체제를 인정한다면 여타 문제에 대한 자치권을 체코 지방정부에게 부여하고 보헤미아 의회의 권한 역시 확대시켜준다는 것이었다. 또한 보헤미아 지방 내 체코인들과 독일인들 간의 문제는 기존의 지역 행정구역을 거주지에 따라 새롭게 획정하여 해결하겠다는 것도 약속했다. 이러한 기본 조항은 체코 민족의 자결과 자율을 위한 진일보적 발상이었다. 뿐만 아니라 선언서의 제9항에서는 향후 보헤미아 지방에서 관리로 활동하기 위해서는 독일어 및 체코어 모두 능통해야 한다는 것도 거론되었다. 프란츠 요제프 1세 역시 선언서 발표로 체코 문제가 해결(české vyrovnání)될 수 있다는 확신을 가졌는데 그것은 도나우 제국이 오스트리아-헝가리 이중체제에서 오스트리아-헝가리-체코의 삼중체제로 변형될 수 있다는 자신의 판단에서 비롯된 것 같다.

그러나 이 선언서는 제국 내 독일 정치가들과 헝가리 정치가들의 반발, 특히 보이스트, 홀츠게탄(Holzgethan), 그리고 언드라시(Andrássy)의 강력한 반발로 실현되지 못했다. 이 당시 독일 정치가들은 선언서가 공포될 경우 어떤 상황이 초래될 것인가를 정확히 인지하고 있었는데 그것은 제국 내에서 슬라브적 우위가 현실화될 수 있다는 것이다. 따라서 이들은 빈 정부가 황제선언서를 철회하지 않을 경우 통합 독일에 참여하겠다는 의사를 밝혔고 그러한 것은 프란츠 요제프 1세로 하여금 자신의 의도를 포기하게 하는 결정적인 요인이 되었다. 이에 따라 프란츠 요제프 1세는 1871년 10월 24일 보헤미아 지방의회에서 발표하려던 황제선언서와 연계된 일련의 공식적 일정을 취소했을 뿐만 아니라 체코 민족의 대표들과 재협상하겠다는 의사도 밝혔다. 체코 정치가들, 특히 리게르, 프라차크(Pražák), 롭코비츠(Lobkowicz), 그리고 클람-마르티니크(Clam-Martinic)는 프란츠 요제프 1세의 이러한 행동에 분노를 표시했고, 빈 정부와의 어떠한 타협도 포기하게 되었다. 상황이 이렇게 전개됨에 따라 빈 정부 역시 강경책으로 문제를 해결하려고 했다. 이에 따라 빈 정부는 콜러(Koller) 남작을 프라하 총독으로 임명하는 무리수를 두었다. 프라하에 도착한 콜러는 소요적 상황을 종식시키기 위해 체코 정치가들의 반정부적 활동을 강제로 중단시켰을 뿐만 아니라 반정부적 신문의 발행도 중지시켰다. 이후부터 체코 정치가들은 정치적 은둔 생활 내지는 소극정치(pasivní politika)를 본격적으로 펼치기 시작했다.

그러나 빈 정부 및 황제에 대한 실망에서 비롯된 소극정치는 많은 문제점들을 양산했다. 특히 보헤미아 지방의회의 참여 거부로 체코인들은 일상생활의 여러 부분에서 많은 불편을 감수해야만 했다. 점차적으로 이들은 누적되는 경제적 손실 및 교육 문제로 수동적 저항에 대한 자신들의 불만을 표시하는 적극성도 보이기 시작했다. 1873년 모라비아 지방의 대표들이 지방의회(zemské sněm) 참석을 결정하고 다음해 빈 제국의회에 참여한 것도 같은 맥락에서 비롯된 것이라 하겠다. 체코 정치가들 역시 유연하고 현실적인 정치를 통해 체코인들의 여론에 신속히 대응하고 자신들의 정치적 입지도 강화할 필요성을 점차적으로 느끼기 시작했다.

1874년에 접어들면서부터 보헤미아 지방에서도 모라비아의 예를 따라야 한다는 주장이 공식적으로 제기되었다. 이러한 분위기에서 1874년 12월 27일 진보민족당(Národní strana svobodomyslná)이 공식적으로 출범했는데 이 당은 시간이 지나면서 신체코당으로 더욱 알려지게 되었다. 이후 이 당의 당원들은 제국의회의 참석을 공론화하는 데 주력했고 그것은 그동안 견지되었던 소극정치의 종료도 가져왔다. 그레그르(E. Grégr/ J. Grégr) 형제와 슬라드코프스키의 주도로 탄생한 진보민족당, 즉 신체코당은 구체코당과 마찬가지로 지지 세력의 기반을 도시 시민 계층에서 찾고자 했다. 이들의 정치적 이념은 구체코당과 일치했지만 구체코당보다는 다소 진보적이었다. 그리고 구체코당이 도시의 상류층과, 특히 진보민족당의 출현 이후 교회의 절대적 지지를 받은 반면, 진보민족당은 상공인들과 교사 및 학생들을 포함한 반교회적 인사들로부터 지지를 확보했다.

진보민족당의 조직은 이전의 어느 정당들보다도 체계화되었고 그들이 제시한 프로그램 역시 보다 구체적이었다. 이 당은 그동안 체코 정치가들이 거부한 빈 제국의회 및 보헤미아 지방의회의 참석, 시민권의 확대, 보통선거제의 도입, 그리고 교육제도 개선 방안 마련 등을 그들 정당의 중요한 강령으로 채택했다. 아울러 이들은 체코 민족의 사회적 위상뿐만 아니라 경제적 위상 증대에 필요한 방안도 강구한다는 입장을 표방했다. 진보민족당의 이러한 정책들은 유리우스 그레그르(J. Grégr)가 창간한 『민족신문(národní listy)』에 게재되어 널리 홍보되기 시작했다. 이렇게 출범한 진보민족당은 점차 자신들의 정치적 영향력을 확대시켰고 구체코당에서 동조 세력을 얻을 정도로 성장했다. 1878년 구체코당의 대표가 진보민족당의 현실 정치론을 수용한다는 입장을 밝힘에 따라 양당 간의 관계는 정치적 사안을 공동으로 논의할 정도로 긴밀해졌다. 이후부터 양당의 대표자들은 보헤미아 지방의회의 참석 여부를 집중적으로 토론했고 거기서 이들은 제국의회에도 등원해야 한다는 데 견해를 같이했다. 이로써 체코 정치는 기존의 소극정치를 포기하고 능동정치(aktivní politika)를 지향하게 되었던 것이다.

아우에르스페르크(Auersperg) 정권이 등장한 이후 오스트리아-헝가리 제국은 어려운 상황을 극복하고, 정치 역시 활기를 보이기 시작했다. 그리고 국내 정치에서의 안정은 보다 적극적인 대외 정책을 펼치게 하는 요인으로 작용했다. 1878년 6월 13일부터 베를린에서 개최된 회의에서 오스트리아-헝가리 제국은 보스니아(Bosnia)와 헤르체고비나(Herzegovina)에 대한 점유권을 인정받았다. 그러나 제국 내 독일 정치가들은 이에 심한 우려를 표명했는데 그것은 그렇지 않아도 슬라브인들이 수적 우세를 보이던 제국의 민족 구성에서 이들 민족이 차지하는 비율이 이전보다 훨씬 높아지리라는 것과 거기서 독일인들의 위상이 흔들릴 수 있다는 판단에서 비롯된 것 같다.

독일인들의 이러한 우려 속에 타페(Taaffe) 내각이 1879년 7월 12일 출범했다. 타페는 체코 정치가들의 지지를 얻고자 했다. 따라서 그는 체코 귀족들의 지지를 얻은 후 사안에 따라 연합전선을 구축하고 있던 구체코당과 진보민족당의 지지를 확보하는 데도 성공했다. 또한 그는 폴란드 대귀족들과 오스트리아 가톨릭당의 우익 세력도 우군으로 확보했다. 이에 따라 제국의회 내에서 그의 정책을 추종하는 의원들의 수는 179명에 달했다. 초당파적인 정부를 표방하면서 사안에 따라 각기 다른 정당들의 지지를 이끌어낸 타페는 의심의 여지가 없는 보수주의자였지만 사회 안정을 위해서는 과감한 개혁도 주저하지 않던 실용주의자이기도 했다. 이 당시 타페는 체코 정치가들이 가장 우려했던 것을 정확히 직시했는데 그것은 독일의 자유주의자들이 빈 정부를 장악하는 것이었다. 타페의 분석처럼 체코 정치가들은 독일의 자유주의자들이 빈 정부를 주도할 경우 자신들의 수적 열세를 만회하기 위해 비독일계 민족에 대한 배려 정책을 포기

타페(Taaffe)

하거나 축소하리라는 것을 잘 알고 있었다. 이러한 체코 정치가들의 아킬레스건을 잘 알고 있던 타페는 체코 정치가들에게 결정적인 양보를 하기보다는 약간의 양보, 즉 '부스러기 양보(drobeček)'를 통해 자신의 정치적 과업을 달성하고자 했던 것이다. 별로 중요하지 않은 각료 자리를 체코 정치가들에게 양보한다든지 또는 1880년 4월 19일 이른바 스트레마이르 (Stremayr) 법령에 따라 보헤미아와 모라비아 관공서 및 법원에서 체코어와 독일어에 동등한 자격을 부여한다는 것 등이 그 일례라 하겠다. 그런데 스트레마이르 법령에서 거론된 동등한 자격은 관공서와 개인의 관계, 즉 독일인이면 독일어를 사용하고, 체코인이면 체코어를 사용한다는 것일 뿐이지, 관공서와 관공서 간의 행정언어나 관공서 내의 행정언어(innere Amtssprache)는 여전히 독일어로 한다는 단서가 붙어 있었다. 그러나 이러한 작은 양보들 중에서 1882년에 시행된 프라하 대학의 분리는 매우 의미 있는 것이라 하겠다. 1620년 11월 8일에 펼쳐진 빌라 호라 전투 이후 완전히 독일화된 프라하 대학이 독일 대학과 체코 대학으로 분류됨으로써 향후 체코 교육 발전에 획기적인 전기가 마련된 것이다. 이제 체코 학생들은 대학에서 자신들의 언어인 체코어로 공부하고, 졸업할 수 있게 되었다.

또 하나의 의미 있는 정책으로 제시할 수 있는 것은 1882년에 개정된 선거법을 들 수 있다. 개정된 선거법에서는 기존의 차등선거하에서 적용되었던 선거권 부여 조건, 즉 직접세의 하한선을 10굴덴에서 5굴덴으로 낮춰 체코인들에게 보다 많은 참정권을 부여하려고 했다. 새로운 선거법에 따라 1883년 보헤미아 지방의회 선거가 실시되었는데 거기서 체코인들은 167석을 차지했다. 이에 반해 독일인들이 차지한 의석은 75석에 불과했다.

그런데 능동정치의 가장 중요한 성과는 이처럼 몇몇 양보를 얻어내는 데 있었던 것은 아니었다. 체코의 정치가들이 보헤미아 지방의회와 제국의회에서 합리적인 사고 및 전문성에 바탕을 둔 정치 문화를 배우고 익힐 수 있었다는 점이 더 크고 중요한 성과라 하겠다. 이들이 소극정치를 펼칠 때는 도덕적 고결성과 굽힐 줄 모르는 저항성 및 선동성으로 충분했지만, 이제는 내실 있는 전문성과 인내 및 타협을 도출할 수 있는 능력도 요구되었기 때문이다. 그리고 체코 정치가들에게 민족과 국가 간의 관계를 재정립할 수 있는 기회를 부여했다는 점이 의회 활동의 또 다른 성과로 제시될 수 있을 것이다. 이제 체코인들은 자신들이 오스트리아 제국의 관료로서 근무하는 것을 더 이상 반민족적인 행위로 간주하지 않게 되었고 그것은 체코인들의 사회 진출 및 지위 향상을 크게 신장시키는 계기도 되었다. 이후부터 사회 각 분야에서 체코 전문가들의 배출도 본격화되기 시작했다.

제8부

체코슬로바키아공화국 탄생

마사리크의 신생 체코슬로바키아는 옛 체코 왕국의 영역에다
독일인들의 집단 거주지역과 슬로바키아 지방을 포함시켰다.
향후 예상될 수 있는 민족적 갈등에도 불구하고 마사리크가
이렇게 양 지방을 신생 독립국가에 포함시키려 했던 것은
안보적 또는 경제적 측면에서 생존이 가능할 정도의 규모를
신생 국가가 반드시 갖춰야 한다는 자신의 신념에서 비롯된
것 같다.

1장 마사리크의 민족자결론

1850년 3월 7일 모라비아 남부의 호도닌(Hodonín)에서 태어난 마사리크(T. G. Masaryk)는 1881년 빈 대학에서 「현대문명의 사회적 대중 현상으로서의 자살(Selbstmord als soziale Massenerscheinung der modernen Zivilisation)」이라는 논문으로 교수 자격(Habilitation)을 취득했다.[1] 논문

---

1 슬로바키아인이었던 마사리크의 아버지(J. Masaryk)는 기수 하인 및 마부였고, 모라비아 출신의 어머니(T. Masaryková)는 요리사와 하녀로 일하며 생계를 도왔다. 마사리크는 유년 시절 부모의 출신 때문에 슬로바키아–모라비아 방언을 배웠고 경제적 문제 등으로 거주지도 자주 옮겨야만 했다. 이러한 것은 후에 마사리크가 체코어와 독일어를 사용하는 데 많은 어려움을 가져다주었다. 체이코비체 (Čejkovice) 초등학교를 졸업한 마사리크는 후스토페체(Hustopeče) 가톨릭 직업학교에 입학했다. 이어 그는 빈으로 가서 말뒷굽 보호대를 생산하는 철물 공장에서 도제 교육을 받았다. 그러나 마사리크는 체이코비체 초등학교 교사 사토라(v. Satora) 보좌신부의 도움으로 다시 일반계 학교에서 공부할 수 있게 되었고 1865년에는 브르노(Brno)의 독일계 인문고등학교에 입학했다. 이 당시 마사리크는 브르노 경찰청장 르 모니에(Anton Ritter v. Le Monnier)의 아들에 대한 개인 보충 과외에 적지 않은 시간을 할애했는데 그것은 자신의 생계 유지에 절대적으로 필요했

에서 마사리크는 자신이 수집한 자료들을 분석했고 거기서 그는 19세기에 접어들면서 갑자기 높아진 자살률이 종교적 의무가 결여된 데서 비롯되었다는 견해를 제시했다. 그에 따를 경우 유럽에서 급속히 확산되던 믿음의 결여는 인간의 토대 및 삶의 방향 상실로 연계되고 그러한 것이 결국 자살률을 대폭 증대시키는 요인으로 작용했다는 것이다. 마사리크는 자살이라는 것이 사회적 위기의 징후(Indiz)이기 때문에 각 개인의 자살 의도와 1914년 이후, 즉 1차 세계대전 이후 열광적으로 전투에 참가하여 죽음을 맞이하려던 젊은 지식인 계층의 의식을 같은 맥락에서 이해하고자 했다.

1882년 겨울 학기부터 마사리크는 프라하 체코 대학(Česká univerzita)에서 강의를 했는데 여기서는 주로 국가의 정치체제, 민족과 도덕 문제, 그리고 당시 사회적 문제로 대두되었던 매춘 문제 등이 거론되었다. 1897

기 때문이다. 르 모니에가 빈 경찰청장으로 승진함에 따라 마사리크도 빈에 소재한 인문계 고등학교로 전학하게 되었는데 그러한 배려는 르 모니에가 마사라크의 성실성과 학문적 능력을 인정했기 때문이다. 빈의 인문계 고등학교에서 마사리크는 종교, 독일어, 그리고 그리스어에서 두각을 나타냈지만 역사와 철학에서는 그리 좋은 성적을 올리지 못했다. 1872년 여름 졸업 시험(Abitur)에 합격한 마사리크는 같은 해 겨울 학기 빈 대학에 입학했다. 입학 직후부터 그는 고대어 문학과 철학에 대해 깊은 관심을 표명했다. 아울러 거의 같은 시기 그는 '체코학술협회(Die Tschechische Akademische Union)'에 가입한 후 자신이 최초로 작성한 논문을 이 협회의 학술지에 게재하려고 했으나 심사 과정에서 불허되었다. 편집위원회는 마사리크가 러시아어와 슬로바키아어가 포함된 '난잡한 체코어(Krause Tschechische Sprache)'로 논문을 작성했기 때문에 게재가 불가능하다는 입장을 공식적으로 밝혔다. 1875년부터 르 모니에를 대신하여 영국-오스트리아 은행의 은행장이었던 슐레징어(R. Schlesinger)가 마사리크의 경제적 후견인으로 등장했는데 그것은 그의 장남에 대한 마사리크의 학문적 보충수업이 기대 이상의 성과를 거뒀기 때문이다. 이렇게 경제적 어려움에서 벗어난 마사리크는 학문적 연구에 전념할 수 있게 되었고 1876년에는 플라톤의 사상을 다룬 논문으로 박사학위도 취득했다.

년 그는 자신과 정치적 관점을 같이하던 지식인들과 더불어 '현실주의 모임'을 발족시켰다. 여기서 이들은 민족문제에 지나치게 집착하기보다는 경제 및 사회 문제를 우선적으로 해결하고 오스트리아 제국을 연방화하기에 앞서 민주화부터 선행시키는 것을 정치적 목표로 설정했다. 이후부터 마사리크는 체코 문제를 해결하는 과정에서 현실주의적 원칙들을 적용시키려고 했다. 아

마사리크(T.G. Masaryk)

울러 그는 체코 민족의 정치적 과제를 휴머니즘적 이상을 지향하던 체코 정신과도 접목시키려고 했다. 그리고 그의 이러한 의도는 『체코 문제(Die Tschechische Frage ; Česká otazka)』와 『우리의 현재적 위기(Unsere jetzige Krise)』라는 저서에서 구체적으로 언급되었다. 특히 1895년에 출간된 『체코 문제』에서 마사리크는 보헤미아 지방의 체코인들과 독일인들이 협력하여 보헤미아 지방이 오스트리아 제국 내에서 독립적 지위를 확보해야 한다고 주장하여 오스트리아 제국의 존속을 부정하지 않았다. 그리고 이것은 팔라츠키의 친오스트리아슬라브주의를 추종한 것으로도 볼 수 있을 것이다.

점차적으로 마사리크는 자신의 정치적 이념과 사상을 현실 정치와 접목시켜야 한다는 필요성을 인지하게 되었고 그것을 실천하기 위한 방안으로 자신이 교수로 봉직하던 프라하 체코 대학의 구성원들과 더불어 1900년 '현실주의당(realisticka strana)'을 창당했는데 이 당은 그가 발족시

킨 '현실주의 모임'을 확대 · 개편시킨 것으로 볼 수 있을 것이다. 마사리크가 주도한 이 당은 1907년 일반선거제의 도입을 요구했는데 그러한 것은 슬라브 민족이 오스트리아-헝가리 제국 내에서 차지하는 비율이 50% 이상이라는 현실적 상황에서 비롯된 것이라 하겠다. 그리고 같은 맥락에서 이 당은 도나우 제국 내에서 자치권 획득을 지향하는 민족들 모두를 지원하겠다는 입장도 밝혔다. 같은 해 실시된 제국의회 선거에서 마사리크는 사회주의자들의 지원을 받아 빈 제국의회에 진출할 수 있었다.

그러나 마사리크 개인이 당대의 정치, 사회, 문화 전반에 미쳤던 영향력과는 달리 현실주의당의 영향력은 미미한 상태에서 벗어나지 못했다. 그럼에도 불구하고 1907년부터 1914년까지 현실주의당의 의원으로 활동한 마사리크는 합스부르크 왕조의 정치적 목적을 정확히 파악하는 성과를 거두기도 했다. 여기서 마사리크는 오스트리아-헝가리 제국으로부터 더 이상 아무것도 기대할 수 없다는 것을 인지했다. 즉 그는 개혁을 위한 모든 제안들이 위정자에 의해 거부되었고 특히 슬라브 민족에 대한 자치권 부여 등은 논의의 대상조차 되지 않는다는 사실에 충격을 받았던 것이다. 실제적으로 이 당시 빈 정부는 민족문제에 대한 어떠한 결정을 내리고 그것을 실행할 능력도 갖추지 못한 무능한 정부였다.

1914년 6월 28일 보스니아의 사라예보(Sarajevo)에서 발생한 오스트리아-헝가리 제국의 왕위 계승자 페르디난트(Ferdinand) 황태자 부부에 대한 저격은 제1차 세계대전 발발의 직접적 요인으로 작용했다. 이렇게 시작된 세계대전은 체코 민족과 그들의 정치가들을 매우 당혹스럽게 했다. 전쟁이 발발하기 직전 체코인들은 그들이 정치적, 경제적, 그리고 문화적 분야에서 괄목할 만한 성장을 했기 때문에 자신들의 민족이 기존의 독일화 위험으로부터 벗어날 수 있다는 확신도 가지고 있었던 것이다. 이 당시 이들은 권력의 집중화와 관료주의적 행정 체제에 불만을 가졌지만 가까운 장래에 체코 민족 역시 제국 내에서 자신들의 역량에 적합한 자치 및 평등을 확보할 수 있다는 희망적 믿음도 가지고 있었다. 그러나 전쟁의 발발로 체코 민족과 그들의 지도자들은 선택적 상황에 놓이게 되었고 그것은 이들로 하여금 기존의 친오스트리아슬라브주의적 관점을 포기하게 하는 요인으로도 작용했다.

제1차 세계대전이 발발한 이후부터 마사리크는 국내외 정세를 객관적으로 분석하는 데 주력했고 거기서 그는 전쟁이 발발한 이상 오스트리아-헝가리 제국 내에서 체코 문제를 해결할 수 없다는 사실도 인지하게 되었다. 따라서 그는 반합스부르크 항쟁을 통해 체코 문제를 해결해야 한다는 생각을 가지게 되었고 그러한 것을 실천시키기 위해 필요한 방법도 구체적으로 모색하기 시작했다. 이 당시 마사리크는 독일-오스트리아 동맹국이 연합국에게 승리할 수 없다는 것을 알고 있었기 때문에 체코 민족이 향후 독일 민족과 마찬가지로 패전 민족으로 취급될 수 있다는 우려도 했다. 따라서 그는 프랑스, 영국, 그리고 미국의 도움을 받아 체코 문제를 해결해야 한다는 생각도 가지기 시작했다.

1915년 7월 6일 제네바의 종교개혁강당(Reformationssaal)에서 개최된 후스 화형 500주년 추도식에 참석한 마사리크는 그동안 오스트리아 제국이 수행한 전통적 역할, 즉 이교도로부터 중부 유럽을 지킨다는 것에 부정적인 시각을 표출했다. 아울러 그는 추도식에서 체코 민족의 역사적 연속성을 부각시켜 독립국가 등장에 필요한 당위성도 부여받으려고 했다.

이로부터 몇 개월이 지난 후 마사리크는 자신을 지지하던 세력을 규합한 후 '체코국외위원회(Český komitet zahraniční)'를 공식적으로 출범시켰다. 이렇게 출범한 위원회는 1차 세계대전이 발생한 직후 마사리크가 제시한 체코 민족의 독립보다 이 민족이 슬로바키아 민족과 더불어 체코슬로바키아(Československo)라는 독립국가를 건설해야 한다는 데 더 큰 비중을 두었다. 그리고 국내에 잔류한 마사리크의 추종자들은 체코 마피아(Česká Maffie)라는 비밀단체를 결성하여 체코 내의 동정을 마사리크와 그의 추종 세력에게 알리는 데 주력했다. 이 당시 마사리크와 그의 추종 세력은 연합국이 승리하고 오스트리아—헝가리 제국이 붕괴될 경우 자신들의 민족국가도 건설할 수 있다는 확신을 가지고 있었다. 그리고 이러한 확신은 전쟁이 진행되면서 보다 구체화되기 시작했다. 1915년 10월 1일 영국의 왕립대학(King's College)은 마사리크를 '동유럽 및 슬라브 연구(School of Slavonic Studies)' 담당 교수로 임명했다. 이에 따라 마사리크는 1915년 10월 19일 '유럽분쟁기 소국들의 문제(The Problem of Small Nations in the European Crisis: Problém malých národů v evropské krizi)'라는 제목으로 취임 강연을 했는데 거기서 그는 체코 민족이 오스트리아—헝가리 제국으로부터 이탈하여 독립국가를 건설해야 한다는 주장을 다시금 펼쳤다. 아울러 마사리크는 이러한 과정에서 체코 민족과 슬로바키아 민족이 협력하여 체코슬로바키아 공화국을 건설해야 한다는 관점을 부각시켜 체코국외위원회의 입장을 옹호하기도 했다.

다음 해인 1916년부터 간행되기 시작한 『신유럽(The New Europe)』의 창간호에서 마사리크는 당시 진행 중인 전쟁에서 독일인들이 지향하는 것이 바로 중부 유럽에서 자신들의 절대적 우위를 확보하는 것이라고 했다. 이 당시 마사리크는 전쟁의 양상을 민족적인 대립보다는 정치체제의 대립, 즉 신권정치와 민주정치와의 대립으로 간주하려고 했다. 그는 신권정치를 펼치는 대표적인 국가들로 오스트리아와 독일을 제시했다. 그리고 프랑스와 영국이 올바른 민주정치를 지향하고 있다는 것이 그의 관점이었다. 여기서 마사리크는 러시아를 이러한 대립적 구도에서 배제했는데 그것은 그 자신이 중부 유럽에 대한 러시아의 영향력을 그리 높이 평가하지 않았기 때문이다. 마사리크는 전쟁이 진행되면서 신권정치 체제가 민주정치 체제로 대체될 것이라는 확신도 가지고 있었다. 또한 그는 당시 전쟁의 산물로 간주되던 볼셰비키적 또는 파시즘적인 정치체제, 즉 전체주의적인 정치체제가 전쟁보다 더 심각하고 파괴적인 후유증을 가져다줄 것이라는 예견도 했다. 마사리크는 자신의 논문에서 기존 질서 체제의 붕괴와 그것을 대신할 새로운 질서 체제, 즉 민주주의 체제의 도입을 '세계혁명(Světová revoluce)'으로 지칭했다. 여기서 그는 패전국의 신분으로 전락하게 될 독일과 오스트리아의 향후 처리 방안에 대해서도 거론했다. 그에 따를 경우 연합국은 독일인들이 타 민족에 대한 그들의 우위권을 포기하지 않는 한 독일과 오스트리아의 존속을 허용할 필요가 없다는 것이다. 만일 독일인들이 민족 간의 동등권 또는 민족자결 원칙을 수용한다면 이들 역시 새로운 질서 체제하에서 동등하게 살아나갈 수 있다는 것이 마사리크의 입장이었다. 그리고 그는 이러한 세계혁명의 진행 과정에서 체코슬로바키아 공화국이 등장하게 되리라는 확신도 피력했다. 여기서 마사리크는 체코 왕국에 포함되었던 지방들과 헝가리의 지배로부터 벗어날 슬로바키아가 통합해야 할 당위성을 도덕적 측면에서 찾고자 했다. 즉 그는 체코슬로바키아 공화국에 대해 단순히 한 국가의 건설이 아닌 혁신이란 측면에서 접근하고자 했던 것이다. 마사리크는 이러한 접근을 통해 체코 왕국의 유구한 역사뿐만 아니라 향후 등장할 체코슬로바키아의 새롭고, 시대 순응적인 정치체제, 즉 민주주의적인 정치제제도 부각시키려 했던 것이다.

앞에서 거론했듯이 마사리크의 신생 체코슬로바키아는 옛 체코 왕국의 영역에다 독일인들의 집단 거주 지역과 슬로바키아 지방을 포함시켰다. 향후 예상될 수 있는 민족적 갈등에도 불구하고 마사리크가 이렇게 양 지방을 신생 독립국가에 포함시키려 했던 것은 안보적 또는 경제적 측면에서 생존이 가능할 정도의 규모를 신생 국가가 반드시 갖춰야 한다는 자신의 신념에서 비롯된 것 같다.[2]

---

2 이 당시 마사리크는 현존하는 민주주의 체제 모두가 완벽하지 못하다고 주장했다. 비록 그가 미국 및 프랑스식 민주주의 체제를 가장 뛰어난 민주주의 체제로 간주

했음에도 불구하고 이것을 그대로 체코슬로바키아에 이식할 의도는 없었다. 그것은 그가 "개별 국가의 민주주의 체제는 개별 국가의 발전이라는 특수한 조건에 부응하면서 발전했기 때문에 이러한 것을 무조건 수용해서는 안 된다"고 주장한 데서 확인할 수 있다. 이를 통해 마사리크가 특정한 역사적 발전이 민주주의 선택과 그 유형에 지대한 영향을 준다고 확신하고 있었음을 파악할 수 있다. 아울러 그는 체코슬로바키아식 민주주의 체제를 지향했는데 거기서는 대통령이 중재자 역할을 담당하는 일종의 절충적 의회가 정치 활동의 중심지로 부각되어야 한다는 것이다. 이 당시 마사리크가 제헌 과정에서 대통령제를 강력히 주장하지 않았던 것은 국내에 정치적 기반이 거의 없었기 때문이다. 또한 자신의 카리스마를 토대로 대중적 인기를 구가하던 '신격화된 존재'로서의 그가 평범한 정치가들과 더불어 활동할 수 없다는 자존심 역시 또 다른 이유로 제시될 수 있을 것이다. 이렇게 도입된 '마사리크의 민주주의 체제'가 신생 독립국가인 체코슬로바키아에 가장 적합한 민주주의 체제로 평가되고 있지만 그것에 대한 반론 역시 적지 않다.

2장 체코슬로바키아 민족회의 활동과 지향 목표

1916년 2월 파리에서 마사리크는 체코에서 망명 온 베네시(E. Beneš),[1]

---

1 베네시는 1884년 5월 24일 보헤미아의 코즈라니(Kozlany)에서 태어났다. 프라하에서 인문계 고등학교를 다닌 베네시는 프라하 대학에서 독일 문학과 철학을 공부했다. 1905년부터는 프랑스에서 철학을 공부할 수 있었는데 그것은 그가 프랑스 문화원으로부터 장학금을 받았기 때문이다. 그리고 1907년에는 런던, 1909년에는 베를린에 머무르기도 했다. 프라하로 돌아온 베네시는 사회주의 일간지『프라보 리두(Pravo Lidu, 인간의 권리)』에 근무했다. 이후 그는 일련의 사회주의적 성향의 출판사에서 활동하는 적극성도 보였다. 베네시는 1908년 디종(Dijon) 대학에서「오스트리아 문제와 체코 논제(Le problème autrichien et la question tchèque)」라는 논문으로 박사학위를 취득했다. 베네시는 학위 논문에서 도나우 제국의 민족문제를 해결하기 위해서는 오스트리아 제국을 민주주의적-연방주의적인 체제로 변형시켜야 한다고 주장했는데 이는 친오스트리아슬라브주의를 체계화한 팔라츠키의 영향을 받은 것으로 볼 수 있다. 박사학위를 취득한 이후 프라하로 돌아온 베네시는 1909년부터 5년제 상업고등학교(Handelsakademie)에서 교사로 활동했다. 이 시기에 그는 프라하 대학 사회학과에서 교수 자격 취득 과정을 밟았고「Quelques verites simples sur la federalisation de l'Autriche-Hongrie」라는 논문으로 교수 자격을 획득했다. 1912년 베네시는 프라하 대학의 교수로 임용되었다. 이후부터 그는

베네시(E. Beneš)

현실주의당 출신으로 오스트리아 제국의회에서 활동한 듀리히(Dürich), 그리고 슬로바키아 출신 천문학자 슈테파니크(Stefanik)[2]의 도움으로 기존의 체코국외위원회를 '체코슬로바키아 민족회의(Československá národní rada ; Conseil National des pays tchèques)'로 확대 개편했는데 이 과정에서 그는 파리 정부의 적지 않은 도움을 받기도 했다.[3] 여기서 마사리크는 의장으로 선출되었고, 베네시는 서기로 중용되었다. 그리고 슈테파니크는 슬로바키아 대표로 선출되었고 듀리히는 러시아 황실과의 접촉을 전담하게 되었다.[4]

1917년 3월 중순부터 다음 해 4월까지 마사리크는 페테르부르크, 모스크바, 그리고 키예프를 여행했는데 그것은 같은 해 초부터 체코 망명자들, 탈영병들, 그리고 전쟁 포로들을 중심으로 가시화되기 시작한 체코 군단 결성을 마무리시켜 이 군단을 연합국 측의 일원으로 전쟁에 참여시키겠

종종 마사리크와 더불어 오스트리아 제국 및 보헤미아 지방의 정치적 상황에 대해 논의하는 등의 적극성을 보였다.

2 슈테파니크는 프라하 대학에서 마사리크의 강의와 세미나에 집중적으로 참석했다. 이후 그는 프랑스로 망명했고 1905년부터 파리 근처의 천체물리학 관측소(Astrophysikalisches Observatorium)에서 근무했다. 그러다가 슈테파니크는 1914년 프랑스 국적을 취득한 후 공군 장교로 입대했다.

3 이 당시 프라하에는 마사리크와 베네시를 추종하던 인물들이 적지 않았는데 이들은 국내의 상황을 정례적으로 마사리크와 베네시에게 알려주었다.

4 듀리히는 러시아에서 당시 러시아 지식인들이 지향한 범슬라브주의에 대해 관심을 표명하게 되었고 그로 인해 체코슬로바키아 민족회의에서 탈퇴하게 되었다.

다는 계획에서 비롯되었다. 이렇게 마사리크 주도로 결성되기 시작한 체코 군단의 수는 1년도 안 되어 6만 명을 돌파하는 성과를 거두었다. 그리고 프랑스와 이탈리아에서도 각기 1만과 2만의 병력으로 구성된 체코슬로바키아 군단(Československé legie)이 별도로 결성되었다.

1917년 10월 마사리크가 키예프에 체류하고 있을 때 프랑스에서는 클레망소(Clemenceau)의 신정부가 등장했다. 이 당시 프랑스는 매우 어려운 상황에 놓여 있었는데 그러한 것은 내부적 혼란, 즉 프랑스군 내부에서 발생한 폭동과 전쟁에 대한 혐오감을 느끼기 시작한 노동자들이 벌인 강도 높은 파업에서 비롯되었다. 마사라크는 이렇게 어려운 상황에 놓여 있던 파리 정부를 지원하기 위해 체코 군단의 전선 투입을 클레망소에게 제안했다. 파리 정부가 이러한 제안을 전격적으로 수용함에 따라 12월부터 체코 군단은 알자스(Alsace)와 샹파뉴(Champagne) 전선에 투입되었고 다음 해인 1918년 초에는 이탈리아 전선에도 배치되었다. 이 당시 베네시는 더 많은 체코 군단의 전선 투입도 제안했는데 그것은 우크라이나(Ukraine)로부터 귀환할 5만 명의 체코 군단을 의식했기 때문이다. 이후 체코 군단과 후에 결성된 체코슬로바키아 군단은 연합군의 일원으로 수차례 전투에 참여했고 그것은 체코슬로바키아 독립국가 결성에 부정적이었던 연합국의 시각을 반전시키는 계기도 되었다.

이 당시 마사리크가 주도한 독립운동은 두 가지 목표를 동시에 지향했다. 하나는 연합국 측이 체코슬로바키아의 독립 필요성을 인지한 후 그것을 전쟁 목표 중 하나로 설정하게 하는 것, 또 하나는 체코슬로바키아 군단을 결성하여 향후 등장할 신생 공화국의 핵심 국방력으로 활용하겠다는 것이었다.[5] 그러나 연합국은 오스트리아-헝가리 제국의 와해를 전

---

5 마사리크는 1915년 4월 당시 런던 정부의 외무장관이었던 그레이(E.Gray)에게 보헤미아 독립에 대해 거론하면서 체코와 슬로바키아의 합병필요성도 역설했다.

쟁 목표에서 배제했는데 그러한 것은 오스트리아-헝가리 제국의 존속
이 중부 유럽의 안정에 반드시 필요하다는 판단에서 비롯된 것 같다.

국외에서의 활발한 움직임과는 달리 체코 및 슬로바키아에서는 독립의
필요성을 여전히 인지하지 못한 상태였다. 빈 제국의회 의원들로 구성된
체코 연맹(Český svaz)은 1917년 1월 31일 성명서를 발표했는데 거기서는
연합국 측이 체코슬로바키아의 독립을 전쟁 목표에 포함시켜서는 안 된다
는 입장이 표명되기도 했다.[6] 또한 성명서에서는 오스트리아-헝가리 제국
이외의 다른 국가에서 체코 민족의 장래 및 발전적 조건을 찾을 수 없다는
견해도 피력되었다. 그런데 체코 연맹이 밝힌 이러한 것들은 당시 만연되
었던 친오스트리아적 기회주의 정치의 근간에서 비롯된 것이라 하겠다.

그럼에도 불구하고, 체코 정치가들의 독자적인 관점이 부각되기 시작
했는데 그러한 것은 국내의 정세 변화에서 비롯되었다 하겠다. 이 당시
프란츠 요제프 1세에 이어 오스트리아-헝가리 제국의 황제로 등극한 카
를 1세(Karl I, 1916~1918)는 의회 정치를 다소나마 활성화하려 했고 그
러한 것은 체코 정치에 활기를 부여하는 계기도 되었다.[7] 이 당시 카를 1
세는 수감 중이었던 체코 정치가들에 대한 대규모 사면을 발표했을 뿐만
아니라 이중체제의 근간을 유지한다는 전제하에서 제국 내 제 민족의 평
등도 허용하겠다는 입장을 밝혔다. 이렇게 비독일계 민족에 대한 빈 정부
의 우호적 정책이 밝혀짐에 따라 체코 연맹의 정책을 비난하는 문화계 대
표들도 정치 일선에 적극적으로 나서게 되었다. 이들은 1917년 5월 17일
당시 프라하 국립극장의 연극 고문이었던 크바필(Kvapil)에게 매니페스트
(Manifest českých spisovatelu)를 정리·발표하게 했다. 모두 220명의 작

---

6 1월 24일에 발표한 성명서에서도 같은 맥락의 주장이 제기되었다.
7 1916년 11월 21일 프란츠 요제프 1세가 사망함에 따라 그의 조카손자 카를 1세가
   오스트리아-헝가리 제국의 황제로 등극했다.

가, 화가, 그리고 언론인 들이 서명한 이 성명서에서는 체코 민족의 권리 보장과 시민권의 즉각적 회복 등이 구체적으로 거론되었다. 또한 민족 이익을 위해 제국의회 의원으로 선출된 인물들이 더 이상 민족적 이익에 관심을 표명하지 않을 경우 이들 모두는 자발적으로 의원직에서 사퇴해야 한다는 주장이 성명서에서 언급되기도 했다.

이러한 성명서 발표에 자극받은 체코 연맹 역시 5월 30일 독자적인 입장을 밝혔는데 거기서는 제국의 연방화 및 체코 민족에 대한 자치권 부여가 강력히 촉구되었다. 아울러 체코 연맹은 오스트리아-헝가리 제국을 연방화하는 과정에서 등장하게 될 체코 민족 단위체에 체코는 물론 슬로바키아까지 포함시켜야 한다는 견해를 성명서에서 거론하기도 했다.

1918년 여름, 전쟁이 막바지로 향하고 있을 무렵, 체코 및 슬로바키아 민족의 독립 시도 역시 보다 구체화되기 시작했다. 국외에서의 독립투쟁이 가시적인 효과를 거둠에 따라 국내의 상황도 전환기를 맞이했다. 7월 13일 프라하에서 소집된 '민족위원회(národní výbor)'는 기존의 친오스트리아 정책을 포기하고 독립국가 창설에 필요한 준비에 들어갔다. 체코의 모든 정당이 참여한 민족위원회의 구성은 1911년의 선거 결과에 따라 사회민주당에 10명, 농민당에 9명, 신체코당을 중심으로 한 소수정당 연합에 9명, 국가사회당에 4명, 현실주의당에 4명, 구체코당과 가톨릭당에 각각 1명씩 배정되었으며, 의장은 크라마르시가, 부의장은 농민당 대표였던 슈베홀라(Švehla)와 클로파치(V.Klofáč)가 맡았다. 그리고 라신(A. Rašín), 클로파치, 그리고 소우쿠프(F.Soukup)는 '체코슬로바키아 민족회의'와의 협상을 전담하게 되었다. 점차 '민족위원회'는 파리에서 활동하고 있던 '체코슬로바키아 민족회의'와의 결속 및 협력에 대해 관심을 보이기 시작했다.

'민족위원회'가 공식적 활동에 들어가기 이전인 1918년 5월부터 베네시는 '체코슬로바키아 민족회의'의 대표로 런던 정부와 협상을 벌이기 시작했는데 여기서는 특히 체코슬로바키아의 요구가 구체적으로 제시되었다. 협상을 개시한 지 한 달도 안 된 6월 3일 런던 정부는 '체코슬로바키아 민족회의'를 체코슬로바키아 민족의 대표 기구로 인정한다는 성명을 발표했다.[8] 그리고 6월 29일에는 파리 정부 역시 이 민족회의를 체코슬로바키아 민족의 공식적 대표 기구로 승인했다.[9] 미국과 이탈리아 등도 영국과 프랑스의 예를 따랐다.[10] 1918년 9월 26일 파리에서 기존의 '체코슬로바키아 민족회의'가 '체코슬로바키아 임시정부'로 개편되었고 마사리크를 수상으로, 베네시를 내무 및 외무 담당 장관으로, 그리고 슈테파니크를 국방장관으로 기용한다는 것이 거론되었다. 이렇게 구성된 체코슬로바키아 임시정부는 9월 28일 파리 정부와 조약을 체결했는데 거기서는 프랑스가 역사적 국경을 토대로 한 체코슬로바키아 독립국가 창설에 적극적으로 협조한다는 것이 언급되었다. 이 당시 미국에 체류 중이었던 마사리크는 10월 18일 워싱턴 선언(Washingtonská deklarace)으로 알려진 체코슬로바키아 독립선언을 미국 정부에게 전달했는데 거기서는 특히 자연권과 미국 및 프랑스의 민주주의 체제를 향후 독립국가의 정치체제로 수용하겠다는 것이 명시되었다.[11]

이 당시 카를 1세는 마사리크와 그 추종 세력의 국외 활동에 대응해야

---

8 이러한 입장을 표명하기 6개월 전인 1918년 1월 죠지(L.George)수상은 체코슬로바키아 독립공화국의 등장을 인정하지 않으려고 했다. 이 당시 그는 오스트리아–헝가리제국 내에서 체코슬로바키아의 자치권만을 인정해야 한다는 관점을 피력했다.

9 프랑스(6월 29일)와 영국(8월 11일)은 체코슬로바키아군을 동맹군의 일원으로 인정한다는 입장도 밝혔다.

10 미국은 1918년 9월 2일 '체코슬로바키아 민족회의'를 체코 민족의 공식적 대표 기구로 인정했다.

11 마사리크는 1918년 5월부터 워싱턴에서 체코슬로바키아 독립에 대한 미국의 지지를 얻어내려고 했다.

한다는 필요성을 느꼈기 때문에 10월 16일 자신의 마지막 성명서인 「충성스런 오스트리아 제 민족(treue österreichische Völker)」에서 '오스트리아-헝가리 제국을 민족국가의 연합체'로 변경시키겠다는 입장을 밝혔다. 그러나 체코 정치가들은 곧 슬로바키아, 세르비아, 그리고 루마니아 인들이 소수로서 남게 될 헝가리가 개혁 대상에서 배제된다는 사실을 인지하게 되었고 그것은 이들로 하여금 더 이상 카를 1세의 개혁에 대해 관심을 가지지 않게 했다.

10월 28일 오스트리아-헝가리 제국의 항복 소식이 프라하에 알려짐에 따라 시민들은 거리로 나섰고 같은 날 결성된 '10월 28일의 대표자'가 체코슬로바키아의 독립을 공식적으로 선언함에 따라 체코슬로바키아 공화국이 탄생하게 되었던 것이다.[12] 이러한 소식을 접한 체코와 슬로바키아의 교섭자들은 같은 날 스위스의 제네바에서 긴급 회동을 가졌고 거기서 크라마르시를 수상으로 하는 정부를 구성하며 마사리크를 초대 대통령으로 지명한다는 결정도 했다.

체코 측의 능동적 대응과는 달리 슬로바키아는 사회 전반의 낙후성과 정치 기반의 취약성 등으로 체코와의 독립국가 창설에 미온적인 태도를 보였다. 이에 반해 국외의 슬로바키아인들은 1918년 5월 30일 미국 피츠버그에서 체코인들과 회동하는 등의 적극성으로 움직였고 거기서 체코와 슬로바키아의 통합에 대해 합의하는 등의 민첩성도 보였다. 그리고 같은 해 6월 30일 피츠버그 협약으로 알려진 합의문이 공포되었는데 거기서는 특히 슬로바키아인들이 독자적으로 정부, 의회, 그리고 법원을 구성할 수 있다는 것이 문서화되었다. 그러나 이러한 것은 향후 체코슬로바키아에서 그 시행을 둘러싸고 상당한 파란을 유발시키기는 요인이 되기도 했다.

---

12 오스트리아군이 이탈리아 전선에서 붕괴됨에 따라 당시 오스트리아-헝가리 제국의 외상이었던 언드라시 백작은 연합국을 상대로 즉각적인 휴전을 제안했다.

하여튼, 국외 슬로바키아인들의 활동으로 슬로바키아의 국내 정치도 점차 체코와의 통합 쪽으로 가닥이 잡히면서 체코슬로바키아 연맹(českosvenská jednota), 슬로바키아 가톨릭당, 슬로바키아 사회민주당(slovenšti sociální strana) 등도 차례로 이러한 움직임에 가세했다. 1918년 10월 30일 투르찬스키 스바티 마틴(Turčiansky Svätý Martin)에서 소집된 '슬로바키아 민족회의(Slovenská národní rada)'는 슬로바키아와 체코의 통합을 지지하는 슬로바키아 민족의 선언(Deklarace slovenského národa), 즉 마틴 선언(Martinská deklarácia)을 채택하게 되었다.

그러나 체코와 슬로바키아의 독립선언만으로 체코슬로바키아 국가 탄생에 필요한 모든 절차가 다 끝난 것은 아니었다. 이 당시 독일과 오스트리아 국경 지역에 거주하던 체코의 독일인들은 신생 체코슬로바키아를 국가적 존재로 인정하지 않고 자신들의 거주 지역을 독일-오스트리아 사회주의 공화국(Deutsche-Österreichische Sozialistische Republik)에 한시적으로 편입시킨 후 최종적으로 독일 사회주의 공화국(Deutsche Sozialistische Republik)에 합병되기를 기대했다. 그러나 이러한 시도는 이들의 거주 지역이 정치적, 지리적, 그리고 경제적 측면에서 체코와 분리될 수 없었기 때문에 성공하기가 사실상 불가능했다.

실제적으로 독일 사회주의 공화국은 보헤미아 지방, 모라비아 지방, 그리고 슐레지엔 지방에 살고 있던 독일인들의 이러한 주장에 적극성을 보이지 않았는데 그것은 이들의 주장이 파리 평화회담에서 다시 허가를 받아야 할 사안이라는 데서 비롯된 것 같다. 연합국 측 역시 승전국의 일원인 체코를 희생시켜가면서 패전국인 오스트리아와 독일의 영역을 확장시키는 일에 동조하려고 하지 않았다.

따라서 연합국 측은 체코 내 독일인들 거주 지역이 독일-오스트리아 사회주의 공화국으로 편입되는 것을 불허했을 뿐만 아니라 향후 20년간 독일-오스트리아 사회주의 공화국과 독일-사회주의 공화국 간의 합병마저도 금지시켰다. 그리하여 도이치뵈멘(Deutschböhmen), 주데텐란트(Sudetenland, 모라비아 북부 지방과 슐레지엔 지방), 도이치쥬드뫼렌(Deutschsüdmähren), 뵈메르발트가우(Böhmerwaldgau) 등 네 곳의 독일인 거주 지역은 1918년 11월부터 체코슬로바키아 군대에 의해 점령되기 시작했다.[13]

슬로바키아 민족회의가 독립을 선포하던 시점에도 슬로바키아 전역은 헝가리의 지배를 받으면서, 헝가리 군대의 점령하에 있었다. 1918년 10월 31일의 부다페스트 혁명과 11월 11일의 종전에도 불구하고 이러한 상황은 바뀌지 않았다.[14] 이에 따라 체코슬로바키아 정부는 같은 날 군사작전을 통해 슬로바키아 지방을 찾으려고 했지만 헝가리군은 체코군의 진입을 강력히 저지했다.

이 당시 헝가리는 항복에 따른 제 책임을 이행하지 않은 상태였다. 다만 이들은 발칸 주둔 프랑스군 지휘관 데페레이(L. F. d'Esperey)와 분리협상을 체결했을 뿐이다.[15] 헝가리인들의 반발 내지는 저항이 의외로 심각함에 따라 베네시는 연합국과의 협상을 통해 슬로바키아 문제를 해결하려고 했다. 연합국 측은 베네시와의 협상에서 체코의 입장을 지지했고 그것은 헝가리군이 1919년 1월 1일 브라티슬라바(Bratislava ; Possony)로부터 철수하는 요인이 되었다. 그리고 같은 해 7월 24일 슬로바키아와 카

---

13 점령지역내 독일인들은 1919년 3월 폭동을 일으켰고 그 과정에서 52명의 독일 대학생이 체코슬로바키아 군대에 의해 사살되었다. 이 당시 독일인들은 오스트리아 의회선거에 자신들이 참여해야 한다는 주장도 펼쳤다.

최근에 체코에서 간행된 저서들 중에서 체코슬로바키아 공화국 등장 이후 보헤미아 지방에 살던 독일인들 모두가 체코슬로바키아 공화국을 부정한 것이 아니라는 것과 이들 중의 일부는 신생공화국의 질서 체제를 수용하려 했다는 새로운 주장도 제기되었다.

14 이미 1918년 11월 2일 마사리크는 미국에서 슬로바키아 지방합병을 명령했다.

15 이 당시 프랑스군은 슬로바키아 지방의 많은 부분을 점령하고 있었다.

르파티아–우크라이나가 신생 체코슬로바키아 공화국에 공식적으로 편입되었다.

또한 체코와 폴란드의 국경 지대, 즉 슐레지엔 동북부에 위치한 테신(Těšin) 대공국을 두고 빚어진 체코슬로바키아와 폴란드 사이의 분쟁도 신생 독립국가가 해결해야 할 중요한 사안들 중의 하나였다. 테신 대공국은 14세기 이후부터 보헤미아 지방에 포함되었지만 이곳 주민들의 70% 이상은 폴란드인들이었다. 임시정부도 제대로 구성이 안 된 상태에서 폴란드군은 1918년 10월 31일 테신 대공국으로 진입했다. 폴란드군의 이러한 군사적 행동에도 불구하고 체코 정부는 풍부한 석탄 매장량 때문에 이 대공국을 포기할 수 없다는 입장을 밝혔고 그것에 따라 폴란드 정부는 11월 5일 대공국의 분할이라는 역제안을 했다.[16] 이 당시 연합국 측은 이 대공국을 전략적으로 분할하는 것보다 지역 주민들의 의사를 반영해야 한다는 관점을 가졌기 때문에 국민투표를 실시하고자 했다. 베네시는 연합국 측의 이러한 의도를 파악한 후 당시 폴란드 수상이었던 그라브스키(Z. Grabski)와 협상을 벌였다. 이후 양국은 1920년 7월 28일 파리 평화회담에서 연합국 측의 중재로 대공국을 양분한다는 데 합의했지만 분쟁의 불씨는 계속 남게 되었다.[17]

이에 비해 슬로바키아 동쪽의 카르파티아(Carpathia) 하부 지역인 포트카르파트스카루스(Podkarpatská Rus), 즉 12,639제곱킬로미터에 달하는 루테니아 지방의 체코 편입은 매우 순조로웠다. 물론 연합국 측의 결정도

---

16 1918년 11월 14일 피우수트스키(J. Piłsudski)가 임시정부를 구성했고 독립을 선포했다. 이로써 폴란드인들은 1795년 이후, 즉 러시아, 프로이센, 그리고 오스트리아에 의한 3차 분할 이후 다시 독립국가를 가지게 되었다.

17 이후 양국 사이의 관계는 소원해졌고 7만 명에 달하는 폴란드인들은 타의에 의해 체코슬로바키아 국민이 되었다.

있었지만, 무엇보다도 이곳 주민들과 정치 지도자들이 체코슬로바키아에로의 편입에 적극성을 보였기 때문이다.[18]

1918년 11월 여러 정당들의 대표들을 보강한 민족회의는 그 명칭을 '임시 국민의회(Revoluční národní shromáždění)'로 변경했다. 이어 개최된 11월 14일의 첫 회의에서 민주공화정 체제의 도입이 공포되었고, 마사리크를 체코슬로바키아 공화국(Československá republika)의 초대 대통령으로 선출했다. 이렇게 출범된 신생국가는 1920년대 초반부터 위협에 직면하게 되었는데 그것은 베르샤이유(Versailles) 체제를 수정하라는 헝가리의 요구에서 비롯되었다. 이러한 헝가리 측의 압박에 대응하기 위해 체코슬로바키아는 1921년 유고슬라비아 및 루마니아와 협력체제를 구축했는데 그것이 바로 소삼국협정(Malá dohoda)이었다. 그런데 이 협정을 주도한 인물은 당시 체코슬로바키아의 외무장관이었던 베네시였다. 그러나 참가국들의 경제적 이해관계로 인해 소삼국협정은 확고한 기반을 구축할 수 없었다. 상황이 이렇게 전개됨에 따라 프라하 정부는 프랑스와 또 다른 협정을 체결하여 당시 상황에서 벗어나고자 했다. 1918년부터 체코슬로바키아 대통령직을 수행한 마사리크는 1935년 노령으로 은퇴할 때까지, 그리고 은퇴 후부터 서거할 때까지 초당적 인물로서 신생 독립국가의

---

18 신생 체코슬로바키아도 중부 유럽의 다른 국가들처럼 다민족국가였다. 1921년에 실시된 인구 조사에 따르면 총인구 13,613,000명 중 체코인이 6,850,000명, 슬로바키아인이 1,910,000명으로 두 민족을 합한 인구가 전체 인구의 65.53%를 차지하고 있었고, 나머지 소수민족으로는 독일인 3,123,000명, 헝가리인 745,000명, 루테니아인, 우크라이나인, 러시아인을 합쳐서 46,000명이었다. 그런데 이들 소수민족들도 체코인이나 슬로바키아인들처럼 자신들의 학교를 가지고 고유의 민족문화 발전을 위한 평등권을 누리고 있었으며, 정치적 생활에도 아무런 차별이 없었다. 1929년의 헌법은 이들에게 중부 유럽의 어떠한 국가들보다도 더 많은 자유와 권리를 보장했다. 그럼에도 불구하고, 민족문제는 당시의 체코슬로바키아 정부가 당면한 가장 어려운 문제들 중의 하나였다.

정치를 주도했으며, 그의 높은 인품, 풍부한 지혜, 그리고 인본주의적 도덕 정치는 국내뿐만 아니라 국외에서도 평가 및 칭송의 대상이 되었다.[19] 더욱이 체코슬로바키아 국가 형태가 내각 중심제와 대통령 중심제의 혼합형이었기 때문에 대통령의 권한 역시 매우 제한적이었다는 사실을 고려할 경우 마사리크의 정치적 지도력은 더욱더 뛰어나다 하겠다.

---

19 마사리크는 1937년 9월 21일 생을 마감했다.

제 9 부

공산주의체제의 등장과 몰락

일반적으로 한 국가에서 예기치 못한 급박한
상황, 즉 혁명과 같은 상황이 초래될 경우 혁명의
주체세력은 그러한 상황에 효율적으로 대응할 수
있는 대안제시보다는 급변적 상황에서 야기되는
후유증내지는 문제점해결에 급급하게 되는데
벨벳혁명에서도 그러한 것이 표출되었다.

1장 프라하 정변과 공산당 독재

체코슬로바키아에 주둔 중이었던 미군과 소련군이 1945년 10월 철수를 완료함에 따라 같은 해 10월 28일 체코슬로바키아 공화국 임시 의회가 소집되었다. 임시 의회는 1945년 4월 4일 체코슬로바키아 제4대 대통령으로 취임한 베네시 대통령이 주도하던 과도기적 정부 해체를 공식적으로 선언했다. 아울러 임시 의회는 베네시를 다시 대통령으로 선출하는 등 정부 구성에 필요한 일련의 법적 절차도 수행했다.[1] 같은 날 제2기 피에르린게르(Z. Fierlinger, 1891~1976) 정부가 공식적으로 출범했는데 이 정부는 1946년 5월 26일에 실시된 총선 이후 신정부가 구성될 때까지 활동했다. 그런데 1946년 총선은 예상대로 공산당의 승리였다. 민족 전선에서의 주도권을 활용하고, 우익과 나치 협력자들에 대한 공포 분위기를 조성하며, 독일인, 헝가리인, 그리고 나치 협력자들의 몰수 재산을 분배받

---

1 1945년 4월 5일 피에르린게르는 슬로바키아를 체코에 합병시킨다는 것을 공식적으로 밝혔다. 이에 따라 슬로바키아 대통령이었던 티소(Tiso)는 1945년 10월 3 명의 전직 장관과 더불어 프라하 신정부에 인도된 후 1947년 4월 18일에 처형되었다.

고트발트(K. Gotwald)

은, 특히 국경 지역의 새로운 정착민들로부터 절대적 지지를 확보하고, 공산주의 종주국인 소련과 체코 해방군으로서의 붉은 군대에 대한 당시 국민들의 인기를 적절히 활용하는 등 공산당의 총선 준비는 매우 치밀하고 조직적이었다. 100만 명이 넘는 당원 수를 자랑하던 공산당의 득표는 전체 투표자 수의 38%를 차지했고, 그다음이 체코 국민사회당의 18.2%, 가톨릭국민당의 15.8%, 사회

민주당의 12.8% 순이었다. 총선에서 최다 의석을 차지한 공산당은 정부 구성권을 부여받았고 그 과정에서 당시 이 당의 의장이었던 고트발트(K. Gotwald, 1896~1953)가 핵심적 역할을 담당했다. 모두 스물네 개의 부서로 구성된 신정부에서 공산당은 내무장관직을 위시한 중요한 각료직 아홉 개를 차지했고 1946년 6월 19일에 다시 대통령으로 선출된 베네시 역시 국민사회당 출신 인물들을 정부에 입각시켜 자신의 영향력을 유지하려고 했다. 그러나 정부의 중요 부서들을 공산당이 차지하게 됨에 따라 이후 체코슬로바키아 정국에는 공산당의 독주를 저지하려는 비공산 계열의 노력과 맞물려 긴장감이 감돌기 시작했다. 또한 모스크바 정부의 체코슬로바키아 내정 간섭 역시 당시의 사태를 더욱 어렵게 하는 요인으로 작용했다.

실제적으로 총선 이후 스탈린(J. Stalin)은 프라하 신정부에게 체코슬로바키아—소련 간의 통상협정 체결을 요구했을 뿐만 아니라 소련의 체코슬로바키아 영공 사용권도 요구했다. 이러한 소련의 요구에 대해 비공산 계열 정당들은 강한 불만을 표출했지만 거기서 그것을 저지할 수 있는 효율적 대안을 제시하지는 못했다.

1947년 3월 세계를 민주 진영과 비민주 진영으로 양분한 미국의 트루먼 독트린(Trumanova doktrina)에 이어, 같은 해 6월 국무장관 마셜(G. C. Marshall)이 전쟁으로 황폐화된 유럽의 경제 부흥을 위한 원조 계획을 발표하자,[2] 소련은 이를 미국의 영향력 확대를 위한 전략으로 간주하면서 동맹국들을 결속시키는 방안, 즉 강력한 블록 체제를 구축하려고 했다.[3] 이에 따라 2차 세계대전 중에 형성되었던 반나치 협조 체제가 붕괴되고, 유럽은 이제 1946년 처칠(W. Churchill)이 연설에서 규정한 이른바 '철의 장막(zelezna opona)'에 의해 양분되었고, 세계는 냉전(studenta valka)체제로 진입하게 되었다. 그러나 이러한 소련의 진의를 제대로 파악하지 못한 체코슬로바키아가 소련 블록 국가들 중에서 유일하게 마셜 원조 계획에 참여하려고 했고 그것에 따라 고트발트의 프라하 정부는 1947년 7월 7일 향후 파리에서 개최될 국제회의에 대표단을 참석시킬 것이라는 것도 공포했다.[4] 이러한 소식을 접한 스탈린은 다음 날 고트발트와 외무장관 마사리크(J. Masaryk)를 모스크바로 소환했다.[5] 스탈린은 고트발트 앞에서 모든 슬라브 국가들은 파리 회의에 참석해서는 안 된다는 것을 분명히 명시했다. 그리고 그는 고트발트와 향후 5년간의 통상협정을 체결했고 체코슬로바키아의 식량 사정을 완화하기 위해 70만 톤의 식량을 무상으로 지

---

2 1947년 미국의 국무장관으로 취임한 마셜은 같은 해 6월 5일 하버드 대학에서 행한 연설에서 '마셜 계획'의 내용을 구체적으로 언급했다.

3 1947년 초에 접어들면서 체코슬로바키아에서는 생활필수품 부족 현상이 심화되었을 뿐만 아니라 흉년으로 인해 곡물 생산량도 급감했다.

4 폴란드는 1947년 7월 7일 파리 회담 참여를 공식적으로 거절했다.

5 무소속 의원이었던 얀 마사리크는 초대 외무장관으로 임명되었다.

원하겠다는 약속도 했다. 1947년 7월 9일 고트발트는 체코슬로바키아의 파리 회담 참석을 취소한다는 성명을 발표했고 이것은 체코슬로바키아가 소련의 영향에 깊숙이 빠져드는 역사적 순간이 되었다. 그러나 이러한 것은 체코 국민들에게 제대로 알려지지 않았을 뿐만 아니라 체코 의회에서 논의되지도 않았다. 단지, 체코 대표단의 프라하 귀경을 필름에 담은 주간 뉴스에서 체코슬로바키아와 소련 간의 긴밀한 경제 협력을 위한 지극히 유익한 합의가 있었다고 간략하게 보도한 것만이 유일한 단서였다. 체코 공산당은 소련 블록과의 강화 증대 및 반미 정책을 통해 체코슬로바키아에서 권력을 장악하려고 했지만 비공산 계열의 정당들은 순진하게도 독일 위협을 내세워 친소련 정책의 당위성에 동조하는 자세를 보였다. 이들은 소련이 그들의 이익을 위해서라면 체코의 민주주의를 간단히 희생시킬 수 있다는 사실을 인지하지 못했던 것이다.

1947년 가을부터 체코슬로바키아 정치는 민주주의를 방어하기 위한 투쟁에 접어들었는데 그것은 절대 권력을 장악하기 위한 공산당의 시도가 본격화된 데서 비롯된 것 같다. 이 당시 공산당에게는 세 가지 가능성이 있었는데, 첫째는 다음 해 예정된 총선에 참여하여 승리를 거두는 것이었지만 이것이 실현되리라고 믿었던 당 간부는 거의 없었다. 그다음 대안으로 등장한 것은 당내 좌파 인사들을 비공산당 분열에 활용하는 것으로서, 고트발트를 비롯한 당 간부들의 절대적 지지를 받았다. 마지막 대안은 총선 이전에 이른바 조직적인 대중운동(organizovane hnutimas)을 전개하여 힘의 균형을 바꾸어놓는 것으로서, 자포토츠키(A. Źapotocký) 등이 이를 지지했는데, 실제로 공산당은 이를 위해 1948년 2월 22일과 2월 28일에 노동자 대회와 농민 대회를 소집했다.[6]

6 이 당시 공산당은 언제 어디서나 그들의 영향권 내에 있는 모든 사회 기구들과 자신들이 장악하던 경찰과 같은 제반 권력 기구들을 반대 세력 제압에 사용하려고 했다.

이러한 상황에서 1947년 가을부터 국민사회당, 가톨릭국민당, 사회민주당이 비공산 연합을 구축했으나, 이때는 이미 시기적으로 늦었고, 베네시 대통령이 이 연합 세력에의 참여를 거부한 상태에서 구심점이 되어줄 지도자도 없었다. 더욱이 코시체 프로그램으로 출발한 이른바 인민민주주의 체제가 근본적으로 의회민주주의가 아닌 상태에서 자신들이 우위를 확보하고 있는 '거리(na ulici)' 정치, 즉 장외 정치에서 제반 문제를 해결하려고 했다. 그러나 비공산 연합 세력은 명확한 프로그램도 없이 공산당을 민족 전선에 합류시켜 의회정치와 선거를 통한 입지 확보만을 모색했다. 슬로바키아 공산당 역시 비공산 계열의 민주 정당들에 대한 와해 시도에서 체코 공산당의 예를 따라 노동조합과 농민조합을 끌어들였다. 1948년 초에 접어들면서 이미 정부, 의회 등 각 분야에서의 협조 체제는 붕괴되고, 민족 전선의 기능 역시 사실상 정지되었다. 이제 인민민주주의 정치 체제는 사실상 위기에 봉착한 것이다.

1948년 2월 비공산 계열 정당 등이 체코에서의 모스테츠크(mostecká aféra)와 크르치만 사건(krčmaňký případ), 그리고 슬로바키아에서의 슬로바키아 음모(spiknutíi na Slovensku)를 구실로 삼아 비공산 계열 인사들을 반국가행위로 피소한 것에 대한 해명 및 조사위원회 구성을 요구하자, 공산당 계열 내무장관 노셰크(V. Nosek, 1893~1955)는 프라하에서 경찰권을 완전 장악하기 위한 조치, 즉 여섯 명의 경찰 간부 전원을 공산당원으로 대체하는 것으로 대응했다. 이에 정부는 2월 13일자의 정부 결정에 대한 이해를 촉구했으나 노셰크는 그것의 수용을 거부했다. 이에 국민사회당, 가톨릭 국민당, 그리고 사회민주당의 비공산 계열 정당들은 정부 결정이 받아들여지지 않을 경우, 자기 당 출신 각료들이 사표를 제출하겠다는 입장을 밝혔다. 이러한 것은 비공산 계열 정당들이 공산당과의 대립에서 아직까지 의회민주주의적인 방법에 의존하고 있음을 확인하게 한다. 이에 반해 공산당은 이미 핵심적 권력의 대다수를 장악했으며, 최단 시일 내에 프라하를 휩쓸 수 있는 대중 동원 능력도 갖추고 있었다. 이러한 상태에서 2월 20일 비공산 계열 세 개 정당의 열한 명 각료들이 정부의 결정이 이행되지 않음을 내세워 사표를 제출했다.[7] 그러나 베네시 대통령은 이를 수용하지 않았는데 그것은 공산당에 압력을 가하고 새로운 총선의 필요성을 부각시키려는 의도에서 비롯된 것이라 하겠다. 대통령의 이러한 의도를 파악한 공산당은 대통령이 이들의 사표를 반드시 수용해야 한다는 입장을 밝혔다. 이후부터 5일간 지속된 베네시와 고트발트 사이의 독대에서 고트발트는 자신의 관점, 즉 공산당이 주도하는 프라하 정부 등장을 관철시키려고 했다. 동시에 공산당은 정부 위기를 선언하고 2월 21일부터 이틀 동안 대규모 군중 집회를 통해 사표 수리 및 고트발트 제안에 따른 신정부 구성에 대한 지지를 결의하고, 이틀 후의 총파업도 결정했다. 이에 따라 250만 명의 노동자들이 경고성 시위를 하기 위해 거리에 나섰지만 당시 치안을 담당하던 경찰은 아무런 대응도 하지 않았다.

2월 24일 국방장관 스보보다(L. Svoboda)는 '공산주의를 추종하지 않는다'라는 이유로 스물다섯 명의 장군을 전격적으로 해임했다. 고조되는 긴장 속에서 내전의 위험과 소련의 개입을 우려한 베네시 대통령은 1948년 2월 29일 공산당의 요구를 받아들여 비공산 계열 각료들의 사표를 수리하고, 고트발트가 미리 조각한 공산당 계열 일색의 새 내각도 승인했다. 그리고 체코슬로바키아 연방의회는 3월 11일 공산당의 압력으로 신정부를 인정했다.[8] 고트발트는 프라하의 스타레메스토 광장에 운집한 군중 앞에 나아가 '반동 세력의 패배(porážka reakce)'를 선언했다. 그리고 그는 1948년 6월 14일 체코슬로바키아 연방의회에서 대통령으로 선출되었는데 이

---

7 1948년 3월 10일 외무장관 얀 마사리크가 로레탄스케(Loretánské) 광장에 위치한 외무장관 공관의 정원에서 시체로 발견되었다.
8 이 당시 70명의 의원은 공산당의 압력으로 투표에 참석하지 못했다.

연방의회는 1948년 5월 30일에 실시된 총선 이후 구성되었다.[9] 대통령으로 선출된 고트발트는 당시 혁명적 노동운동 연합 대표였던 자포토츠키를 정부 총리로 임명했다.

체코슬로바키아에서 공산당이 정권을 완전히 장악하기까지 얼마 안 걸렸는데 그것은 이 당이 소련의 적극적인 지원을 받았을 뿐만 아니라 당시 환영에 빠져 있던 국민들로부터도 전폭적인 지지를 받았기 때문이다. 그리고 당시 정치 활동에 참여했던 비공산 계열 정당들이 공산당과의 대립에서 의회민주주의적 방법을 고수했던 것 역시 공산당의 정권 장악에 크게 기여했다. 이렇게 정권을 장악한 이후 체코슬로바키아 공산당은 불법, 숙청, 그리고 체포를 정권 유지에 필요한 수단으로 간주했고 거기서 공산당 독재 체제로의 전환과 사회의 혁명적 변화를 위해서는 강제 및 전횡이 반드시 필요하다는 것도 부각시켰다. 뒤늦게 공산당의 실체 및 독재적 국가 운영 방법을 알게 된 체코슬로바키아 국민들은 그들의 실수를 1968년의 '프라하 봄'에서 만회하려고 했다. 비록 이들의 이러한 시도가 소련이 주도하던 바르샤바 동맹국의 무력적 개입으로 좌절되었지만 1989년부터 진행된 동유럽의 민주화 운동으로 공산당 체제는 붕괴되었다.

9 총선에서 체코슬로바키아 공산당은 전체 의석 300석 중에서 211석을 차지했지만 사회민주당은 25석의 소수 정당으로 전락했다. 그리고 이 정당은 얼마 안 되어 체코슬로바키아 공산당에 합당되었다.

2장 인간의 얼굴을 한 사회주의

2월정변(1948) 이후 체코슬로바키아 사회는 빠른 속도로 공산당의 일당 독재 체제로 바뀌었다. 이러한 독재 체제는 독립적 권력 기구들의 견제 기능을 완전히 박탈했고 소수의 지배계층은 헌법적, 법률적 책임에서 벗어난 초월적인 지위까지 확보했다. 당과 국가의 핵심 부서들은 노동자들로 교체되었고 내각을 비롯한 국가 요직에 임명되었던 소련 고문관 역시 초법적인 지위를 부여받았다. 특히, 군과 경찰에서 이들이 발휘한 영향력은 막강했는데 그것은 체코슬로바키아 정치가 소련의 영향하에 있었다는 결정적 증거가 된다 하겠다. 이렇게 체코슬로바키아 공산당이 국가권력을 독점적으로 장악한 이후부터 불법, 숙청, 그리고 체포는 공산주의 정권 유지에 필요한 수단으로 부각되었고 독재 체제로의 전환과 사회의 혁명적 변화를 위해서 강제와 전횡 역시 피할 수 없게 되었다.[1] 그러나 체코슬로

---

1 1948년 말 헬리오도르 피카(H. Pika) 장군이 주도하던 체코슬로바키아 반파시스트에 대한 재판이 열렸고 그 과정에서 피카 장군은 처형되었다. 그리고 1850년 5월 대규모 정치재판이 시작되었다. 재판 당사자는 밀라다 호라코바(M. Horáková)

바키아 공산당 주도로 시행된 국유화 경제 체제가 실패로 끝나게 됨에 따라 책임자들에 대한 정치적 문책과 더불어 과거 스탈린 체제 시기에 수립된 지나친 중앙집중적 경제 시스템의 문제점 개선 방안 등이 논의 대상으로 부각되었다.

1963년 초부터 개혁적 성향의 지식인들은 계획경제에서 확인되던 구조적 문제를 공론화하기 시작했다. 같은 해 2월 경제학자 셀루츠키(Selucký)는 중앙 계획경제의 효율성에 이의를 제기하면서 '계획의 우상화'를 '개인의 우상화'로 빗대어 계획경제와 스탈린주의를 동시에 공격했다. 또한 11월에 개최된 한 경제 세미나에서는 사회주의 경제체제의 개선책으로 시장경제 원리를 도입해야 한다는 주장이 제기되었고, 12월의 당 중앙위원회에서는 과학아카데미 경제연구소 소장이었던 시크(O. Šik)가 소련 경제 모델 대신 계획경제와 시장경제의 혼합형을 제시하기도 했다. 시크의 모델은 1964년에 구성된 특별위원회의 검토를 거쳐 다음해인 1965년 당 중앙위원회의 승인도 받았다. 이렇게 출범된 시크의 신경제 모델은 중앙의 계획경제를 대폭적으로 제한하고 생산, 투자, 가격, 그리고 임금의 가이드라인만을 제시했다. 그리고 시크는 자신의 모델에서 수요와 공급의 원칙에 따른 생산 및 가격의 결정, 이윤의 추구와 임금의 차등화라는 시장

와 그녀의 동료들이었다. 그러나 이후 이들 외의 사람들까지 재판에 연루되었다. 호라코바는 국가사회주의당 소속 의원이었는데, 나치는 저항 운동에 참여했다는 죄목으로 그녀를 8년 징역형에 처한 바 있었다. 그런데 체코슬로바키아 법원은 그녀가 공산주의 체제를 반대했다는 음모죄로 사형을 선고했고 전 세계의 반대에도 불구하고 1950년 6월 27일에 처형했다. 또한 1950년 3월에서 1954년 7월 사이에 체코와 슬로바키아 교회의 고위 성직자와 신도들에 대한 일련의 재판이 진행되었는데 그것은 독자적인 전통과 해외에 연대 세력을 갖고 있는 가톨릭 교회가 체제에 특별히 위험한 적으로 간주된 데서 비롯된 것 같다. 정치재판은 결국 타성을 띠게 되었고 심지어 재판을 조직한 자들의 통제에서 벗어나는 경우도 많았다.

경제 원리를 도입했다.

1967년 6월 프라하에서 개최된 제4차 작가동맹대회에서 쿤데라(M. Kundera)와 클리마(I. Klima)를 비롯한 일련의 작가들은 경제적, 사회적, 그리고 정치적 상황을 신랄하게 비판했을 뿐만 아니라 그동안 금기 사안 이었던 공산당의 핵심 인물들에 대한 비난도 공개적으로 제기했다. 특히 쿤데라는 당시 작가동맹의 회장이었던 헨드리흐(J. Hendrych)에 대한 비판을 공개적으로 감행했는데 그것은 이 인물이 문인 세계에서 자유주의적 성향이 증대되는 것과 공산당에 대한 작가들의 충성심이 이전보다 약해진 것에 대해 우려를 공식적으로 표명했기 때문이다. 점차 기존의 사회주의적 틀을 유지하려던 보수 세력과 새로운 정치 시스템의 도입 필요성을 강조한 개혁 세력 간의 공개적 충돌이 야기되었다. 10월에 접어들면서 대학생들의 반정부 시위도 일어났는데 그것은 스트라호브(Strahov) 기숙사의 열악한 시설에 대한 항의 과정에서 비롯되었다.[2]

이 당시 동유럽의 맹주국이었던 소련은 체코슬로바키아에서 발생한 이러한 일련의 상황에 심한 우려를 표명했다. 이에 따라 소련 공산당 제1서기 브레즈네프(L. Breschnew)는 1967년 12월 8일 극비리에 프라하를 방문하여 당시 체코슬로바키아 공산당 제1서기였던 노보트니(A. Novotný)와 독대했는데 여기서 그는 노보트니에 대한 자신의 지지 의사를 적극적으로 밝히지 않았다. 프라하 체류 중에 브레즈네프는 헨드리히, 둡체크(A. Dubček), 도란스키(Doransky) 등과도 접촉했는데 여기서 그는 소련에서 성장하고 러시아어에 능통한 둡체크에게 큰 호감을 표시했다. 브레즈네프의 프라하 방문 이후 노보트니는 결국 실각했고 그 후임으로 슬로바키아 공산당 서기였던 둡체크가 1968년 1월 5일 체코슬로바키아 공산당 제1서

---

2 실제적으로 대학생들의 기숙사는 정전되는 경우가 많았고 저녁에는 공산당의 지침에 따라 전기가 강제로 차단되어 학생들의 불만은 매우 높은 상태였다.

둡체크(A. Dubček)

기로 취임했다.[3]

그러나 둡체크에 대한 브레즈 네프의 기대와는 달리 체코슬로바키아에서 공공 토론은 활성화되기 시작했고 정보 자유도 확대되는 상황이 초래되었다.[4] 즉 1968년 3월부터 본격화되기 시작한 개혁 운동(reformní hnutí)으로 검열제도는 폐지되었고, 이전의 정치적 실책들에 대한 비판도 동시에 진행되었다. 뿐만 아니라 시민사회가 재건되었고, 새로운 사회단체들도 탄생했다.

민주적 사회주의 실현을 목표로 제시한 비공산당 앙가주 클럽(Klub angažovaných nestraníků)이 등장했고, 정치적 재판을 통해 숙청된 사람들이 K-231, 즉 231조 위반 정치범 집회라는 단체를 조직했으며, 사회민주당 역시 재창당에 착수했다. 공산당 간부들에 대한 교체 및 당 지도부의 변화가 있었고, 3월 말에는 스보보다를 대통령으로, 스므르코프스키(J. Smrkovský)를 새 의장으로 선출했으며, 내각도 개혁파인 체르니크(O. Černík)가 주도하게 되었다. 이에 따라 보수파의 노보트니는 당과 정부 양쪽에서 실권하게 되었고, 체코슬로바키아 사회는 새롭게 태어나기 위한

---

3 둡체크는 네 살부터, 즉 1925년부터 1938년까지 소련에서 살았는데 1933년부터는 기계 조립공으로 일했다. 슬로바키아로 돌아온 그는 1939년 슬로바키아 공산당에 가입했고 그 이후부터 자신의 영향력을 점차적으로 확대시켰다.

4 당시 프라하 주재 소련 대사 체르보넨코(S. Trscherwonenko)가 1968년 1월 18일 소련 중앙정치국에서 체코슬로바키아의 긴박한 상황을 언급했다. 여기서 그는 체코슬로바키아에서 진행되던 일련의 제 상황을 그대로 방치할 경우 제2의 헝가리 사태도 발생될 수 있다는 우려를 표명했다.

광범위한 개혁 운동을 시작했다. 이른바 '프라하의 봄(Pražské jaro)'이 도래한 것이다.[5]

이러한 분위기에서 개최된 공산당 전당대회에서는 파격적인 행동 강령도 제정되었는데 거기서는 '인간의 얼굴을 한 사회주의(socialismus s lidskou tváří)'를 지향한다는 것과 공산당의 권력 독점도 포기한다는 것이 언급되었다. 인간의 얼굴을 한 사회주의 체제는 민주적 사회주의 체제의 새로운 모델로 볼 수 있는데 여기서는 정치적 다원주의와 부분적 시장경제 체제의 도입이 강조되었다. 이에 따라 체코인들과 슬로바키아인들은 자신들의 조그만 가게를 운영할 수 있게 되었다. 클리마 주도하의 체코 언론도 전후 스탈린 시대를 재평가해야 한다는 주장을 펼쳤는데 이것은 1940년대 말부터 약 10년간 숙청되었던 인물들에 대한 복권 요구로도 볼 수 있을 것이다.

4월 24일 체르니크의 프라하 정부는 일련의 개혁안을 발표했는데 거기서는 검열제도의 폐지, 숙청된 희생자들에 대한 복권 작업, 여행의 자유, 그리고 경제개혁을 추진한다는 것 등이 거론되었다. 이러한 개혁 시도에 소련 및 그 위성국들은 동의하지 않았을 뿐만 아니라 자신들의 확고한 입장을 정리하기 위해 1968년 5월 8일 바르샤바 동맹국 정상회의를 개최했다. 물론 이 회의에는 둡체크의 참여가 허용되지 않았다. 거의 같은 시기

---

5 원래 프라하의 봄은 체코 필하모니 결성 50주년을 기념하기 위해 1946년부터 매년 5월 프라하에서 개최된 음악제의 이름이었다. 전통적으로 개막일에는 스메타나의 〈나의 조국〉이, 폐막일에는 베토벤의 교향곡 9번이 연주되었다. 그런데 체코 사태 당시 한 외신 기자가 "프라하의 봄은 과연 언제 올 것인가?" 하고 타전한 이후 '봄'이라는 단어가 주는 자유적 이미지와 겹쳐 '프라하의 봄'이 체코 자유민주화 운동을 상징하는 용어로 자리 잡게 되었다. 이후부터 세계 각국에서 민주화 운동이 발생하면 지명에 종종 '봄'을 붙이는 관례가 생겼다. 예를 들면 폴란드에서는 '바르샤바의 봄', 헝가리에서는 '부다페스트의 봄' 등이다.

소련과 그의 바르샤바 동맹국들은 체코슬로바키아에서 참모 훈련도 실시했다.

상황이 이렇게 전개되었음에도 불구하고 6월 27일 체코슬로바키아의 저명한 지식인 70명이 서명한 「2,000단어 선언(Dva tísce 2,000 slov)」이 공개되었다. 여기서는 정부 개혁이 아직까지 사회의 하부구조까지 영향을 끼치지 못했기 때문에 향후에도 개혁은 지속적으로 진행되어야 한다는 것이 강조되었다. 아울러 공산주의 체제의 문제점들도 거론되었는데 그것에 따를 경우 공산주의 체제가 도입된 이후 체코슬로바키아에서는 정신적, 물질적인 퇴보만이 이루어졌으며, 경제적·정치적인 퇴행 역시 멈추지 않고 있다는 것이다. 또한 선언서에서는 체코슬로바키아 사회에서 만연된 상호간의 불신 해소가 우선적으로 필요하다는 주장도 제기되었다. 이러한 성명에 대해 공산당과 프라하 정부는 부정적이었지만 일반 시민들은 지지하는 자세를 보였다.

소련 역시 「2,000단어 선언」에 대해 매우 부정적이었다. 얼마 안 되어 브레즈네프를 비롯한 소련 공산당의 핵심 인물들은 체코슬로바키아에 대한 내정 간섭의 필요성을 인지하게 되었다. 7월 7일 소련과 바르샤바 동맹국들은 체코슬로바키아에서 진행 중인 반혁명적 움직임을 결코 좌시하지 않겠다는 입장을 공식적으로 표명했다.

체코슬로바키아에서 일시 중단되었던 바르샤바 동맹국들의 군사훈련은 7월 29일부터 다시 시작되었고 그 규모 역시 확대되었다. 이러한 무력적 시위와 병행하여 동슬로바키아의 치에르나나트티소우(Čierna nad Tisou)에서는 바르샤바 동맹국 정상회담이 개최되었다. 여기서 둡체크를 비롯한 개혁파 인물들은 소련과 독대하여 바르샤바 조약기구와 코메콘에 대한 체코슬로바키아의 책임을 충실히 이행할 것이라는 맹세도 했다. 그러나 이들은 당시 진행되던 개혁 프로그램의 포기에는 동의하지 않았다. 이러한 내부적 불일치에도 치에르나나트티소우에서는 언론 자유의 탄압,

정치적 집회 금지, 바르샤바 동맹 체제의 지속, 그리고 공산당의 지도적 역할 등이 강조되었다.

이후부터 체코슬로바키아의 위기적 상황은 점증되었지만 프라하 정부에 대한 국민들의 지지는 오히려 확산되었다. 8월 21일 소련, 폴란드, 동독, 헝가리, 그리고 불가리아 군으로 구성된 바르샤바 동맹군 50만 명은 체코슬로바키아의 국경을 침범했는데 그 이유로 제시된 것은 체코슬로바키아를 반혁명적 요소로부터 비롯되는 위협에서 구하겠다는 것이다.[6] 이

6 소련은 내정 간섭을 빌미로 1956년 헝가리에 대한 무력 개입을 시도하여 당시 진행된 일련의 제 개혁을 무력화했기 때문에 이번에도 군사적 개입을 통해 당시 제기된 문제를 해결하려고 했다. 체코슬로바키아 문제 해결의 롤 모델이 되었던 헝가리 개혁은 1953년부터 감지되었다. 1953년 스탈린이 사망한 이후 동유럽에서는 그에 대한 격하 운동이 본격적으로 전개되었고, 자본주의 세계에 대한 흐루시초프(N.S. Khrushchev)의 '평화공존론'이 스탈린 시절 적대 관계로 치달았던 유고슬라비아의 티토(J.B. Tito)에게 '사회주의로 가는 각자의 길'을 인정함에 따라 헝가리에서도 커다란 동요가 나타나기 시작했다. 라코시(M. Rákosi) 공산당 서기장 치하에서 1953년부터 수상직을 수행한 너지(I. Nagy)는 강제적인 중공업 발전 정책을 포기한다는 입장을 밝혔다. 아울러 그는 농업 집단화 완화와 정치범 석방 등 여러 분야에서 개혁을 추진한다는 계획도 제시했다. 이러한 시점에 폴란드의 포즈난에서 자유화 운동이 전개되었고 부다페스트 대학생들은 1956년 10월 23일 노동자들과 더불어 시위를 벌였으며 여기에는 시민들과 헝가리군의 일부까지 참여했다. 시위 양상이 점차 과격해짐에 따라 헝가리 공산당은 소련군의 투입을 요청했고 계엄령 선포와 함께 시민들에 대한 총격도 가해지기 시작했다. 그러나 이것은 바로 시민군의 결성을 유발시켰고, 이후 혁명적 분위기가 헝가리 여러 곳에서 감지되었다. 헝가리에서 진행되던 상황을 예의주시하던 소련은 본격적인 군사 개입에 앞서 카다르(J. Kádár)를 당 서기장에 임명한 후 사태 수습을 지시했다. 그러나 이미 시민군들은 정부기관을 점거하는 등 정부 통제에서 벗어난 상태였다. 이 당시 너지는 공산당이 혁명 세력의 요구를 수용하고 그것을 토대로 사태도 수습해야 한다는 견해를 카다르에게 전달했다. 뿐만 아니라 너지는 11월 1일 소련군의 헝가리 철수, 국가보위부(Államvédelmi Hatóság) 해체, 그리고 다당제의 재도입을 요구했다. 같은 날 구성된 연립정부는 헝가리가 바르샤바 조약기구로부터 탈퇴한다는

러한 침범에 대해 프라하 정부는 적극적인 저항보다는 국권 침해를 대외적으로 부각시키려고 했다. 이에 따라 당시 외무부 장관 하예크(J. Hájek)는 소련을 비롯한 바르샤바 동맹국의 자국 침입 사건을 유엔 안전보장이사회에 긴급 의제로 상정하면서 「무력 사용은 어떠한 이유라도 정당화할 수 없다(Act of use of force which cannot be justified by any reason)」라는 성명서를 발표했다. 이와 병행하여 제14차 체코슬로바키아 공산당 전당대회가 8월 22일 프라하의 비소차니(Vysočaný)에 있는 체카데(ČKD), 즉 체코슬로바키아 콜벤-다네크(Československá Kolben Daněk) 기계 공장에서 개최되었다. 모두 1,200명에 달하는 대의원들이 참석한 비상 전당대회에서는 둡체크의 정책을 계속 지지한다는 것과 소련과 그의 동맹국들의 침공에 대한 부당성이 강조되었다.[7]

그러나 8월 23일 둡체크를 비롯한 체코슬로바키아 공산당의 핵심 인물들은 모스크바로 압송되었고 거기서 이들은 소련의 요구들을 수용할 수밖에 없었다. 이 당시 소련이 제시한 것들을 살펴보면 다음과 같다. 프라하 정부는 지금까지 추진한 제 개혁을 포기한다. 그리고 14차 공산당 전당대회에서 결의된 사안들 역시 무효화한다는 것과 검열제도의 재도입이

것과 헝가리의 중립국화를 선언했다. 하지만 너지가 주도한 연립정부와 헝가리 시민들의 개혁적 전진은 여기까지였다. 헝가리 혁명의 파장이 동유럽의 다른 지역까지 확산되는 것을 우려한 소련은 군사 개입을 결정했다. 이에 따라 15만 명으로 구성된 바르샤바 조약군은 헝가리로 진격하여 부다페스트를 비롯한 주요 도시들을 점령했다. 이에 헝가리 혁명 세력은 라디오 방송을 통해 서방 국가들의 지원을 요청했지만 기대와는 달리 지원은 이루어지지 않았다. 그리고 유고슬라비아 대사관으로 일시 피신한 너지는 소련군에 체포되었고 1958년 6월 16일 비밀리에 처형된 후 무명으로 매장되었다. 권력을 확고히 장악한 카다르는 '피의 숙청'을 단행했고 그 과정에서 2천여 명이 처형되었으며 2만 명 이상이 강제수용소나 감옥에 투옥되었다.

7 그러나 대다수의 슬로바키아 대의원들은 이 비상 전당대회에 참석하지 않았다.

거론되었다. 끝으로 바르샤바 동맹국의 군대가 체코슬로바키아에 주둔한다는 것도 명시되었다.

1969년 4월 17일 소련의 신임을 받던 후사크(H. Husák)가 체코슬로바키아 공산당 제1서기로 등장했다. 이에 따라 소위 반동(reakce)과 반혁명(kontrarevoluce)의 시기가 가고 '진정한 사회주의(období reálného socialismu)'가 도래하게 되었다. 이후부터 실시된 대규모 숙청(hromadné čistky)은 1971년까지 지속되었는데 그 과정에서 약 50만 명의 공산당원들이 당원 자격을 박탈당했으며, 군 지도부의 17%와 경찰 간부의 30% 정도가 교체되었다. 이후부터 후사크의 체코슬로바키아 정부는 소련과의 관계 강화에 치중했고 이것은 1989년 체코슬로바키아에서 다당제 선거가 합의되고 민주화가 진행될 때까지 지속되었다.[8]

---

8 어떠한 질서 체제가 사회 구성원의 동의 없이 등장할 때 그러한 질서 체제가 설사 강력한 통치 수단을 가졌다 하더라도 결국 붕괴된다는 사실을 40여 년간 지속된 체코슬로바키아의 사회주의 체제에서 다시금 확인되었다.

3장 벨벳혁명

일반적으로 18세기와 19세기에 등장한 이데올로기들은 낙관적 성향을 띠었다. 따라서 사람들은 인류의 진보가 필연적이라는 믿음을 갖게 되었고 거기서 이들은 인류의 창조적 힘을 갑자기 그리고 결정적으로 해방시켜줄 상황이 반드시 올 것이라는 기대도 했다. 뿐만 아니라 이들은 그러한 상황이 도래할 경우 사회는 그 자체의 자제력 때문에 그동안 정부가 행사한 '강제적 악'을 더 이상 요구하지 않게 되리라는 확신도 가지게 되었다. 공산주의 역시 이러한 긍정적 구도에 동의했지만 그러한 것이 곧 실현되리라는 것에 대해서는 부정적이었다. 그것은 이 주의가 프롤레타리아 독재를 통해 인류를 혁명적으로 구제하겠다는 기존의 폭발적 과정 대신에 장기적이고 고된 투쟁을 선택한 데서 비롯된 것 같다. 이후부터 공산주의는 무계급적 유토피아 세계를 맞이하게 되리라는 약속 대신에 고통스럽고 자기 헌신적인 기간을 거쳐야만 프롤레타리아가 승리할 수 있다는 수정적 견해를 제시했는데 이것은 이 주의가 변화된 현실적 상황을 수용했기 때문이다. 여기서 공산주의는 자본주의 체제의 잔존 세력을 분쇄하고 풍요로운 미래 사회의 경제적 기초가 굳건히 잡힐 때까지 프롤레타리아 세력을 무한적으로 사용해야 한다는 주장도 펼쳤다. 즉 공산주의 체제가 확고히 구축될 때까지 중요한 권한 모두는 특별히 훈련된 당에 귀속되어야 하고 이 당은 가장 잔인한 규율마저 실행하는 능동성도 발휘해야 한다는 것이다.

이렇게 뚜렷한 목표 의식을 가진 동유럽 및 중부 유럽의 공산주의 체제는 냉전의 상대방인 서방으로부터의 공격과 같은 무력이 아닌, 즉 외부로부터의 물리적 압력이 아닌 자체적 문제점으로 인해 스스로 붕괴되었다. 그리고 이러한 붕괴에는 그 체제에 속한 사람들의 정신적 타락도 일조했다. 공존과 공생이라는 사회주의적 이상이 사라지고, 상호간을 감시하거나 훔쳐야 하는 인간성 파괴라는 상황에서 체제를 유지한다는 것은 매우 힘든 일이었다.

체코슬로바키아에서 사람들의 일상생활은 외양상 드러나 보이는 것처럼 당과 국가의 지시 및 구호대로 움직이지 않았다. 공산주의 이데올로기에 따른 구호처럼 이른바 '노동에 영광을' 더 많이 주는 정직한 노동일수록 그 대가는 더 적었다. 따라서 사람들은 '훔치지 않는 자는 자신의 가정을 훔친다(kdo nekrade, okrada vlastni rodinu)'라는 또 다른 구호에 동의하는 자세를 보였다. 모두가 훔치지 않고서는 살아나갈 수 없다는 뜻의 이 문구는 사회 윤리뿐만 아니라 노동 윤리에도 적용되었다. 국영기업이나 협동농장에서 사람들은 건성으로 하는 노동과 적당주의 노동으로 비축한 힘을 개인적 부업이나 별장이나 텃밭을 위한 주말 노동에 투여함으로써 국가와 공공에 돌아갈 노동을 훔치는 데 주저하지 않았다. 점차로 사람들의 크고 작은 별장들과 당 간부들의 대규모 별장들은 국토의 구석구석을 잠식했고, 지방민들 역시 주말 별장을 짓거나 텃밭을 일구기 시작했다. 이후 사람들은 금요일만 되면 그들만의 작은 식민지인 별장으로 떠났고 그것은 도시를 공동화하는 요인이 되었다. 사람들은 그들의 별장을 개축하거나 별장 내의 텃밭을 일구는 데 혼신의 노력을 기울였지만 직장 일에 대해서는 그렇지 않았다. 자신과 자신의 안식처는 소중히 생각하면서도 공공 주택 단지의 복도와 거리가 더러워져도 남의 일로 방치해버리는 현상이 광범위하게 확산되었는데 이것을 지칭하여 공산주의 사회에서의 '공중 의식 황폐화'라 한다.[1]

그리고 평등의 공산주의 사회라지만 모두가 적당주의 노동으로만 임금을 받는 것도, 모두가 똑같은 임금을 받는 것도 아니었다. 노멘클라투라(nomenklatura)와 같은 특수 계층을 포함하여 최소 노동으로 최대 임금을 받던 계층이 있는 반면 고된 육체노동을 하면서도 박봉에 시달리는 계층도 있었다. 그리고 일상생활에서 필요한 기술, 상점에서 구입이 어려운 소비재, 상부로부터의 영향력 행사, 의료 기술 등을 제공할 수 있는 사람들은 그들만의 특수 그룹을 구축한 후 서로 도왔다. 그리고 이것은 바로 자신의 직장을 훔치고 국가경제를 훔치는 소위 지하경제의 토대가 되었다. '진열대 위에는 없어도 진열대 아래에는 있다(co nebylo na trhu, bylo pod pultem)'라는 말이 암시하듯이 훔치기는 만연되었고, 지하경제는 모든 것을 제공할 정도로 그 규모가 커졌다. 이제 정치적 탄압이라는 채찍의 대가로 제공하는 인간성의 파괴와 환경의 파괴라는 당근은 당근이 아니라, 결국 종말을 재촉하는 죽음의 독 뿌리였고 그것은 경제 및 체제 파탄을 유발하는 결정적 요인이 되었다.

체코슬로바키아 공산주의 체제에서 부각되던 이러한 문제점들은 인접 동유럽 국가들에서도 확인되었다. 그리고 이러한 문제점들은 1980년대에 접어들면서부터 더욱 심화되었고 그것들의 시정이 반드시 필요하다는 관점도 부각되기 시작했다.

실제로 1985년 3월 11일 소련 공산당 서기장에 취임한 고르바초프(M.

---

1 이러한 현상은 소련을 비롯한 그 위성국가들에서 쉽게 확인되었다.

Gorbatschow)는 개혁(perestrojka)과 개방(glasnost) 정책을 통해 공산주의 체제가 안고 있던 문제점들을 해결하려고 했다. 고르바초프의 이러한 시도는 같은 상황에 놓여 있었던 동유럽 및 중부 유럽에도 지대한 영향을 끼치게 되었다.[2] 결국 1989년 경제 및 사회를 비롯한 모든 영역에서 개혁의 필요성을 강조한 동유럽 혁명이 발생했고 동유럽 공산주의의 마지막 보루였던 체코슬로바키아에서도 그러한 징후가 점차적으로 감지되기 시

---

2 1985년 체르넨코(K. Chernenko)에 이어 소련 공산당 서기장에 취임한 고르바초 프는 70년대 이후부터 지속된 경제적 침체 현상을 극복하기 위해 경제 및 사회를 비롯한 모든 영역에서 개혁을 추진했는데, 이것이 바로 페레스트로이카였다. 고르 바초프는 1989년 11월 29일 『프라우다』에 「사회주의 사상과 페레스트로이카」라는 기고문을 투고했는데 거기서 그는 페레스트로이카를 나름대로 명확히 정의했다. 그에 따를 경우 페레스트로이카는 당과 지도부의 발의로 시작되었기 때문에 많은 언론들이 페레스트로이카를 '위로부터의 혁명'이라고 평가하면서 역사적 비교 및 대조를 시도하고 있다는 것이다. 그러나 그는 페레스트로이카가 '위로부터의 혁명' 이라는 것에 동의할 수 없다는 입장을 밝혔다. 만일 '위로부터의 혁명'을 수용할 경 우 소련 사회를, 위에서 지도하는 '상부'와 그의 사상과 지시 그리고 명령을 수행하 는 '하부'로 나누게 된다는 것이 고르바초프의 분석이었던 것이다. 여기서 고르바 초프는 농업 집단화를 지향하던 스탈린에게나 어울리는 개념이 바로 '위로부터의 혁명'이라는 것이다. 왜냐하면 이 개념의 밑바탕에 '하부'가 있고 꼭대기에 지도자 가 있는 권력 피라미드에 관한 스탈린의 구상이 구체적으로 반영되기 때문이라는 것이다. 따라서 고르바초프는 그러한 구상 자체를 현재의 소련이 배격하는 권위주 의적 체계의 반영이고, 스탈린주의의 반민주적 이념의 표현으로, 즉 새로운 사고 가 아니라 낡은 사고로 보았다. 고르바초프는 페레스트로이카를 민주주의적 방법 에 의해, 인민을 위해 실현되는 하나의 혁명 과정으로 인식했던 것이다. "당은 인 민과의 관계에서 인민의 정치적 전위대로 행동한다. 당이 발휘하는 주도성과 역사 적 선도성은 당의 전위적 역할의 당연한 표현이다. 또한 당은 탐구의 권리를 독점 하지 않는다. 누가 발의했든 간에 유익한 것이기만 하다면 그 어떤 것이든 페레스 트로이카에 필요하다. 왜냐하면 페레스트로이카의 생명력은 정치적으로 민주주 의의 발전에 달려 있으며, 민주주의의 기능은 특히 인민의 창의성과 자발성을 자 극하는 데 있기 때문이다."

작했다. 1989년 11월 17일 나로드니 트리다(Narodni Trida) 광장에서 나치 독일에 대한 항거 50주년을 기념하기 위한 행사가 개최되었고 거기에는 약 15,000명의 대학생들이 참석했다. 그런데 이들 중의 일부가 후사크 정권에 반대하는 시위를 벌였고 그것은 경찰의 과격한 개입을 유발했다. 여기서 적지 않은 학생들이 부상당하는 상황도 초래되었다.[3] 이후부터 경찰의 만행을 규탄하는 시위 및 동조적 파업이 프라하뿐만 아니라 전국으로 확산되었고 그것은 결국 후사크 정권을 붕괴시키는 요인으로 작용했다.[4]

1989년 11월 30일 체코슬로바키아 정부는 오스트리아와의 국경선에 설치되었던 철조망을 제거하기로 결정했고, 12월 6일에는 여행 자유화 조치를 취하여 여권을 소지한 체코슬로바키아 국민 누구나 자유롭게 국경선을 통과하여 여행할 수 있도록 허용했다. 같은 해 12월 3일 라디슬라프 아다메츠(L. Adamec) 총리는 다섯 명의 비공산 계열 인사를 입각시켜 연립정부를 구성하려고 했지만 재야 세력의 반발로 연립정부의 출범은 좌절되었다. 그로부터 일주일 후인 12월 10일 프라하에서는 국민화합정부가 구성되었는데 여기에는 마리안 찰파(M. Calfa)를 비롯하여 반체제 운동 조직인 '시민포럼(Občanské fórum : OF)'과 '폭력에 반대하는 시민단체(Veřejnost' proti násilíu : VPN)'의 지도자들, 비정당인, 군소 정당 당원,

---

3 브레즈네프 독트린(Brežněvova soktrína)에 따라 바르샤바 동맹군이 1968년 8월 21일 체코슬로바키아 국경을 침범한 이후 체코슬로바키아 공산당의 실세로 등장한 후사크는 1969년 4월 17일 친소련 정부를 출범시켰다.

4 1987년 12월 후사크를 대신하여 밀로시 야케시(M. Kakes)가 체코슬로바키아 공산당 제1서기로 등장했지만 그는 당시 상황을 극복할 능력을 갖추지 못했다. 이에 따라 1989년 11월 24일 체코슬로바키아 공산당 중앙위원회가 소집되었고 거기서는 야케시 대신에 중도파인 카렐 우르바네크(K. Urbanek)가 당 서기장으로 선출되었다.

그리고 반체제 운동에 가담한 공산당원들이 참여했다. 12월 20일 개최된 공산당 임시 전당대회에서 당 조직 및 지도부 개편이 있었고 11월 17일에 있었던 민주화 시위에 대한 강경 진압 조치와 1968년 프라하의 봄 이후 자행된 당의 과오에 대한 대국민 사과도 발표되었다.

1948년 이후 40년 만에 찾아온 체코슬로바키아의 민주화는 선거를 통해 보다 구체화되기 시작했다. 모두 23개의 정당과 정치연합들이 참여한 1990년 6월 8일과 9일의 연방의회 및 민족회의 선거에서 개혁을 주도한 '시민포럼'은 체코 지역에서 약 53%의 압도적인 지지를 획득했다.[5] 슬로바키아 지역에서도 '시민포럼'의 슬로바키아 측 파트너로서 역시 개혁의 주역이었던 '폭력에 반대하는 시민단체'가 승리함으로써 민주 세력의 승리와 민주주의의 출발은 확실해졌다.[6] 이에 반해 체코슬로바키아 공산당은 약 13%의 지지를 얻음으로써 군소 정당으로 전락하게 되었고 이에 그들은 체코-모라비아 공산당(komunistická strana Čech a Moravy : KSČM) 결성을 통해 실추된 위상의 제고를 시도하기도 했다.

1990년 7월 5일 그동안 반체제 활동을 주도한 바츨라프 하벨(V. Havel)이 새로운 이름으로 탄생된 체코와 슬로바키아 연방공화국(Česká a Slovenská federativní republika)의 대통령으로 선출됨에 따라 40년간 유지된 공산주의 정권은 종지부를 찍게 되었고, 체코슬로바키아는 새로운 전기를 맞이하게 되었다.[7] 대통령으로 선출된 하벨은 1991년의 신년사에서

---

5 '시민포럼'에서는 1989년 11월 19일 하벨과 크리잔(J. Křižan)을 비롯한 일련의 반정부 인사들이 프라하 극장에 모여 공산주의 체제가 붕괴된 이후 도입될 새로운 질서 체제에 대해 논의했다. 여기서는 체코슬로바키아 공산당의 역할을 더 이상 인정하지 않는다는 것과 언론의 자유를 반드시 실천하겠다는 것 등이 강조되었다.

6 '폭력에 반대하는 시민단체'는 이 선거에서 32.5%의 지지율을 획득했다.

7 하벨은 '프라하의 봄'이 한창 진행되던 1968년 봄, 「반대의 주제에 대해」라는 글에서 공산당의 권력 독점 체제에 대한 대안 정당의 필요성을 제기한 젊은 극작가였

자신을 비롯한 체코슬로바키아인들 모두가 전체주의적 정치체제에 직간접적으로 참여했기 때문에 그러한 질서 체제에서 파생된 제 문제로부터 자유롭지 못하다는 것을 언급했다. 이어 그는 체코슬로바키아인들이 도덕적으로 건강하지 못함을 지적하면서 그것이 무엇에서 비롯되었는가에 대해서도 거론했다. 그에 따를 경우 체코슬로바키아인들은 개선적 방향을 생각하고, 제시하기보다는 단순히 기존 질서 체제의 제 문제점만을 거론하려는 자세, 즉 자신들이 저지른 과오보다는 남들의 행동이나 질서 체제에서 문제 원인을 찾으려는 나쁜 습성에서 벗어나지 못하고 있다는 것이다. 여기서 하벨은 체코와 슬로바키아 연방공화국이 이러한 도덕적 황폐성에서 벗어나기 위해 필요한 방안도 제시했는데 그것은 그동안 등한시한 인문주의적 또는 민족주의적 전통을 하루 빨리 회복시켜야 한다는 것이었다.

체코슬로바키아에서 진행된 혁명적 변화는 이웃의 다른 국가들과는 달리 한 사람의 희생자도 없이 비단처럼 부드럽고 유연하게 진행되었다 하여 '벨벳혁명(Sametová revoluce)' 혹은 '비단혁명'이라는 명칭을 부여받았

다. 그는 권력의 독점이 바로 진리의 독점을 의미하고 그것은 결국 진리를 가장한 허위 제시 등의 위선적인 생활방식을 창출하기 때문에, 진리를 위해 싸울 수 있는 제도가 반드시 필요하다고 했다. '프라하의 봄'이 실패로 끝난 이후 대다수의 지식인들이 침묵하거나 또는 망명을 선택했지만 하벨은 1975년 '프라하의 봄'을 짓밟았던 당시 대통령 후사크에게 공개 서한을 보냈을 뿐만 아니라 1977년에는 인권 침해에 대한 대안 제시를 목적으로 '77헌장그룹'을 주도하기도 했다. 1977년 1월 1일 프라하에서 발표된 '77헌장'에서는 1975년 체코슬로바키아가 조인한 인권 및 경제, 사회, 그리고 문화 권리에 대한 구제 협정인 '헬싱키 조약(Helsinki Accords)'을 프라하 정부가 준수해야 한다는 것이 거론되었다. 아울러 여기서는 지식과 사상의 권리, 신앙의 자유, 도청 및 가택수사의 철폐 등이 요구되기도 했다. 이에 따라 하벨은 1979년부터 1983년까지 '국가전복죄'로 복역했으며 그의 작품은 동유럽 개혁이 있기 전까지 출판은 물론 공연도 금지되었다.

바츨라프 하벨(V. Havel)

다. 이러한 혁명으로 체코슬로바키아는 오랜 전제주의 체제를 청산하고 민주주의 체제로 전환했으며, 국가명도 기존의 체코슬로바키아 사회주의 공화국(Československa socialistická republika : ČSSR) 대신에 체코와 슬로바키아 연방공화국으로 변경되었다. 이 당시 체코 측은 국명을 체코슬로바키아 연방공화국(Československá federativní republka : ČSFR)으로 바꾸려 했으나 슬로바키아 측의 반대로 실현시키지 못했다.

벨벳혁명을 통해 등장한 체코와 슬로바키아 연방공화국은 지난 40년간 존속된 전체주의 체제를 가능한 한 빨리 청산하려고 했다. 또한 이 연방공화국은 뿌리 깊은 중앙 통제 체제를 자유 시장경제 체제로 전환시키는 과제도 부여받았는데 이것의 이행 역시 쉬운 일이 아니었다.[8] 그리고 구질서 체제의 청산에서 비롯된 정치적 문제들과 국가경제 사유화에 따른 생산성 저하, 물가 폭등, 그리고 실업 증가 등은 체코인들과 슬로바키아인들

---

8 이 당시 정권의 주체였던 체코의 '시민포럼'이나 슬로바키아의 '폭력에 반대하는 시민단체'는 이러한 문제들을 효율적으로 해결할 능력을 갖추지 못했는데 그것은 이들 정당이 공산 정권에 대항하기 위해 잠정적으로 힘을 합친 다양한 집단의 복합체에 불과했기 때문이다.

사이의 대립, 즉 민족 분쟁을 유발시켰고 이것은 점차 연방공화국의 존속을 위협하는 요인으로 작용하기 시작했다.

그리고 개혁과 민주화의 추진을 둘러싼 체코 측과 슬로바키아 측의 2년에 걸친 알력과 반목 역시 연방공화국의 존속을 위협하는 요인으로 작용했고 이것은 1992년 6월에 실시된 선거에서 가시화되기 시작했다. 체코 공화국의 급진적 개혁파였던 클라우스의 시민민주당(OSD)이, 슬로바키아 공화국에서는 그것에 반대하는 메치아르의 민주슬로바키아운동(HZDS)이 각기 30%가량의 지지율을 확보하면서 제1당으로 부상했다. 이제 두 당은 각 공화국의 여당이 되었으며, 두 정치가는 각 공화국의 수상이 되었다. 서로 정치적, 경제적 노선과 방향이 판이하게 다른 두 정당이 연방정부와 연방의회를 이끌어갈 수 없다는 것은 자명한 사실이었다.

1992년 7월 3일에 실시된 연방의회의 대통령 선거에서 슬로바키아 측 대표들이 체코 측이 내세운 하벨에 대한 지지를 거부함에 따라 하벨은 7월 20일 대통령 직에서 사임했다. 이 당시 하벨은 체코슬로바키아 연방체제를 계속 유지시켜야 한다는 입장을 표명했고 그것을 위해 슬로바키아 정치가들과 접촉을 펼쳤지만 아무런 성과도 거두지 못했다. 이에 따라 클라우스의 시민민주당과 메치아르의 민주슬로바키아운동은 수차례에 걸쳐 회담을 했고 거기서 체코슬로바키아 연방(Československa federace)을 해체하기로 합의했다. 1992년 11월 25일 연방의회는 1992년 12월 31일을 끝으로 체코슬로바키아(Československo)의 소멸을 의결했고, 이보다 앞서 1992년 9월 3일 슬로바키아 민족회의가 독립 슬로바키아 공화국 헌법을 채택한 데 이어 체코 민족회의 역시 1992년 12월 16일 체코 국가의 헌법(Sbírka zákonů České republiky)을 승인했다. 1993년 1월 1일자로 유럽의 지도에는 체코 공화국(Česká republika : ČR)과 슬로바키아 공화국(Slovenská republika : SR)이 새로운 독립국가로 등장했다. 1993년 1월 1일 체코슬로바키아 연방국이 해체된 후 등장한 체코 공화국은 1월 26일 하벨을 대통령으로 선출했다. 그리고 그동안 체코슬로바키아에서 의회민주주의 체제를 정립시키는 데 크게 기여한 인물들은 프라하 정부의 핵심적 세력으로 등장했다.[9]

일반적으로 한 국가에서 예기치 못한 급박한 상황, 즉 혁명과 같은 상황이 초래될 경우 혁명의 주체 세력은 그러한 상황에 효율적으로 대응할 수 있는 대안 제시보다는 급변적 상황에서 야기되는 후유증 내지는 문제점 해결에 급급하게 되는데 벨벳혁명에서도 그러한 것이 표출되었다.

---

9 미할 코바치(M. Kovac)는 1993년 2월 15일 슬로바키아 대통령으로 취임했다.

F.M. Alamir, *Der Präsident Václav Havel: Seine politische Rolle im Spannungsfeld zwischen Verfassungsbestimmungen und politischer Kräftefiguration von 1990 bis 2003*(Potsdam, 2003)

M. Alexander, *Kleine Geschichte der böhmischen Länder*(Stuttgart, 2008)

A. Bachmann, *Lehrbuch der österreichischen Reichsgeschichte*(Prag, 1896)

J. Bahlcke, "Böhmen und Mähren", in: H.Roth(ed.), *Studienhandbuch Östliches Europa: Geschichte Ostmittel-und Südosteuropa*(Köln-Weimar-Wien, 2009)

J. Bahlcke, *Geschichte Tschechiens: Vom Mittelalter bis zur Gegenwart*(München, 2014)

P.M. Barford, *The Early Slavs: Culture and Society in Early Medieval Eastern Europe*(New York, 2001)

B. Baxa, *Jednání o připojení zemí koruny české k německému Bundu*(Praha, 1979)

K. Bosil, *Handbuch der Geschichte der böhmischen Länder* Bd., IV(Stuttgart, 1968)

J. Bradley, *Czechoslovakia: A Short History*(Edinburgh, 1971)

H. Brandt, *Europa 1815-1850*(Stuttgart, 2002)

K. Boudová, "Úloha J.V.Friče v revolučním studentskěm hnuíi roku 1848-1849", in: *J.V Frič a demokratické proudy v české politice a literatuře. Sborník statí*(Praha, 1956)

P. Bugge, *Czech Nationbildung: National Selfperception and Politics 1780-1914*(Aarhus Univ. 1994)

J.M. Cerný, *Boj za právo: Sborník aktů politických u věcech státu a národa českého od roku 1848*(Praha, 1893)

P. Charvát, Petr. *Boleslav II. Sjednotitel českého státu*(Praha, 2004)

T. Chorherr, *Eine kurze Geschichte Österreichs*(Wien, 2013)

P. Cornej, *A Brief History of the Czech Lands to 2004*(Prague, 2003)

R. Crampton, *Eastern Europe in the Twentieth Century*(London, 1994)

Z.V. David, "The Clash of two Political Cultures", in: *East European Politics and Societies 12-1*(1998)

P. Demetz, *Prag in Schwarz und Gold*(München, 1998)

H. Dopsch, *Österreichische Geschichte 1122-1278. Die Länder und das Reich: der Ostalpenraum im Hochmittelalter*(Wien, 1999)

E. Emeliantseva, A.Malz, D.Ursprung, *Einführung in die Öst-europaische Geschichte*(Zürich, 2009)

Friedrich Graf Dyem, *Was soll in Österreich geschehen*(Karlsbad, 1848)

F. Engehausen, *Die Revolution von 1848/49*(Paderborn, 2007)

M. Erbe, *Die Habsburger 1493-1918*(Stuttgart-Berlin-Köln, 2000)

E.T.v. Falkenstein, *Der Kampf der Tschechen um die historischen Rechte der böhmischen Krone im Spiegel der Presse 1861-1879*(Berlin, 1982)

Z. Fiala, Přemyslovské Čechy. *Český stát a společnost v letech 995-1310*(Praha, 1965)

H.P. Fink, *Österreich und die Slaven in der Publizistik der Slavophilen von den 40er Jahren des 19. Jahrhunderts bis zum Ausgleich*(Wien, 1973)

J. Fisch, *Europa zwischen Wachstum und Gleichheit 1850-1914*(Stuttgart, 2002)

E.J. Görlich, *Grundzüge der Geschichte der Habsburgermonarchie und Österreichs*(Darmstadt, 1980)

M. Görtemaker, *Deutschland im 19. Jahrhundert*(Opladen, 1989)

H. Grundmann, *Wahlkönigtum, Territorialpolitik und Ostbewegung im 13. und 14. Jahrhundert*(Stuttgart, 1996)

C. Hádek, *Konec Přemyslovců v Čechách*(Praha, 2006)

J. Hain, *Handbuch der Statistik des österreichischen Kaiserstaates*, Bd., 1(Wien, 1852)

L.E. Havlík, *Svatopuluk Veliký, král Moravanů a Slovanů*(Brno, 1994)

—————, *Kronika o Velké Moravě*(Brno, 2013)

J.A. Helfert, *Geschichte Österreichs vom Ausgang des Wiener Oktoberaufstandes*

1848(Prag, 1869-1886)

H-D. Heimann, *Die Habsburger*(München, 2009)

F. Herre, *Maria Theresia*(München, 2000)

G. Hildebrandt, *Die Paulskirche*(Berlin, 1985)

R. Hill, *Deutsche und Tschechen*(Opladen, 1986)

P. Hilsch, Johannes Hus. *Prediger Gottes und Ketzer*(Regensburg,1999)

I. Hlaváček, *Böhmen und seine Nachbarn in der Přemyslidenzeit*(Ostfildern, 2011)

J.K. Hoensch, *Přemysl Otakar II. vom Böhmen. Der goldene König*(Graz-Wien-Köln, 1996)

L. Hobelt, *Die Habsburger.Aufstieg und Glanz einer europäischen Dynastie*(Stuttgart, 2009)

J.L. Hromádka, *Palackeho osobnost a význam v národnim probuzení*(Praha, 1926)

L. Jandásek, *Přehled-né dějíny Sokolstva*(Praha, 1923)

F. Jílek, "Pražská politechnika a její studenti v revolučním roce 1848", in: *Sborník Národního technického muzea,* IV(1965)

H. Kaelble, *Wege zur Demokratie. Von der Französischen Revolution zur europäischen Union*(Stuttgart-München, 2002)

K. Kallert. "Landesheilige in Böhmen" in Koschmal, Walter(ed.), *Deutsche und Tschechen: Geschichte, Kultur, und Politik*(München, 2003)

J. Kalousek, *O potřebě prohloubiti vědomosti o Husovi a jeho době*(Praha, 1902)

Robert A. Kann, *Das Nationalitätenproblem der Habsburgermonarchie* Bd., I.(Graz-Köln, 1972)

V. Kofránková, *28.8.1278. Moravské pole. Poslední boj zlatého krále*(Praha, 2006)

──────────, *Zlatý král a chudý hrabě: Přemysl Otakar II. a Rudolf Habsburský v historické tradici*(Praha, 2012)

Z.E. Kohut, "historical Setting", in: L.R. Mortimer(ed.), *Czechoslovakia: a country study*(Washington, 1989)

K. Kořalka, Tschechen im Habsburgerreich und in Europa 1815-1914. *Sozialgeschichtliche Zusammenhänge der neuzeitlichen Nationsbildung und der Nationalitätenfrage in den böhmischen Ländern*(Wien-München, 1991)

A. Klima, Češi a Němci v revoluce 1848-1849(Praha, 1988)

J. Křen, "Palackýs Mitteleuropavorstellung" in: *unabhängige Geschichtsschreibung in der Teschechoslowakai 1960-1980*(Hanover, 1980)

K.F. Krieger, *Rudolf von Habsburg*(Darmstadt, 2003)

T. Krzenck, *Johannes Hus: Theologe, Kirchenreformer, Märtyrer*(Gleichen-Zürich, 2011)

A. Kustering, *Die Zeit König Ottokars in Österreich*(1251-1276/78).Sankt Pölten(Wien, 1978)

——————, *Erzählende Quellen des Mittelalters: Die Problematik mittel lterlicher Historiographie am Beispiel der Schlacht bei Dürnkrut und Jedenspeigen 1278*(Wien, 1982)

J. Kuthan, *Přemysl Otakar II. Král železný zlatý, král zakladatel a mecenáš*(Vimperk, 1993)

————————, *Zakladatelské dílo krále Přemysla Otokara II. v Rakousku a ve Štýrsku*(Praha, 1991)

H. Lehmann u. S.Lehmann, *Das Nationalitätenproblem in Österreich 1848-1918* (Götingen, 1976)

J. Loserth, *Der Sturz des Hauses Slawnik. Ein Beitrag zur Geschichte der Ausbildung des böhmischen Herzogtums*(Wien, 1883)

J. Loužil, *Bernard Bolzano*(Praha, 1978)

L. Ľubomir, *Slovensko v 20. storočí*(Bratislava, 1968)

M. Lutovský, *Slavníkovci. Mýtus českého dějepisectví*(Praha, 2005)

——————, *Po stopách prvních Přemyslovců II. Léta krize a obnovy 972-1012. Od Boleslava II. po Jaromíra*(Praha, 2007)

C. Macartney, *The Habsburg Empire, 1790-1918*(London, 1969)

O. Mahler, *Události pražské v červnu 1848*(Praha, 1989)

V.S. Mamatey, *Geschichte der Tschechoslowakischen Republik 1918-1948*(Wien-Köln-Graz, 1980)

K-J. Matz, *Europa Chronik*(München, 1999)

M. Mauritz, *Tschechien*(Regensburg, 2002)

M. Menzel, *Die Zeit der Entwürfe(1273-1347)*(Stuttgart, 2012)

G. Merritt, *Eastern Europe and the USSR: The Challenge of Freedom*(London, 1991)

G. Morava, *F.Palacký*(Wien, 1990)

A. Moritsch, *Der Austroslawismus*(Wien-Köln-Weimar, 1998)

T. Nipperdey, *Deutsche Geschichte*(München,1985)

E. Nittner, "Volk, Nation und Vaterland in der Sozialethik Bolzanos", in: F.Seibt(ed.), *die böhmischen Länder zwischen Ost und West. Festschrift für Karl Bosl zum 75. Geburtstag*(München-Wien, 1983)

M. Novák, "Austroslavismus, přiíspěpek k jeho pojetí v době předbřeznové", in: *Sborník archívních prací 6/1*(Praha, 1956)

J. Novotný, *Pavel Josef Šafařík*(Praha, 1971)

————, "Rakouská policie a politický vývoj v Čechách před r. 1848", in: *Sborník archívních prací 3/1-2*(Praha, 1953)

V. Novotný, *České dějiny I. Od nejstarších dob do smrti knížete Oldřicha*(Praha, 1912)

R. Nový, *Slavníkovci ve středověkém písemnictví*(Praha, 1987)

R. Okey, *Eastern Europe, 1740-1980: Feudalism to Communism*(London, 1982)

J. Opat, *Filozof a politik Tomáš Garrigue Masaryk 1882-1893*(Praha, 1987)

————, *Masarykiana a jiné studie 1980-1994*(Praha, 1994)

L.D. Orton. *The Prague Slav Congress of 1848*(New York, 1978)

F. Palacký, *Politisches Vermächtnis*(Prag, 1872)

————, *Österreichs Staatsidee*(Wien, 1972)

David W. Paul, *The Cultural Limits of Revolutionary Politics: Change & Continuity in Socialist Czechoslovakia*(New York, 1979)

D. Pieper, *Die Welt der Habsburger: Granz und Tragik eines europäischen Herrscherhauses*(München, 2010)

R. Pearson, *National Minorities in Eastern Europe, 1845-1945*(London, 1983)

Z. Pech, *the Czech Revolution of 1848*(Chapel Hill, 1969)

J. Petráň, "Učené zdroje obrození", in: *Počátky českého národního obrození 1770-1791*(Praha, 1990)

참고문헌

307

Z. Petráň, *První české minec*(Praha, 1998)

R.G. Plaschka, *Nationalismus-Staatsgewalt-Widerstand. Aspekte nationaler und sozialer Entwicklung in Ostmittel-und Sudosteuropa*(Wien, 1985)

C. Ploetz(ed.), *Der grosse Ploetz*(Köln, 1998)

L. Polanský, *Přemyslovský stát kolem roku 1000: na paměť knížete Boleslava* II.(Praha, 2000)

J.V. Polišenský, *History of Czechoslovakia in Outline*(Praha, 1991)

F. Prinz, *Deutsche Geschichte im Osten Europas: Böhmen und Mähren*(Berlin, 1993)

————, *Geschichte Böhmens 1848-1948*(Frankfurt/N-Berlin, 1991)

J. v. Puttkamer, "Ungarn", in: H.Roth(ed.), *Studienhandbuch Östliches Europa: Geschichte Ostmittel-und Südosteuropa*(Köln-Weimar-Wien, 2009)

————, "Slowakei/ Oberungarn", in: H.Roth(ed.), *Studienhandbuch Östliches Europa: Geschichte Ostmittel-und Südosteuropa*(Köln-Weimar-Wien, 2009)

————, "Tschechoslowakei, Tschechische Republik", in: H. Roth(ed.), *Studienhandbuch Östliches Europa: Geschichte Ostmittel-und Südost-europa*(Köln-Weimar-Wien, 2009)

M. Ransdorf, *Mistr Jan Hus*(Praha, 1993)

O. Redlich, *Rudolf von Habsburg. Das deutsche Reich nach dem Untergang des alten Kaisertums*(Innsbruck, 1903)

B. Rill, *Böhmen und Mähren: Geschichte im Herzen Mitteleuropas*(Gernsbach, 2006)

J. Rogall, "Die Přemysliden und die deutsche Kolonisierung" in: W. Koschmal(ed.), *Deutsche und Tschechen*(München, 2001)

Rychlík, "Tschechoslawismus und Tschechoslowakismus", in: W. Koschmal(ed.), *Deutsche und Tschechen*(München, 2001)

Z. Šamberger, "Austroslavismus ve světle snah feudání reakce(Poznámky k jeho třídnímu charakeru a pojetí)", in: *Slovanské historické studies 16*(1988)

T.Schieder, *Staatensystem als Vormacht der Welt 1848-1918*(Frankfurt-Berlin-Wien, 1975)

F.J. Schopf, *Wahre und ausführliche Darstellung der am 11. März 1848 in Prag begonnenen Volksbewegung*(Leitmeritz, 1848)

G. Schöpflin, *Politics in Eastern Europe*(Oxford, 1993)

R. Schreiber, *Alexander Dubček und Wladyslaw Gomułka:ein Vergleich*(München, 2010)

F. Seibt, "Bohemia. Problem und Literatur seit 1945", in: *Historische Zeitschrift* (1970) <Sonderheft>

─────, *Deutschland und die Tschechen*(München, 1974)

─────, *Bohemia sacra. Das Christentum in Böhmen 973-1973*(Düsseldorf, 1974)

I. Seidlerová, *Politické a sociální názory Bernarda Bolzano*(Praha, 1963)

Z. Šimeček, "Výuka slovanských jazyků a slavistická studia v období českého národního obrození", in: *Slovanské historické studie 12*(1979)

A. Sked, *The Decline and Fall of the Habsburg Empire, 1815-1918*(London,1989)

Z. Sládek, *Slovanská politika Karla Kramáře*(Praha, 1971)

R.J. Sláma, "Česky kníže Boleslav II", in *Přemyslovský stát kolem roku 1000: na pamět knížete Boleslav* II(7, února 999)(Praha, 2000)

H. Slapnicka, *Österreichs Recht außerhalb Österreichs. Der Untergang des Österreichischen Rechtsraums*(Wien, 1973)

A. Smith, *National Identity*(Harmondsworth, 1991)

M. Spinka, *Jahn Hus*(Princeton, 1968)

A. Springer, *Österreich nach der Revolution*(Leipzig-Prag, 1850)

K. Stloukal(ed.), *Rodinne listy Frantiska Palackeho dcere Mariia zeti F. L.Riegrovi* (Praha, 1930)

P.F. Sugar, *A History of Hungary*(Bloomington & Indianapolis, 1994)

A.J.P. Taylor, *The Habsburg Monarchy 1809-1918*(Chicago, 1976)

C. Tilly, *Die europäischen Revolutionen*(München, 1999)

Z. Tobolka(ed.), *Karla Havlíčka Borovského politické spisy* I(Praha, 1901)

─────, *Politické dějiny ceskoslovenského národa*, Bd., I, II(Praha, 1932-1937)

M. Trapl, *Olomoucká univerita v prvním(vzestupném) období revoluce roku 1848*(Praha, 1957)

H. Traub, "Ze života a působeni Egběrta hrabeta Belcrediho", in: *Česka revue 10*(1917)

—————, *O přípravách k slovanskému sjezdu roku 1848*(Praha, 1918)

D. Třeštík, *Počátky Přemyslovců. Vstup Čechů do dějin(530-935)*(Praha, 1997)

—————, *Vznik Velků Moravy, Moravané, Čechové a střední Evropa v letech 791-871*(Brno, 2010)

O. Urban, *Die tschechische Gesellschaft 1848-1918*(Wien-Köln-Weimar, 1994)

V. Vaniček, *Velké dějiny zemí Koruny české* III. 1250-1310(Praha, 2002)

K. Vocelka, *Österreichische Geschichte*(München: C.H. Beck, 2007)

W. Wallace, *Czechoslovakia*(Boulder, 1976)

F. Walter, *Die böhmische Charte vom 8. April 1848*(Prag, 1967)

A. Wandruszka, "Großdeutsche und Kleindeutsche Ideologie 1840-1871", in: *Robert A. Kann*(ed.), *Deutschland und Öste-reich*(München, 1980)

A. Wandruszka u. P. Urbanistsc(ed.), *Die Habsburgermonarchie*(1848-1918) Bd., III.(Wien, 1980)

S. Wank, "Foreign Policy and Nationality Problem in Austria-Hungry 1867-1914", in: *Austrian History Yearbook 3*(1967)

F. Weissensteiner, *Große Herrscher des Hauses Habsburg*(München, 2011)

A. Werner, *Die Studenten-Legionen der Prager Universität vom 30jährigen Krieg bis 1848*(Prag, 1934)

E. Werner, *Jan Hus Welt und Umwelt eines Prager Frühreformators*(Weinar, 1991)

M. Wihoda, *Morava v době knížecí 906-1197*(Praha, 2010)

A. Wheatcroft, *The Habsbugs*(London, 1995)

R. Wiener, *Change in Eastern Europe*(New York, 1994)

G. Wollstein, *Das "Großdeutschland" der Paulskirche*(Düsseldorf,1977)

W. W.v.*Wolmar, Prag und das Reich. 600 Jahre Kampf deutscher Studenten*(Dresden, 1943)

V. Žáček, *Slovanský sjezd v Praze roku 1848. Sbírka doku-mentů*(Praha, 1958)

H.D. Zimmermann, *Tschechien*(München, 2009)

T. Zotz, "Rudolf von Habsburg", in: B.Schneidmuller(ed.), *Die deutschen Herrscher des Mittelalters. Historische Portrats von Heinrich I. bis Maximillian I.* (München, 2003)

체코 역사와 민족의 정체성

찾아보기

313

찾아보기

서양근대사총서 **3**

체코 역사와 민족의 정체성

김장수